Visual Basic .NET
GE-PACKT

Dan Rahmel

Visual Basic .NET GE-PACKT

Übersetzung aus dem Amerikanischen von
Sandra Geisler

Die Deutsche Bibliothek –
CIP-Einheitsaufnahme

Ein Titeldatensatz für diese Publikation ist
bei Der Deutschen Bibliothek erhältlich.

ISBN 3-8266-0810-0
1. Auflage 2002

Übersetzung der amerikanischen Original-Ausgabe:
Dan Rahmel
Visual Basic .NET Programmer's Reference

Printed in Germany

© Copyright 2002 by mitp-Verlag/ Bonn,
ein Geschäftsbereich der verlag moderne industrie Buch AG & Co. KG/ Landsberg

Lektorat: Sabine Schulz
Fachkorrektorat: Frank Geisler
Sprachkorrektorat: Petra Heubach-Erdmann
Satz und Layout: mediaService, Siegen
Druck: Kösel, Kempten

Inhaltsverzeichnis

Über den Autor

Dan Rahmel ist Windows-Programmierer mit über 14 Jahren Erfahrung in Design und Implementierung von Informationssystemen. Außerdem entwickelt er Client/Server-Programme mittlerer Größe unter Verwendung von Visual Basic, ASP, C++ und SQL Server. Er hat schon zahlreiche Bücher geschrieben, u.a., Building Web Database Applications with Visual Studio, Teach Yourself Database Programming in 24 Hours und Developing Client-Server Applications with Visual Basic. Er schreibt auch Beiträge für die Zeitschriften DBMS, Internet Advisor und American Programmer bzw. Cutter IT Journal.

Danksagung

Es war ein Vergnügen, wieder mit den Leuten bei Osborne an dieser neuen Ausgabe zusammenzuarbeiten. Die Erstellung dieses Buches zusammen mit dem herausragenden Personal von Osborne hat Schwieriges oft einfach gemacht. Ich möchte den Menschen danken, mit denen ich viel zu tun hatte (Jim Schachterle, Tim Madrid, Laura Stone, Greg Guntle, Richard Adin und Robert Campbell) und allen anderen, die unermüdlich an der Erstellung und Bearbeitung dieses Buches gearbeitet haben.

Ich möchte meinen Eltern (Ron und Marie), meinen Halbgeschwistern (David und Darlene) und meinen Freunden (David Rahmel, Don Murphy, Greg Mickey, John Taylor, Juan Leonffu, Ed Gildred und Weld O'Connor) für ihre bedingungslose Unterstützung danken. Vielen Dank an David Rahmel, der fantastische Vorschläge zur Verbesserung eingebracht und sich aktiv an der Formgebung dieses Buches beteiligt hat.

Am meisten aber möchte ich den Lesern danken. Durch den Kauf dieses Buches machen Sie es für uns alle in der Buchindustrie möglich, mit viel Mühe gute Arbeit zu leisten. Ich möchte mich besonders bei Christopher Lopez und Simon Walke bedanken, die mir Vorschläge zugeschickt und mich auf Fehler in der früheren Version hingewiesen haben. Wenn sich so die Stunden bei der Fertigstellung eines Buches hinziehen, hilft es, wenn man weiß, dass jede kleine Verbesserung der Entwicklergemeinde nützt.

Danke

E Einleitung

Willkommen bei Visual Basic.NET Gepackt. Das Schreiben dieses Buches war aufgrund seiner Langlebigkeit ein Vergnügen. Als mich vor ein paar Jahren der Verlag zum ersten Mal für die erste Ausgabe ansprach, habe ich den Nutzen eines solchen Buches in Frage gestellt. Wer braucht schon eine Referenz, wenn es doch in VB eine Online-Hilfe gibt? Wir haben uns zusammengesetzt, um das Konzept für dieses Buch zu verfeinern, damit es zu den schon existierenden Informationen noch etwas Wertvolles beiträgt. Durch das Einbinden von Programmbeispielen, Objektdiagrammen, Kochrezepten, Tabellen und Querverweisen in einem kleinen und praktischen Buch ist der Wert dieses Buches unverkennbar. Über die Jahre hinweg ist das VB-System komplizierter geworden und der wir haben uns bemüht, diese Referenz so aktuell und nützlich wie möglich zu halten.

An wen richtet sich dieses Buch?

Da Visual Studio.NET eine völlig neue Welt repräsentiert, hoffe ich, dass dieses Buch Ihnen helfen wird, das neue Visual-Basic.NET-System leichter zu verstehen. Ich habe auch ein zweites Buch geschrieben, .NET Framework Ge-Packt, das Referenzinformationen über die Klassenbibliotheken des .NET Frameworks enthält. Wenn Sie dieses Buch sehr nützlich finden, kann auch das Begleitbuch bei der Programmierung des weitläufigen .NET Frameworks sehr hilfreich sein.

Das Buch, das Sie in Händen halten, enthält Referenzinformationen über die Visual Basic/VBA/VBScript-Produktfamilie. Das Buch setzt allgemein etwas Programmier-Erfahrung voraus, wenn Sie aber ein Neuling in der Programmierung sind, wird dieses Buch auch für Sie unschätzbaren Wert haben. Ich habe versucht, in diesem Buch umfangreiche Querverweise zu verwenden.

Wie liest man dieses Buch?

Ich habe dieses Buch mit der Idee geschrieben, dass es bei Programmierprojekten sofort eingesetzt werden kann. Alle Funktionen und Anweisungen für VB.NET sind in Kapitel 6 zum schnellen Nachschlagen alphabetisch aufgelistet. Wenn Sie den allgemeinen, gewünschten Funktionalitätstyp kennen, können Sie bei einer Ihnen schon bekannten Funktion nachschlagen und den *Siehe auch*-Referenzen oder anderen Hilfsmitteln im Text folgen, um zum richtigen Thema zu gelangen.

Wenn Sie schon mit früheren Versionen von VB gearbeitet haben, sollten Sie das Kapitel 1 durchblättern. Es erklärt viele Änderungen in der neuen .NET-Version von Visual Basic und enthält auch ein paar Änderungen, die zwar schon in der Entwicklungsumgebung vorhanden sind, aber in dem Abschnitt »Neues in Visual Basic und Visual C++« der aktuellen Dokumentation nicht beschrieben sind.

Besondere Features und Tools

Das wahrscheinlich nützlichste Feature dieses Buches sind die Programmbeispiele (Direktfensterbeispiele, Programmbeispiele und HTML-Programmbeispiele), die bei jedem Referenzbefehl zur Verfügung stehen. Selten möchte ein Programmierer etwas über einen Visual-Basic-Befehl aus zufälliger Neugierde wissen. Ich möchte ein

Buch, das genau zeigt, wie jeder VB-Befehl verwendet wird, und mit dieser Philosophie im Hinterkopf habe ich auch dieses Buch geschrieben. Zu jedem Begriff der Sprache gibt es ein einfaches Beispiel, das eingegeben und sofort ausgeführt werden kann.

Dieses Konzept wird in dem Kapitel 4 *Wie mache ich das? Beispielprogramme* erweitert. Diese Beispiele zeigen Schritt für Schritt allgemeine Funktionen, die Sie oft verwenden müssen, aber vielleicht können Sie sich nicht immer an die genaue Implementierungsweise erinnern. Nun können Sie einfach zum gewünschten Abschnitt springen und sich das Programm anschauen.

Ein anderes, wichtiges Charakteristikum des Buches sind die Objektmodelldiagramme in den Kapiteln 7 bis 13. Die von Microsoft zur Verfügung gestellten und in vielen anderen Büchern kopierten Objektdiagramme zeigen ein Durcheinander von Objekten und Kollektionen. Es ist dann oft schwierig zu sagen, welches Symbol ein einzelnes Objekt und welches eine Kollektion darstellt. In meinen Diagrammen ist dies nicht der Fall. Jedes Diagramm stellt nur eine Ebene des Objektmodells dar. Kollektionen erkennt man zum einen an ihrem Aussehen (wie ein Kartenstapel) und zum anderen an der Bezeichnung mit dem Kollektionsnamen im Plural und dem Objektnamen im Singular, der unter der Kollektion in Klammern steht.

Ich hoffe, dass diese Objektmodelle für Sie eine unschätzbare Referenz bedeuten, wenn Sie Visual Basic/VBA-Projekte erstellen. Objektmodelle sind fast wichtiger für ein Projekt als die eigentliche Programmiersprache, wie Sie vielleicht beim Umstieg auf das .NET Framework bemerkt haben. Aus diesem Grund sollten alle Verbesserungen für das Verständnis und den Bezug zu dem Objektmodell (egal, ob für Excel, PowerPoint oder einer anderen Anwendung) enthalten sein.

Jeder schlägt Themen auf andere Art nach. Wenn Sie etwas nicht unter der Überschrift finden, unter der Sie es erwartet hatten, können Sie uns dies als Hinweis zuschicken. So kann dies bei der nächsten Überarbeitung des Buches verbessert werden.

Ich hoffe, dass Sie dieses Buch genauso hilfreich finden, wie die Leute von Coherent Data (*www.coherentdata.com*). Ich hoffe auch, dass Sie uns ein Feedback mit Ihren Vorschlägen oder gefundenen Fehlern schicken. Auf der Webseite von Coherent Data wurde eine Seite diesem Buch gewidmet. Schauen Sie dort doch einmal vorbei.

1 Visual-Basic.NET-Features

Die Veränderungen an der alten Version von Visual Basic (VB), die zur aktuellen Version VB.NET führten, sind zu umfangreich, um sie in einer Referenz vollständig zu behandeln. Die gesamte Entwicklungsumgebung hat sich von ihrer Grundstruktur, einem nativen Compiler, der Binärcode für X86-basierte PCs erzeugte, zu einer Virtual Machine (interpretiert Microsoft Intermediate Language, kurz MSIL) gewandelt, die mit einem Just-In-Time-Compiler (JIT-Compiler) zusammenarbeitet. Visual Basic wurde zusätzlich mit anderen Visual-Studio-Sprachen in eine vereinheitlichte, integrierte Entwicklungsumgebung (Integrated Development Environment, IDE) aufgenommen.

Aus diesen Gründen geben die Beschreibungen in diesem Buch die prinzipiellen Veränderungen wieder, auf die ein Entwickler stoßen wird, wenn er auf VB.NET umsteigt. Da dies kein Einsteigerbuch ist, werden die grundlegenden Themen der Visual-Basic-Programmierung hier nicht behandelt. Beachten Sie, dass das gesamte .NET Framework in die Visual-Studio.NET-Umgebung integriert worden ist. Um die Neuerungen von VB.NET voll auszuschöpfen, sollten Sie als Entwickler VB.NET nicht als weiterentwickeltes Update von Visual Basic sehen, sondern sich ihm wie einer völlig neuen Programmiersprache nähern.

Neue VB.NET-Elemente

VB.NET ist eine umfangreiche Abwandlung von früheren Versionen von Visual Basic. Die hauptsächlichen Veränderungen umfassen:

- **Integration in die Visual Studio IDE**   Ebenso wie die anderen Programmiersprachen, die in Visual Studio enthalten sind, wurde Visual Basic in eine einzige, gemeinsame Entwicklungsumgebung integriert. Ob Sie nun mit C#, C++ oder VB Programme entwickeln, Fenster, Menüs und andere Komponenten sind für alle Sprachen gleich (siehe Abschnitt *Integrierte Entwicklungsumgebung* in diesem Kapitel).

- **Übersetzung des Programmcodes in MSIL**   Ein Projekt wird nicht, so wie in früheren VB-Versionen, in native Maschinensprache oder in interpretierten Zeichencode übersetzt. Der gesamte Programmtext wird in die Zwischensprache MSIL transformiert. Zur Ausführungszeit wird dann der MSIL-Anwendungscode von einem JIT-Compiler in den eigentlichen Programmcode übersetzt.

- **Zugriff auf das .NET Framework**   Alle Prozeduren des Windows-Betriebssystems sind durch eine erweiterte Framework-Struktur, dem .NET Framework, erreichbar. Die Nutzung der Systemobjekte im .NET Framework ersetzt frühere VB-Komponenten (wie z.B. Formulare oder Steuerelemente). Unter VB.NET wird das WIN32 Application Programming Interface (API) aufgerufen oder Objekte über die Microsoft-Foundation-Klassen (MFC) erstellt.

- **Sprachänderungen in VB**   Es wurden ein paar neue Schlüsselwörter und Funktionen zur Sprache Visual Basic hinzugefügt (siehe Abschnitt *Sprachänderungen* in diesem Kapitel).

- **Erweiterungen der Datentypen**   Datentypen, wie z.B. Integer und Long, wurden erweitert, und es wurden auch noch andere Typverbesserungen vorgenommen (siehe Abschnitt *Variable Datentypen* in diesem Kapitel).

‣ **Erweiterungen der objektorientierten Eigenschaften** Die drei Pfeiler der vollständig objektorientierten Programmierung (Vererbung, Überladen und Polymorphismus) stehen nun für die Programmierung mit Visual Basic zur Verfügung (siehe Abschnitt *Objektorientierte Konzepte* in diesem Kapitel).

‣ **Hinzufügen der Multithreading-Fähigkeit** VB.NET unterstützt nun das vollständige Multithreading, das die Erstellung, Verwaltung und Prioritätenfestlegung der Threads beinhaltet.

‣ **Erstellung von Konsolenanwendungen** In Visual Basic können nun Kommandozeilenprogramme erstellt werden. Diese Anwendungen können von einer Konsole, wie z.B. der MS-DOS-Eingabeaufforderung, ausgeführt werden und brauchen keine Benutzeroberfläche.

‣ **Erstellung von Windows-NT-Diensten** Windows-NT-Dienste zu erstellen, war lange eine Domäne von C++, aber nun kann auch Visual Basic dazu verwendet werden, solche Dienste zu programmieren. Dienste sind Programme, die im Hintergrund eines Betriebssystems ausgeführt werden, und können eine Vielzahl von Aufgaben erledigen, wie z.B. die Überwachung des Batteriestandes eines Laptops bis hin zur Bereitstellung von FTP-Server-Diensten. Ein NT-Dienst kann unter NT 4.0, Windows 2000 oder Windows XP ausgeführt werden.

‣ **Hinzufügen von Webdiensten** Ebenso wie ein NT-Dienst kann ein Webdienst aktiv im Hintergrund eines Servers laufen. Webdienste sind dafür gedacht, Verbindungen über Standard-Internetprotokolle herzustellen. Ein Webdienst kann über eine Fernverbindung (Remote Access) mit einem URL (uniform resource location) aufgerufen werden.

‣ **Unterstützung von ADO.NET**   ADO.NET ist eine Erweiterung von ADO (ActiveX Data Objects), wie z.B. die vollständige Unterstützung von XML (extensible markup language), Offline-Datasets oder XML-Schemata.

‣ **Hinzufügen der strukturierten Fehlerbehandlung**   Die strukturierte Fehlerbehandlung, die schon lange von anderen Programmiersprachen wie C++ unterstützt wird, wurde nun zu VB.NET in Form einer erweiterten Implementierung des Try-und-Catch-Mechanismus hinzugefügt (siehe Abschnitt *Fehlerbehandlung* in diesem Kapitel).

‣ **Erstellung von Serversteuerelementen**   VB kann dazu verwendet werden, ein Serversteuerelement zu erstellen, das auf einem Internet Information Server (IIS) ausgeführt wird. Das Serversteuerelement arbeitet auf dem Webserver und gibt erzeugten HTML-Text (hypertext markup language) zurück, der in eine Webseite eingebunden werden kann. Diese wird dann zum Browser gesendet.

‣ **Erweiterung der Datensensitivität in das Internet**   Obwohl VB schon seit Version 3 datensensitive Komponenten in VB-Formularen unterstützt, erweitert VB.NET diese Fähigkeiten dadurch, dass Webformulare datengebundene Steuerelemente enthalten können.

Sprachänderungen

Die Sprache Visual Basic hat sich, was die aktuellen Befehle angeht, um nicht mehr als fünf Prozent verändert. Die meisten allgemeinen Schlüsselwörter, Anweisungen und Funktionen stehen immer noch zur Verfügung, wenngleich es neue, empfohlene Möglichkeiten gibt, wie bestimmte Methoden verwendet werden (wie z.B. die Verwendung der Methode `MessageBox.Show()` anstatt der Funktion `MsgBox()`).

Die hauptsächlichen Sprachänderungen umfassen:

- **Atn, Sgn und Sqr sind nicht mehr vorhanden** Diese Funktionen wurden ersetzt durch die Methoden `Atan`, `Sign` und `Sqrt`, die man in der Klasse `System.Math` wiederfindet.
- **Die Funktionen Circle und Line sind nicht mehr vorhanden** Diese Funktionen wurden durch die Methoden `DrawEllipse` und `DrawLine` ersetzt, die Sie in der Klasse `System.Drawing.Graphics` wiederfinden.
- **Die Methoden Date und Time sind nicht mehr vorhanden** Diese wurden durch die Eigenschaften `Today` und `TimeOfDay` ersetzt, die genauso verwendet werden können wie Date und Time.
- **Die Funktionen Date\$ und Time\$ sind nicht mehr vorhanden** Diese Methoden wurden durch die Eigenschaften `DateString` und `TimeString` ersetzt, die genauso verwendet werden können wie Date\$ und Time\$.
- **Debug.Print wurde abgeschafft** Diese Funktion wurde durch die Methoden `Write`, `WriteIf`, `WriteLine` und `WriteLineIf` ersetzt, die Sie in der Klasse `System.Diagnostics.Debug` wiederfinden. Typischerweise wird der Befehl `Console.WriteLine(myStr)` anstatt des Befehls `Debug.Print(myStr)` verwendet.
- **Def-Funktionen werden nicht mehr unterstützt** Die Funktionen `DefBool`, `DefByte`, `DefCur`, `DefDate`, `DefDbl`, `DefDec`, `DefInt`, `DefLng`, `DefObj`, `DefSng`, `DefStr` und `DefVar` werden nicht von VB.NET unterstützt.
- **DoEvents sind nicht mehr vorhanden** Sie wurden durch die Methode `DoEvents` ersetzt, die Sie in der Klasse `System.Forms.Application` wiederfinden.
- **Empty und Null sind nicht mehr vorhanden** Verwenden Sie stattdessen das Schlüsselwort Nothing.
- **GoSub wurde abgeschafft**

- **Die Methode IsEmpty wurde abgeschafft**   Sie wurde durch die Funktion `IsNothing` ersetzt.
- **IsMissing ist nicht mehr vorhanden**   In VB.NET muss jedes optionale Argument einer Prozedurdeklaration einen Standardwert haben. Dies macht die `IsMissing`-Funktion überflüssig, die sonst erkannt hat, wenn ein Argument fehlte.
- **IsNull und IsObject sind nicht mehr vorhanden**   Diese Funktionen wurden durch die Methoden `IsDBNull` und `IsReference` ersetzt, die Sie in der Klasse `Microsoft.VisualBasic.Information` wiederfinden.
- **Die Methoden LSet und RSet wurden abgeschafft**   Diese Funktionen wurden durch die Methoden `PadRight` und `PadLeft` ersetzt, die sich in der Klasse `System.String` befinden.
- **PSet und Scale sind nicht mehr vorhanden**   Für diese Methoden gibt es in VB.NET keine gleichwertigen Funktionen.
- **Rnd und Round wurden abgeschafft**   Diese Funktionen wurden durch die Methoden `Rnd` und `Round` ersetzt, die sich in der Klasse `System.Math` befinden.
- **Änderungen an den Objektreferenzen**   Objektreferenzen können nun direkt durch den Gleichheits-Operator (=) kopiert werden, wobei auf den `Set`-Befehl verzichtet werden kann.
- **Der Befehl Type ist nicht mehr vorhanden**   Der Befehl `Type` wurde benutzt, um einen benutzerdefinierten Datentyp zu deklarieren. Das Schlüsselwort `Structure` soll nun stattdessen verwendet werden.
- **Der Ausdruck Wend wurde abgeschafft**   `Wend` wurde als Kontrollflussbefehl verwendet, um eine `While`-Schleife zu beenden. Er wurde ersetzt durch den Befehl `End While`.
- **Property Get, Property Let und Property Set wurden abgeschafft**   Diese Befehle wurden durch die Definitionsstruktur `Property...End Property` ersetzt.

- **Open #, Close #, Put, Set und Width wurden abgeschafft** Sie wurden durch die Funktionen `FileOpen`, `FileClose`, `FilePut`, `FileSet` und `FileWidth` ersetzt.

- **Die Anweisung Name ist nicht mehr vorhanden** Sie wurde durch die Funktion `Rename` ersetzt.

- **AndAlso und OrElse Befehle wurden hinzugefügt** Diese zusätzlichen Befehle sind Bedingungsanweisungen mit Kurzschlussauswertung, d.h., die Auswertung findet nur so lange statt, bis das Ergebnis feststeht.

Datentypen

Die Datentypen, die für die Deklaration von Variablen und Eigenschaften zur Verfügung stehen, haben sich von Visual Basic 6 zu VB.NET nicht dramatisch verändert. Die komplexeste Veränderung ist die Änderung der Größe des Zahlenbereichs der Datentypen `Integer` und `Long` (er hat sich jeweils verdoppelt). Diese Datentypen wurden erweitert, um sich dem enormen Leistungswachstum der Mikroprozessoren-Architektur im letzten Jahrzehnt anzupassen.

Weitere Änderungen an der Handhabung der Datentypen sind:

- **Begrenzungen von Arrays** Auch wenn bei VB 6 die vorgegebene Untergrenze (Mindestanzahl von Elementen) eines Arrays 0 war, konnte man diese Grenze doch mit der `Option Base`-Anweisung ändern. Bei VB.NET beginnen alle Arrays an der Untergrenze 0 und diese kann auch nicht anders deklariert werden.

- **Abschaffung des Datentyps Variant** Der Datentyp `Variant` ist nicht mehr vorhanden und der vorgegebene Datentyp für einen nicht-deklarierten Wert ist nun `Object`. Im Prinzip hat dieser Sachverhalt keine besonderen Auswirkungen auf die Programmierung.

- **Deklaration mehrerer Variablen** Ab jetzt können mehrere Variablen desselben Typs (wie z.B.: `Dim i,j,k As Integer`) in einer Zeile deklariert werden.

Die folgende Tabelle zeigt eine vollständige Aufstellung der wichtigsten VB.NET-Datentypen und deren Charakteristika. Zu diesen Eigenschaften gehören die Common-Language-Runtime(CLR)-Typstruktur, die anzeigt, in welchem .NET-Namensraum der Datentyp angesiedelt ist, und die Größe des Datentyps in Byte. Die Tabelle beinhaltet zusätzlich eine Spalte, die den aktuellen Datentyp mit Datentypen aus der früheren Version von Visual Basic vergleicht.

VB.NET-Typ	CLR-Typ	Größe (Bytes)	VB-6-Type	Beschreibung
Boolean	System. Boolean	2	Boolean	Boolescher Wert True oder False
Byte	System. Byte	1	Byte	Einzelne Bytes, die hauptsächlich für binäre Daten oder Datenzugriff verwendet werden. Wertebereich: 0–255.
Char	System. Char	2	Nicht vorhanden	Unicode-Zeichen. Wertebereich: 0–65535 (ohne Vorzeichen)
Nicht vorhanden	Nicht vorhanden	8	Currency	Der Typ Currency wurde in VB.NET abgeschafft. Verwenden Sie dafür den Typ Decimal.
Date	System. DateTime	8	Nicht vorhanden	Enthält einen Datumswert, der zwischen dem 1. Januar 0001 und dem 31. Dezember 9999 liegen kann. Wenn Sie einen VB-6-Datums- bzw. Zeitwert, der als Wert vom Typ Double gespeichert ist, konvertieren möchten, verwenden Sie die Methoden ToDouble() und FromOADate() der Klasse DateTime.

Tabelle 1.1: Datentypen in VB.NET

VB.NET-Typ	CLR-Typ	Größe (Bytes)	VB-6-Type	Beschreibung
Decimal	System. Decimal	16	Decimal	Bei VB.NET hat sich der Datentyp Decimal von 14 auf 16 Byte vergrößert. Er sollte als Ersatz für den variablen Datentyp Currency aus früheren VB-Versionen verwendet werden. Wertebereich: +/- 79.228.162.514.264.337.593.543.950.335 ohne Dezimaltrennzeichen; +/- 7,9228162514264337593543950335 mit 28 Stellen rechts vom Dezimalkomma.
Double	System. Double	8	Double	Beinhaltet einen Fließkommazahlwert mit doppelter Präzision. Wertebereich: negative Werte von -1,79769313486231E+308 bis -4,94065645841247E-324; positive Werte von 4,94065645841247E-324 bis 1,79769313486231E+308.
Integer	System. Int32	4	Long	Bei VB.NET hat sich der Datentyp Integer von zwei Bytes auf vier Bytes vergrößert. Wertebereich: -2.147.483.648 bis 2.147.483.647.
Long	System. Int64	8	Nicht vorhanden	Bei VB.NET hat sich der Datentyp Long von vier Bytes auf acht Bytes vergrößert. Wertebereich: -9.233.327.036.854.775.808 bis 9.233.327.036.854.775.807.
Object	System. Object	4	Object	Enthält eine Objektreferenz.
Short	System. Int16	2	Integer	In VB.NET repräsentiert der Datentyp Short dieselbe Größe wie die ehemalige Version des Datentyps Integer. Wertebereich: -32.768 bis 32.767.

Tabelle 1.1: Datentypen in VB.NET (Forts.)

VB.NET-Typ	CLR-Typ	Größe (Bytes)	VB-6-Type	Beschreibung
Single	System. Single	4	Single	Enthält einen Fließkommazahlwert mit einfacher Präzision. Wertebereich: negative Werte von -3,402823E+38 bis -1,401298E-45; positive Werte von 1,401298E-45 bis 3,402823E+38.
String	System. String	nicht festgelegt	String	Strings mit fester Länge werden in VB.NET nicht mehr unterstützt. Benutzen Sie ein Byte-Array oder ein Char-Array, um eine bestimmte Größe festzulegen. Wertebereich: 0 bis 2 Milliarden Unicode-Buchstaben.
Nicht vorhanden	Nicht vorhanden	nicht festgelegt	Variant	Der Datentyp Variant wurde aus VB.NET entfernt und Object ist nun der Standarddatentyp für eine Variable ohne Typzuweisung.

Tabelle 1.1: Datentypen in VB.NET (Forts.)

Zu VB.NET wurden zusätzlich noch ein paar neue Operatoren hinzugefügt, die mit Variablen und Werten spezielle, bitweise Operationen durchführen können. Während And, Or, Xor und Not hauptsächlich für beides, boolesche und bitweise Operationen verwendet wurden, gibt es nun einige Befehle, die nur bitweisen Ausdrücken zur Verfügung stehen. Die folgende Tabelle enthält die neuen Operatoren und die dazu äquivalenten, ersetzten Operatoren.

VB.NET	Visual Basic 6
BitAnd (für bitweise Operationen)	And
BitOr (für bitweise Operationen)	Or
BitXor (für bitweise Operationen)	Xor

Tabelle 1.2: Die neuen Operatoren in VB.NET

VB.NET	Visual Basic 6
BitNot (für bitweise Operationen)	Not
=	Eqv
Not und Or (wie z.B.: (Not A) Or B))	Imp

Tabelle 1.2: Die neuen Operatoren in VB.NET (Forts.)

Die integrierte Entwicklungsumgebung

Die neue integrierte Entwicklungsumgebung (IDE) des Visual Studio ermöglicht es, dass alle in Visual Studio enthaltenen Sprachen in einer gemeinsamen Benutzeroberfläche vereint werden konnten. Abbildung 1.1 zeigt die Darstellung einer Windows-Anwendung in der IDE. Jeder Abschnitt des Bildschirms ist in Bereiche eingeteilt. Diese Bereiche können in ihrer Größe verändert werden und jeder Bereich kann mehrere Fenster enthalten, die jeweils als Registerkarten mit Namen angezeigt werden.

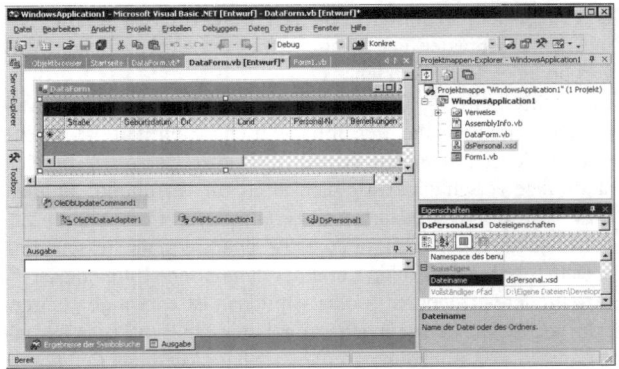

Abbildung 1.1: Die einheitliche IDE für alle Programmiersprachen des Visual Studio

Der Bildschirm ist in folgende Hauptbereiche gegliedert:

‣ **Die linke Seite** Auf der linken Seite befinden sich die Menüs für den Server-Explorer und die Toolbox. Im Server-Explorer können Datenverbindungen und Server-Komponenten ausgewählt werden. Die Toolbox beinhaltet alle herkömmlichen Steuerelemente für die Benutzeroberfläche (Checkboxen, Buttons usw.), die auf die dargestellte Form per Drag&Drop aufgebracht werden können. Die Dokumentengliederung, falls sichtbar, wird auch auf dieser Seite angezeigt.

‣ **Die Mitte** Der mittlere Bereich des Fensters zeigt das ausgewählte Dokument an. Dieses Dokument kann ein Formular, eine Seite mit Programmtext, eine Webseite, der Objektbrowser oder die Anzeige eines Hilfethemas sein.

‣ **Der untere Teil** Direkt unter dem Dokumentenfenster werden im Hauptfenster verschiedene Fenster als Registerkarten angezeigt. Unter anderem sind dies das Ausgabefenster, die Suchergebnisse der dynamischen Hilfe, das Befehlsfenster, das Fenster mit den Ergebnissen der Symbolsuche und ein Fenster mit den vorhandenen Haltepunkten.

‣ **Die rechte Seite** Die rechte Seite des Fensters umfasst zwei verschiedene Bereiche. Der untere Abschnitt enthält das Eigenschaftenfenster oder das Fenster FAVORITEN. Der obere Bereich stellt viele verschiedene Möglichkeiten zur Verfügung, da auch dieses Fenster in Karteikarten eingeteilt ist. Zu ihnen gehören z.B. der Projektmappen-Explorer, die Klassenansicht, die Ressourcenansicht, der Makro Explorer und der dynamische Hilfeindex.

Die Anzahl der verfügbaren Toolbar-Optionen ist enorm gewachsen. Eine der wichtigsten Neuerungen ist das Listenfeld PROJEKTMAPPENKONFIGURATIONEN, das in Abbildung 1.2 dargestellt ist. Mit dieser Combobox kann der Entwickler entscheiden, was geschieht, wenn der Knopf AUS-

FÜHREN angeklickt wird. Wenn z.B. RELEASE ausgewählt wird, wird das aktuelle Projekt – ein ausführbares Programm oder eine Komponente – ohne Debuginformationen erzeugt. Dies bedeutet, dass darin keine Fehlerinformationen vom Debugging enthalten sind.

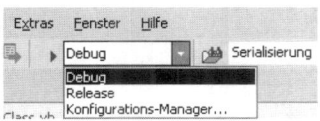

Abbildung 1.2: Dieses Listenfeld zeigt die verfügbaren Projektmappenkonfigurationen an.

Anmerkung: Wenn Sie eine Anwendung ausführen und es sind keine Debuginformationen vorhanden, überprüfen Sie noch einmal das Listenfeld PROJEKTMAPPENKONFIGURATIONEN. Ist das Listenfeld noch mit der Einstellung RELEASE belegt, so werden für die Anwendung keine Debuginformationen erzeugt und jeder Versuch, das Debugging zu aktivieren, wird ignoriert, auch wenn Visual Basic nicht anzeigt, warum.

Über das Listenfeld PROJEKTMAPPENKONFIGURATIONEN kann man den Konfigurations-Manager öffnen, um benutzerdefinierte Einstellungen vorzunehmen. Verfügbare Optionen sind z.B. die Debugeinstellungen, Bestimmen der Zielplattform oder ob zur Laufzeit kompiliert werden soll.

Der Objektbrowser

Der Objektbrowser wird als Teil der Visual-Basic.NET-Umgebung zur Verfügung gestellt. Mit Hilfe des Objektbrowsers kann man sich Member eines installierten Objektmodells anschauen (das beliebige .NET-Framework-Bibliotheken enthält), die in das aktuelle Projekt eingebunden sind.

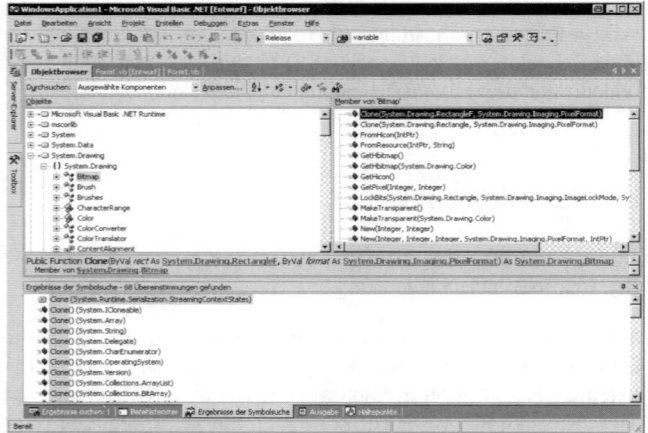

Abbildung 1.3: Der Objektbrowser zeigt die Member einer Klasse an.

Abbildung 1.3 zeigt den Objektbrowser, der über das Menü AN-
SICHT|ANDERE FENSTER, einen Button der Werkzeugleiste oder durch
Drücken der Tastenkombination [Strg]+[Alt]+[B] aufgerufen werden kann. Der Objektbrowser besitzt drei Bereiche: den Objektbereich, den Memberbereich und den Beschreibungsbereich. Die Combobox DURCHSUCHEN stellt die in den verschiedenen Bereichen angezeigten aktuellen Bibliotheken dar.

Der Objektbereich zeigt eine alphabetische Liste aller verfügbaren
Objekte und Kollektionen. In den Kapiteln 7 bis 13 dieses Buches fin-
den Sie die vollständigen Objektmodell-Diagramme sowohl für alle
Office-Anwendungen als auch für andere Programme. Mit Hilfe die-
ser Diagramme und in Verbindung mit dem Objektbrowser sollten
Sie in der Lage sein, nahezu jedes objektbasierte Projekt zu erstellen.

Wenn Sie auf ein Objekt oder eine Kollektion im Objektbereich klicken, ändern sich automatisch die im Memberbereich angezeigten Komponenten.

Der Memberbereich beinhaltet alle Eigenschaften, Felder, Ereignisse und Methoden einer im Objektbereich ausgewählten Objektklasse (egal, ob Objekt oder Kollektion). Methoden besitzen ein Symbol, das wie eine »fliegende Box« aussieht. Eigenschaften werden durch ihr klassisches Symbol repräsentiert (eine Hand, die auf eine Box zeigt).

Wenn man auf ein bestimmtes Member klickt, füllt sich der Beschreibungsbereich mit den Aufrufkonventionen dieser Komponente. Handelt es sich bei dem Member um eine Eigenschaft, wird der zugehörige Datentyp der Eigenschaft angezeigt. Bei einer Methode werden alle Parameter, die an die Methode übergeben werden müssen, und der Rückgabewert angezeigt.

Alle im Objektbrowser angezeigten Objekte bezeichnen die dem Projekt zugewiesenen Objektbibliotheken. Dies bedeutet aber nicht, dass dies die einzigen Bibliotheken sind, die auf Ihrem System installiert sind. Zum Beispiel werden für ein Projekt mit Excel die Excel-Objektbibliotheken hinzugefügt, aber keine Word-Bibliotheken, da die meisten Benutzer für diese in einem Excel-Projekt keine Verwendung haben.

Um andere Bibliotheken zu einem Projekt hinzuzufügen, wählen Sie im Menü PROJEKT den Menüpunkt VERWEIS HINZUFÜGEN aus. Jeder dem Projekt hinzugefügte Verweis auf eine Objektbibliothek steht dann zur Ansicht im Objektbrowser zur Verfügung.

Menütastenkürzel

Obwohl sich natürlich die Menüoptionen je nach Programmiersprache, in der Sie entwickeln, ändern können, bleiben die meisten der Befehle doch gleich. Die folgende Tabelle listet die Tastenkürzel für die meisten gemeinsamen Menübefehle auf:

Tastenkürzel	Beschreibung
Strg + ⇧ + Alt + F12	Symbol suchen
Strg + ⇧ + D	Vorhandenes Element hinzufügen
Strg + A	Alles auswählen
Strg + Alt + P	Debug-Prozesse untersuchen
Strg + B	Neuen Haltepunkt hinzufügen
Strg + F	Suchen
Strg + F1	Dynamische Hilfe
Strg + F5	Starten ohne Debuggen
Strg + G	Gehe zu (Zeilennummer)
Strg + H	Ersetzen
Strg + ⇧ + (N)	Datei neu
Strg + ⇧ + (O)	Datei öffnen
Strg + P	Drucken
Strg + S	Element speichern
Strg + D	Neues Element hinzufügen
Strg + ⇧ + B	Projektmappe erstellen
Strg + ⇧ + F	In Dateien suchen
Strg + ⇧ + F9	Alle Haltepunkte löschen
Strg + ⇧ + H	In Dateien ersetzen
Strg + N	Projekt neu
Strg + O	Projekt öffnen
Strg + ⇧ + S	Alle speichern
Strg + ⇧ + U	Großbuchstaben

Tabelle 1.3: Menütastenkürzel in der IDE

Tastenkürzel	Beschreibung
Strg + U	Kleinbuchstaben
Strg + Y	Wiederholen
Strg + Z	Rückgängig
F1	Hilfe
F3	Weitersuchen
F4	Eigenschaftenfenster
F5	Starten
F7	Code
F9	Haltepunkt setzen
F10	Prozedurschritt
F11	Einzelschritt
⇧ + Alt + ↵	Ganzer Bildschirm

Tabelle 1.3: Menütastenkürzel in der IDE (Forts.)

Objektorientierte Konzepte

Eine besonders wichtige Neuerung in Visual Basic.NET sind die hinzugekommenen vollständig objektorientierten Features. Mit diesen neuen Möglichkeiten nähert sich Visual Basic anderen Sprachen an, wie z.B. C++ und Java. Als objektorientierte Programmiersprache mit einer hierarchischen Klassennavigation und der Möglichkeit, eigene Klassen zu definieren, genießt auch Visual Basic den Zugang zu der kompletten Funktionalität des .NET Frameworks.

Die neuen objektorientierten Funktionen sind umfangreicher als die der letzten Version von Visual Basic, die nur die Erstellung und Verwaltung von COM-Objekten (Component Object Model) ermöglicht haben. Die Grundlagen der traditionellen objektorientierten Programmierung sind nun Teil des neuen VB.

Die drei Grundsteine der vollständig objektorientierten Programmierung (Vererbung, Polymorphismus und Überladen) wurden auf Klassenebene für den Anwendungsbereich aller Sprachen im Visual Studio eingeführt. Deshalb treten die meisten dieser eingefügten Features innerhalb eines Projekts im Abschnitt der Klassen und deren Member auf. Soll zum Beispiel eine Klasse von einer anderen erben, muss die vererbende Klasse das Schlüsselwort Inherits in der Klassendeklaration enthalten.

Vererbung

Eine *Klasse* ist eine Sammlung von ihr zugehörigen Daten, Methoden und Ereignissen. Mit der Vererbung kann eine Klasse das »Kind« anderer Klassen werden. Eine Kindklasse *erbt* die Funktionalität der Elternklasse. Die neue Klasse enthält alle Eigenschaften, Methoden, Felder und Ereignisse der vererbenden Klasse. In diesem Beispiel erbt die NeueKindKlasse die Komponenten der übergeordneten Klasse MeineKlasse, überschreibt aber die Funktion meineZeichnenMethode und erstellt so daraus eine eigene Methode:

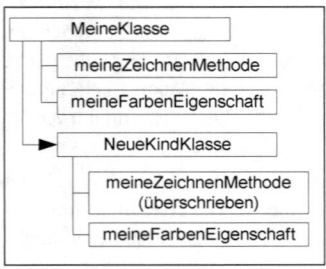

Vererbung ermöglicht es, bestehende Programmlogik wieder zu verwenden, ohne dass diese neu programmiert werden muss. Die neue Klasse kann mit neuen Komponenten erweitert und anderen Anforderungen angepasst werden und jede der Komponenten der vererbenden Klasse kann natürlich überschrieben oder unterdrückt werden. Es entsteht also die Flexibilität, eine existierende Klasse zu kopieren und ein paar neue Eigenschaften und Methoden hinzuzufügen oder die komplette Funktionalität der vererbenden Klasse neu zu definieren.

Als einfaches Beispiel für die Vorteile der Vererbung könnten Sie eine Klasse Rechteck erstellen, die ein Rechteck initialisiert, bewegt und auf dem Bildschirm zeichnet. Als Nächstes könnten Sie eine Klasse für ein abgerundetes Rechteck erzeugen, die das Verhalten der Vaterklasse Rechteck für Bewegung oder Veränderung der Größe erbt. Die neue Klasse sollte sowohl den Konstruktor (um die Parameter für das Abrunden der Ecken entgegenzunehmen) als auch die Zeichenmethode (um ein abgerundetes Rechteck zu zeichnen) überschreiben und neue Eigenschaften hinzufügen, um die Abmessungen der Abrundung aufzunehmen.

Da die Klasse für das abgerundete Rechteck der ersten Rechteckklasse untergeordnet ist, können alle von ihr instanziierten Objekte an eine Methode übergeben werden, die ein Recheck als Parameter benötigt. Die zusätzlichen Informationen des erweiterten Rechtecks werden einfach von der Methode ignoriert und das Objekt wird wie ein Rechteck verarbeitet. Dieser Sachverhalt ermöglicht es einem Programmierer, eine Klasse von einer anderen erben zu lassen, Eigenschaften oder Methoden hinzuzufügen und ein Objekt dieser Klasse einer älteren Methode zu übergeben, die Objekte der Elternklasse als Parameter akzeptiert.

In Visual Basic muss eine neue Klasse, die eine bestehende Klasse erweitert, mit dem Schlüsselwort `Inherits` folgendermaßen deklariert werden:

```
Public Class myComponent
    Inherits System.ComponentModel.Component
```

Diese Deklaration erstellt eine neue Komponente, die alle existierenden Eigenschaften, Methoden, Ereignisse und Felder der vorhandenen Klasse `System.ComponentModel.Component` erbt. Die Komponente soll dann diese allgemeine Basisklasse erweitern, um die gewünschte Funktionalität der angepassten Komponente bereitzustellen.

Nicht alle Klassen stellen die Vererbungseigenschaften in gleichem Maße zur Verfügung. Bei VB.NET existieren eine ganze Reihe verschiedener Klassentypen und diese haben bestimmte Vorschriften, wie eine Kindklasse von einer Elternklasse erben muss. Die drei wichtigsten Klassentypen, die die Vererbungseigenschaften verändern, sind:

- **Standard** stellt die Vererbung für alle ihre Komponenten zur Verfügung

- **Abstrakt (Modifier MustInherit)** Von einer abstrakten Klasse kann kein Objekt instanziiert werden, aber dafür kann sie als Elternklasse für eine andere Klasse dienen oder grundlegende Utilitymethoden zur Verfügung stellen, ohne instanziiert zu werden. Die Komponenten einer abstrakten Klasse sind oft deklariert, aber nicht implementiert, da keine allgemeingültige Implementation möglich ist. Die Klasse, die von der abstrakten Klasse erbt, soll die Deklarationen dieser Komponenten implementieren. Eine abstrakte Klasse kann das Schlüsselwort `MustInherit` beinhalten, damit sie nur als Elternklasse verwendet wird.

▸ **Konkret (Modifier NotInheritable)**   Diese Klasse muss so verwendet werden, wie sie vorliegt, und kann nicht mit erbenden Klassen erweitert werden.

Erstellt man eine neue Klasse, wird der Typ der Klasse in der Deklaration festgelegt. Es gibt drei Gruppen von Schlüsselwörtern, die Sie verwenden können:

▸ **Public, Private, Protected, Friend oder Protected Friend**   Jedes dieser Schlüsselwörter kann verwendet werden, aber immer nur eines für jede Klasse. Der Modifier `Public` macht die Klasse sichtbar für Klassen außerhalb des Assemblys, `Private` dagegen versteckt die Klasse gegenüber anderen Klassen. Klassen mit dem Schlüsselwort `Protected` sind für Klassen innerhalb ihres Assemblys und auch für Klassen, die von ihr erben, sichtbar. Das Schlüsselwort `Friend` zeigt an, dass die Klasse nur innerhalb des Programms sichtbar ist, in dem sie deklariert wurde, `Protected Friend` vereint schließlich sowohl die Eigenschaften von `Protected` als auch von `Friend` miteinander.

▸ **Shadows**   Mit diesem Schlüsselwort »überschattet« eine Klasse eine schon bestehende Klasse in demselben Namensbereich. Im Wesentlichen führt die Verschattung den Vorgang des Überladens (siehe Abschnitt *Überladen* in diesem Kapitel) aus, aber dies nicht mit einer Methode, Eigenschaft oder anderen Komponente einer Klasse, sondern mit der Klasse selbst.

▸ **MustInherit oder NotInheritable**   `MustInherit` bezweckt, dass die Klasse nicht instanziiert werden kann und man eine Kindklasse erzeugen muss, um die Funktionalität der Klasse verwenden zu können. `NotInheritable` verbietet es der Klasse, an andere Klassen weiterzuvererben.

Nur einer der genannten Modifier einer Gruppe kann in einer Deklaration verwendet werden (z.B. können die Schlüsselwörter `Must-Inherit` und `NotInheritable` nicht zusammen in der gleichen Deklaration benutzt werden). Jedes dieser Schlüsselwörter wird dazu gebraucht, die Vererbungseigenschaften und den verfügbaren Anwendungsbereich der neuen Klasse zu beschreiben.

Innerhalb einer Klasse können Komponenten existieren, die die gegebenen Eigenschaften der Vererbung verändern können. Zum Beispiel sind virtuelle Komponenten Methoden, Eigenschaften oder Ereignisse, die in einer Klasse oder einem Interface existieren, das nicht unbedingt höher in der Vererbungskette als die aktuelle Klasse steht. Vielleicht ist Ihnen aufgefallen, dass es eine Reihe von Objekten im .NET Framework gibt, die eine Hierarchie mit einem Wurzelobjekt namens `Object.MarshalByRefObject` besitzen. Diese Klassen befinden sich in der Klassenhierarchie abseits der Stelle, an der ihre Komponenten verwendet werden. Die virtuellen Komponenten referenzieren den Ausgangspunkt.

Anmerkung: In der .NET-Dokumentation gibt es oft Verweise auf die C#-Notation, die nicht ganz explizit aus der Programmiersprache zitiert werden. Ein Beispiel ist die häufige Verwendung des Schlüsselwortes `sealed` (das denselben Effekt erzielt wie der Modifier `NotInheritable` in VB) in den Textbeschreibungen bezogen auf die Klassendeklaration. Dieses Problem taucht sogar in Teilen des .NET-Systems auf (wie z.B. `System.Reflection`), die Informationen im C#-Deklarationsformat wiedergeben, unabhängig von der Sprache (wie z.B. VB), die Zugang zu diesen Methoden hat. Deshalb schauen Sie auch einmal in der C#-Dokumentation nach, wenn Sie einen Verweis zu einem bestimmten Ausdruck oder Schlüsselwort im VB-Handbuch nicht finden. Alle nicht-abstrakten Klassen müssen mindestens einen Konstruktor haben. In vielen Fällen ist es notwendig, dass die

Kindklasse den Konstruktor der Elternklasse innerhalb seiner Deklaration aufruft. Wenn Sie sich einmal den automatisch generierten Code einer neuen Form in VB anschauen, werden Sie oft einen Ausdruck wie diesen sehen:

```
Public Sub New()
    MyBase.New()
```

Als Teil der Konstruktormethode wird der Konstruktor der Klasse base/foundation/parent aufgerufen, so dass eine geeignete Initialisierung stattfinden kann. Wenn eine neue Klasse so deklariert wird, dass sie von einer Elternklasse erbt, aber kein Konstruktor definiert wurde, ruft VB.NET automatisch den Konstruktor der Elternklasse auf, sobald eine neue Instanz erzeugt wird.

Polymorphismus

Polymorphismus erlaubt es, dass mehrere Klassen mit unterschiedlichem Namen mit denselben Methoden und Eigenschaften aufgerufen werden können. Ein Rechteck, ein Oval und ein abgerundetes Rechteck können z.B. alle dieselbe Methode Draw() haben, mit der sie auf den Bildschirm gezeichnet werden können. Es könnte eine Methode geschrieben werden, die all diese Objekttypen akzeptiert und mit ihnen die Draw()-Methode ausführt, ohne sich darum zu kümmern, welchen Typ das aktuelle Objekt hat. Im Folgenden sehen Sie die gleiche Funktion meineZeichnenMethode, die von drei unterschiedlichen Objekten verschiedener Klassen verwendet wird:

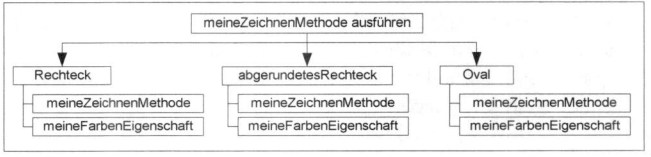

In früheren Versionen von Visual Basic konnte Polymorphismus durch den Gebrauch von Interfaces simuliert werden. In VB.NET wird auch vollständig vererbungsbasierter Polymorphismus unterstützt. Um Polymorphismus zu implementieren, können entweder Vererbung oder Interfaces verwendet werden. Setzen Sie es sich als generelle Regel, nach folgenden zwei Richtlinien auszuwählen, ob Sie Vererbung oder Interfaces benutzen wollen:

- Verwenden Sie Vererbung, wenn Sie Basisklassen erweitern wollen.
- Benutzen Sie Interfaces, wenn Sie mehrfache Implementierungen einsetzen möchten, die nicht viel gemeinsam haben.

Vererbungsbasierter Polymorphismus

Vererbungsbasierter Polymorphismus tritt auf, wenn mehrere unterschiedliche Klassen von derselben Elternklasse erben und jedes »Kind« entweder die vererbte oder die überschriebene Version der primären Methoden und Eigenschaften besitzt. Eine Klasse kann nur von einer einzigen Basisklasse erben. Oft können abstrakte Klassen auch in der gleichen funktionellen Rolle wie ein Interface verwendet werden. Eine abstrakte Klasse kann die Funktionalität der Klasse teilweise oder vollständig implementieren. Benutzen Sie abstrakte Klassen in folgenden Fällen:

- **Mehrere Versionen einer Komponente werden benötigt**   Jeder Klasse wird eine vollständige Versionsverwaltung innerhalb der Assemblystruktur zur Verfügung gestellt.
- **Große funktionelle Einheiten werden gebraucht**   Da eine abstrakte Klasse mindestens eine partielle Implementation der Programmlogik enthalten kann, ist sie für große Strukturen nützlicher als ein Interface.

Interfacebasierter Polymorphismus

Ein Interface kann so erzeugt werden, dass es die Member einer oder mehrerer Klassen repräsentiert. Es können Interfaces erstellt werden, die dieselben grundlegenden Member haben, die in einem polymorphen System verwendet werden können. Im Gegensatz zur vorherigen Version von Visual Basic, die nur Interfaces integrieren konnte, stellt VB.NET nun die vollständigen Deklarationsfähigkeiten für neue Interfaces zur Verfügung.

Ein Interface vererbt alle Elemente seiner Basisklasse. Sie sollten auf Interfaces basierenden Polymorphismus anstelle von vererbungsbasiertem Polymorphismus verwenden, wenn:

▸ **nachträgliche Flexibilität benötigt wird**   Auch wenn Interfaces nicht verändert werden können, sind doch Interface-Updates möglich, die Fehler in einem interfacebasierten Code verhindern können. Bei der Vererbung hingegen könnten durch Änderungen an der Basisklasse unerwünschte Probleme bei allen von ihr erbenden Klassen verursacht werden.

▸ **nicht verwandte Objekte benötigt werden**   Wird eine »Bastardklasse« von vielen verschiedenen und nicht verwandten Typen von Klassen abgeleitet, ist der Einsatz eines Interfaces effektiver.

▸ **keine Implementation nötig ist**   Verwenden Sie Interfaces, wenn die Implementationen einer Basisklasse nicht vererbt werden müssen.

▸ **Strukturen verwendet werden**   Strukturen können nicht von einer Klasse erben, aber sie können ein Interface implementieren.

Ein Interface wird niemals direkt erzeugt, sondern ist die Repräsentation einer Klasse oder eines Klassenmembers. Interfaces können nicht verändert werden, sobald sie einmal veröffentlicht wurden, und sollten von einer Klasse mit allen Eigenschaften so implementiert werden, wie sie vom Designer spezifiziert worden sind. Ein Interface kann als Vertrag zwischen demjenigen, der das Interface veröffentlicht (der sich bereit erklärt, das Interface später nicht zu ändern), und dem Anwender (der das Interface vollständig implementieren sollte) gesehen werden.

Interfaces werden mit dem Schlüsselwort `Interface` deklariert und in einer anderen Klasse mit den Schlüsselworten `Inherits` oder `Implements` miteinbezogen. Obwohl eine Klasse nur von einer einzigen Basisklasse erben kann, ist sie doch in der Lage, viele unterschiedliche Interfaces zu implementieren. Ein Interface verhält sich einer abstrakten Klasse sehr ähnlich. Einfacher Polymorphismus wird wie folgt implementiert:

```
Public Class myCursor
    Inherits Cursor
    ' Fügen Sie hier Code hinzu, um vererbte Elemente der
    ' Basisklasse zu überschreiben, zu überladen oder zu
    ' erweitern
    [Variablen-, Eigenschaften-, Methoden- und Ereignis-
     Deklarationen]
    End Class
```

Um mehrere Interfaces zu implementieren, verwenden Sie folgendes Listing:

```
Interface myComboBoxI
    Inherits myTextBoxI, myListBoxI
    End Interface
```

Überladen

Das Überladen erlaubt mehreren Methoden, denselben Namen zu tragen. Dennoch hat jede Methode verschiedene Parameter und ist in unterschiedlichen Einsatzbereichen von Nutzen. Solange mehrere Methoden mit demselben Namen verschiedene Parameter oder einen unterschiedlichen Rückgabetyp haben, wird der Compiler jede

Methode automatisch als eine überladene Methode kompilieren. Im folgenden Diagramm sehen Sie eine Klasse, die vier überladene Definitionen der Funktion meineZeichnenMethode besitzt.

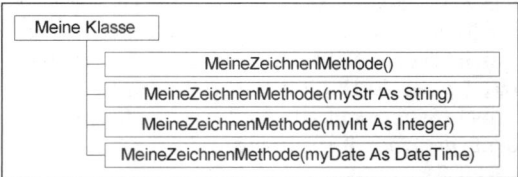

Überladen wird hauptsächlich im Zusammenhang mit Konstruktoren verwendet, wo verschiedene Arten der Objektinstanziierung sehr nützlich sein können. Zum Beispiel hat die Klasse Cursor im .NET Framework vier Konstruktoren:

```
// Konstruktor
    public Cursor (System.String fileName)
    public Cursor (System.IntPtr handle)
    public Cursor (System.IO.Stream stream)
    public Cursor (System.Type type, System.String resource)
```

Jeder dieser Konstruktoren repräsentiert eine völlig andere Methode, die den Speicherort des neuen Mousecursor-Bitmaps beschreibt. Trotz der Unterschiede in den Parametern erfüllen die Methoden exakt dieselbe Funktion: Jeder Konstruktor initialisiert einen Mousecursor mit einer Bitmap.

Das Überladen kann eine Klasse vereinfachen, indem sie einem einzelnen Methodennamen ermöglicht, einen bestimmten Funktionalitätstyp zu vertreten. Zugleich hilft das Überladen einem Entwickler, zu verhindern, dass er viele separate Methoden erzeugt, die dieselbe Funktion ausführen, sich aber nur in ihren Initialisierungsparametern unterscheiden.

Die wichtigsten Framework-Assemblies

Das .NET Framework ist eine komplexe Zusammenstellung von Routinen, die alle Funktionen des Windows-Betriebssystems und die Ausführung von Anwendungen steuern. Die Routinen sind in Dateien gruppiert, die auch *Assemblies* genannt werden. Visual Studio speichert die Assemblies des .NET Frameworks in ungefähr 30 Dynamic-Link-Library-Dateien (DLL). Diese Dateien finden Sie im .NET-Verzeichnis in Ihrem Systemordner. Unter dem Betriebssystem Windows 2000 könnte der Pfad z.B. so aussehen:

```
C:\WINNT\Microsoft.NET\Framework\v.1.0.3705
```

Der letzte Verzeichnisname zeigt die aktuelle Version des .NET Frameworks an, das auf Ihrem System installiert ist. In diesem Ordner werden Sie u.a. folgende Assembly-Dateien finden:

- Microsoft.JScript.dll
- Microsoft.JScript.resources.dll
- Microsoft.VisualBasic.dll
- Microsoft.VisualBasic.Compatibility.dll
- Microsoft.VisualBasic.Compatibility.Data.dll
- Microsoft.VisualBasic.Vsa.dll
- Microsoft.VisualC.dll
- Microsoft.VisualStudio.VSHelp.dll
- Microsoft.Vsa.dll
- System.dll
- System.Configuration.Install.dll
- System.Data.dll
- System.Design.dll
- System.DirectoryServices.dll
- System.Drawing.dll
- System.Drawing.Design.dll

- System.EnterpriseServices.dll
- System.EnterpriseServices.Thunk.dll
- System.Management.dll
- System.Runtime.Remoting.dll
- System.Runtime.Serialization.Formatters.Soap.dll
- System.Security.dll
- System.ServiceProcess.dll
- System.Web.dll
- System.RegularExpressions.dll
- System.Web.Services.dll
- System.Windows.Forms.dll
- System.XML.dll

Jede dieser Dateien enthält eine Reihe von Klassen für das Framework. Sie können sich die Namensbereiche dieser Dateien anschauen, indem Sie den MSIL-Disassembler verwenden. Der Disassembler konvertiert den Namensbereich einer Zieldatei in eine hierarchisch gegliederte Ausgabe, die der Benutzeroberfläche des herkömmlichen Datei-Explorers ähnlich ist. Wenn Sie sich z.B. die Klasse `System.Windows.Forms` anschauen wollen, müssen Sie folgenden Befehl in die MS-DOS Kommandozeile oder die Eingabeaufforderung eingeben, um den Disassembler zu starten:

```
ildasm.exe
```

Die Anwendung ist in folgendem Verzeichnis zu finden:

```
C:\Programme\Microsoft Visual Studio _
    .NET\FrameworkSDK\Bin
```

Nachdem der Disassembler gestartet wurde, können Sie jede der Assembly-Dateien öffnen. Sie können auf das Assembly-Manifest doppelklicken und dieses wird dann in der Notepad-Anwendung angezeigt. Die wichtigste Assembly-Bibliothek, die vom .NET Framework verwendet wird, trägt den Dateinamen mscorlib.dll und befindet sich in folgendem \Framework-Ordner:

```
C:\WINNT\Microsoft.NET\Framework\v1.0.3705\mscorlib.dll
```

Globale Klassenbibliotheken können zur Verwendung durch mehrere Anwendungen mit dem System installiert werden. Alle globalen Assembly-Dateien befinden sich in folgendem \Assembly-Verzeichnis:

```
C:\WINNT\assembly
```

Bibliotheken, die mit ASP.NET verwendet werden, sollten sich in dem Ordner \BIN in dem Verzeichnis der Anwendung befinden, die diese benutzt. Zum Beispiel:

```
C:\inetpub\wwwroot\HelloNetWorld\bin
```

Projekttypen

Visual Basic.NET unterstützt wesentlich mehr Arten von Anwendungen als frühere Versionen von VB. Diese zusätzlichen Anwendungen erhöhen die insgesamt zur Verfügung stehenden VB.NET-Projekttypen auf acht:

- **Windows-Anwendung** Die Standard-Windows-Anwendung mit Formularen, Modulen und Dialogboxen.
- **Klassenbibliothek** Es kann eine neue Klasse erzeugt werden, um eine existierende Klasse der .NET-Bibliothek zu erweitern, oder man kann auch eine benutzerdefinierte Klasse erstellen, die von anderen Programmen verwendet werden kann.
- **Windows-Steuerelementbibliothek** Ein Windows-Steuerelement oder eine Windows-Komponente kann mit einer Benutzeroberfläche erzeugt werden, die innerhalb einer ActiveX- oder OLE-fähigen Entwicklungsumgebung, wie z.B. der Visual Studio IDE oder der Excel-VBA-Umgebung verwendet werden kann.

- **ASP.NET-Webanwendung** Dieses Projekt beinhaltet einen Satz Active-Server-Pages.NET-Seiten (ASPX) und den zugehörigen Code, die zusammen eine voll funktionsfähige Applikation zur Verfügung stellen, die HTML-Seiten an den Browser zurückliefern kann (infolgedessen Browser-unabhängig).
- **ASP.NET-Webdienst** Dies ist ein Dienst, der Internetprotokolle unterstützt, die durch HTTP-Anfragen aktiviert oder zugänglich gemacht werden können
- **Websteuerelement-Bibliothek** Dies ist eine Webkomponente, die auf einem Server läuft und eine Benutzeroberfläche und andere Funktionalitäten zur Verfügung stellt. Eine einzige Webseite kann als wiederverwendbare Webkomponente gespeichert werden.
- **Konsolenanwendung** Eine herkömmliche Konsolenanwendung, die in der Kommandozeile ausgeführt werden kann. Alle Eingabeinformationen, die vom Benutzer mit Hilfe der Befehlszeile weitergegeben werden, werden an die Anwendung in Form eines Arrays mit Stringparametern geschickt.
- **Windows-Dienst** Erzeugung eines Windows-NT-Dienstes, der im Hintergrund auf einem Computer laufen kann, auf dem eines der folgenden Betriebssysteme installiert ist: Windows NT, Windows 2000 oder Windows XP.

Es gibt auch noch zwei andere Projektarten – Leeres Projekt und Leeres Webprojekt –, diese dienen der Erstellung komplett leerer Projekte. Diese Projekttypen enthalten keine vorgegebenen Dokumente (wie z.B. die leere Form oder vorgegebenen Programmtext) und auch keine vorgegebenen Klassenbibliotheksreferenzen. Sie sind besonders hilfreich, wenn Sie ein existierendes Projekt (wie z.B. eine Anwendung) in einen anderen Typ (z.B. eine Klassenbibliothek) konvertieren möchten. Die genauen Spezifikationen der neuen Klassenbibliothek können dann im leeren Projekt angegeben werden.

Auswahl eines Projekttyps

Die Anzahl der verfügbaren Projekttypen macht die Entscheidung schwer, welcher wohl die passendste Lösung bietet. Noch schwieriger ist es, die Grundstruktur des Projektes zu verändern, nachdem man sich schon auf das Design geeinigt hat. Im Hinblick auf die möglichen Schwierigkeiten kann man sagen, dass sich ein Projekt eher in den Grenzen des Plans und des Budgets hält, je besser die anfänglichen Entscheidungen getroffen wurden.

Jedes mittlere bis größere Projekt erfordert meistens mehrere Projekttypen. Ein einfaches E-Commerce-Projekt z.B. wird hauptsächlich Websteuerelemente, Webdienste und ASP.NET-Technologie verwenden. Die Entscheidung, welche verschiedenen Projektteile zusammenpassen, muss, basierend auf den Anforderungen, für jedes Projekt individuell getroffen werden. Dennoch sollte jeder Teil des Projektes deshalb ausgewählt werden, weil er die gewünschten Aufgaben und Bedürfnisse am besten erfüllt.

Die folgende Tabelle stellt diverse Projektcharakteristika vor, die Ihnen helfen können, die Auswahl für Ihren Projekttyp einzuschränken. Anhand dieser Tabelle können Sie überlegen, welche Funktionalitäten für die Fertigstellung eines Projektes benötigt werden, und so eine akkurate Auswahl treffen.

Typ	Benutzeroberfläche?	Einzelplatzlösung?	Web?	98- & ME-kompatibel?	Erweiterbar?
Windows-Anwendung	Ja	Ja	Nein	Ja	Nein
Klassenbibliothek	Nein	Nein	Ja	Ja	Ja
Windows-Steuerelementbibliothek	Ja	Nein	Ja	Ja	Ja
ASP.NET-Webanwendung	Ja	Nein	Ja	Nein	Nein
ASP.NET-Webdienst	Nein	Nein	Ja	Nein	Ja
Websteuerelement-Bibliothek	Ja	Nein	Ja	Nein	Ja
Konsolenanwendung	Nein	Ja	Nein	Ja	Nein
Windows-Dienst	Nein	Ja	Nein	Nein	Ja

Tabelle 1.4: Charakteristika der Projekttypen in VB.NET

Fehlerbehandlung

Obwohl Visual Basic.NET die Fähigkeiten der Fehlerbehandlung früherer Versionen behält (On Error Resume Next usw.), stellt es aber auch eine neue und genauere Methode der Ausnahmebehandlung vor. Kapselt die Fehlerbehandlung bestimmte Codeblöcke (z.B. mit einer Try...Catch...Finally-Struktur), nennt man dies auch strukturierte Fehlerbehandlung. Strukturierte Fehlerbehandlung kann auch nach bestimmten Fehlertypen suchen und den entsprechenden Code dazu ausführen.

Tritt ein Fehler auf, setzt das System die Ausführung so lange entlang der Aufrufliste fort, bis eine Fehlerroutine gefunden wird. Wenn Ihr Programm überhaupt keine Fehlerroutinen hat, empfängt das VB-System selbst den Fehler und der Benutzer wird aufgefordert, die Anwendung aufgrund eines Ausführungsfehlers abzubrechen. Um einen kompletten Programmabsturz zu verhindern, ist genaue Fehlerbehandlung für jede Anwendung, jeden Dienst und jede Komponente sehr wichtig.

Es gibt drei Fehlertypen, auf die jeder Programmierer stoßen kann: Syntax-, Laufzeit- und Logikfehler. Syntaxfehler werden meist durch Symbole mit Tippfehlern (wie z.B. Schlüsselwörter oder Variablennamen) oder falsche Anweisungskonstruktionen ausgelöst. Dies sind die häufigsten Fehler und sie hindern den Compiler daran, den Programmtext vollständig zu kompilieren. Da diese Fehler auftreten, bevor die Ausführung beginnen kann, können sie nicht von Fehlerbehandlungscode abgefangen werden.

Es gibt zwei Arten von Fehlern, die von einer Fehlerbehandlungsroutine abgefangen werden können:

- **Laufzeitfehler** Diese Fehler werden normalerweise von Problemen bei der Adressierung von Ressourcen verursacht, wie z.B. Versuche, fehlende Dateien zu öffnen, ein nicht-initialisiertes Objekt als Parameter an eine Methode zu übergeben, Zugriff auf Elemente außerhalb der Grenzen eines Arrays oder einer Kollektion usw.

- **Logikfehler** Diese Ausnahmen werden hauptsächlich bei der Anhäufung von Benutzeraktionen ausgelöst. Eine Reihe von Aktionen in einer nicht vorgesehenen Reihenfolge erzeugen den Logikfehler. Wenn der Anwender z.B. die Zahl 0 für einen Wert in einem Fenster eingibt und dieser Wert woanders als Nenner in einer Division verwendet wird, tritt ein Fehler auf. Diese Fehler sind oft am schwierigsten zu finden und das Loggen der Fehler in einer Fehlerbehandlungsroutine kann dem Entwickler eine große Hilfe sein.

Unstrukturierte Fehlerbehandlung kann diese beiden Fehlertypen abfangen und das Programm vor einem ungewollten Beenden schützen. Hingegen können beim Gebrauch von strukturierter Fehlerbehandlung spezielle Fehler (wie z.B. »Datei konnte nicht gefunden werden« oder Division durch null) abgefangen werden und das Programm kann sich von der Ausnahme ohne Probleme erholen.

Strukturierte Fehlerbehandlung

Die Try..Catch..Finally-Kontrollstruktur ist das Herzstück der neuen strukturierten Fehlerbehandlung. Sie wird schon lange in anderen Sprachen unterstützt, wie z.B. C++. VB.NET stellt eine erweiterte Version dieser Struktur zur Verfügung, die Programmen sowohl das Abfangen mehrerer Fehlertypen als auch die bedingte Ausführung, basierend auf einem Ausdruck, erlaubt. In seiner einfachsten Form kann das Schlüsselwort Catch allein ohne weiterverarbeitenden Code verwendet werden, um den Fehler einfach zu ignorieren. Zum Beispiel:

```
Dim a, b, c As Integer
    a = 100
    b = 0
    Try
      c = a / b
    Catch
    End Try
```

Ohne den Try-Code würde auf dem Bildschirm eine Messagebox mit einer Fehlerbenachrichtigung, wie z.B. »Eine unbehandelte Ausnahme vom Typ »System.OverflowException« trat in VBWinTest.exe auf«, angezeigt und das Programm würde beendet werden. Um einen Error-Handler zu implementieren, müssen die Try-, Catch- und Finally-Klauseln Programmtext enthalten, der auf den erzeugten Fehler reagiert.

Codeblocks

Eine strukturierte Fehlerbehandlung schließt einen Block mit Programmtext ein, der ähnlich aufgebaut ist wie eine If..Then...Else-Struktur. Bevor Sie eine Fehlerbehandlung hinzufügen, müssen Sie zunächst die von der Ausnahme bereitgestellten Informationen abrufen:

```
Dim a, b, c As Integer
    a = 100
    b = 0
    Try
        c = a/b
    Catch myException As Exception
        MessageBox.Show(myException.ToString())
    Finally
        MessageBox.Show("Ausführung abgeschlossen.")
    End Try
```

Die Eigenschaften (wie z.B. die Message-Eigenschaft) des Objekts my-Exception können untersucht werden, um die genaue Art des Fehlers festzustellen. Der gesamte Code, der in der Finally-Klausel steht, wird ausgeführt, unabhängig davon, ob ein Fehler aufgetreten ist oder nicht. Der Programmtext in dieser Klausel wird typischerweise dazu verwendet, Dateien zu schließen, nicht gespeicherte Veränderungen zu beseitigen oder um Objekte zu löschen.

Anmerkung: Ausnahmen der Typen IOException oder EndOfStreamException werden automatisch vom System zur »Erstbehandlung« erfasst. Alle anderen Fehlerarten werden direkt als Erstes zu den benutzerdefinierten Error-Handlern ohne Vorbearbeitung weitergeleitet.

Wenn die Ausnahme identifiziert wurde und eine vernünftige Fehlerbehandlung möglich ist, kann das Schlüsselwort Exit Try innerhalb
der Catch-Klausel verwendet werden, um die Ausführung des Try-Be-
fehls zu beenden. Die Verwendung von Exit Try überspringt die Ausführung des gesamten Codes, der sich im Finally-Block befindet.

Filterverwendung

Beim allgemeinen Gebrauch des Schlüsselwortes Catch wird ein Exception-Objekt übergeben, um die Informationen über den aufgetretenen Fehler zu empfangen. Aber es ist auch möglich, innerhalb
des Catch-Befehls einen bestimmten Fehler zu spezifizieren, der
überwacht und entdeckt werden soll.

Um die Fehlerfilterung zu implementieren, darf das Schlüsselwort When
verwendet werden. Dieses Schlüsselwort erlaubt, dass der Block mit Programmtext, der dem Catch-Befehl folgt, nur ausgeführt werden darf,
wenn der spezifische Fehlertyp erreicht worden ist. Das Schlüsselwort
When akzeptiert jeden Ausdruck, der einen booleschen Wert zurückgibt,
obwohl der Ausdruck hauptsächlich nach spezifischen Fehlertypen
sucht. Da mehrere Catch-Befehle in einer einzigen Try-Struktur enthalten sein können, kann ein Error-Handler bestimmte Arten von Fehlern
zur Behandlung herausfiltern und als Letztes eine allgemeine Fehlerbehandlungsroutine zur Verfügung stellen. Zum Beispiel:

```
Dim a, b, c As Integer
    a = 100
    b = 0
    Try
      c = a / b
    Catch myException As Exception When b = 0
      MessageBox.Show("Fehler: Division durch Null!")
    Catch myException As Exception
      MessageBox.Show(myException.ToString())
    Finally
```

```
     MessageBox.Show("Ausführung beendet!")
  End Try
```

Mehrere Handler werden in der Reihenfolge durchsucht, in der sie in der Handler-Definition angegeben wurden, und werden miteinbezogen, indem einfach zusätzliche Catch-Befehle zu der Fehlerkontrollstruktur hinzugefügt werden.

Die Klasse Exception

So wie das Err-Objekt einer unstrukturierten Ausnahmebehandlung enthalten auch Objekte, die von der Exception-Klasse instanziiert werden, Informationen über den Fehler, der aufgetreten ist. Innerhalb des Exception-Objekts beschreiben Informationen die Stelle im Programmtext, wo der Fehler aufgetreten ist, die Art des Fehlers und die Gründe für die Ausnahme.

Das Exception-Objekt enthält folgende Eigenschaften:

Eigenschaft Beschreibung

Eigenschaft	Beschreibung
HelpLink	Enthält einen Link zu der Hilfedatei, die mit dem aktuellen Fehler verbunden ist
HResult	Ein eindeutiger Zahlenwert, der dieser Ausnahme zugewiesen wurde
Message	Enthält den Nachrichtentext des Fehlers
Source	Beinhaltet den Namen des Objektes oder des Assemblys, in dem der Fehler aufgetreten ist
StackTrace	Zeigt die Liste von Methoden aus der Aufrufliste, deren Methodenaufrufe zum Fehler geführt haben
TargetSite	Enthält die Methode, die die Exception ausgelöst hat. Wenn die Aufrufliste verfügbar ist, dann stimmt dieser Methodenname mit dem Namen am Anfang der Liste überein.

Tabelle 1.5: Eigenschaften der Exception-Klasse

Im `Catch`-Befehl muss das Objekt, das die Exception-Informationen angenommen hat, entweder von der Exception-Klasse oder einer Klasse, die von dieser erbt, abstammen. Es gibt eine Reihe von abgeleiteten Klassen, die im .NET Framework enthalten sind und für das Erfassen von situationsspezifischen Informationen zuständig sind. Dazu gehören die `ApplicationException`, `CodeDomSerializer-Exception`, `InvalidPrinterException`, `IOException`, `IsolatedStorageException`, `PathTooLongException`, `CookieException`, `ProtocolViolationException`, `WebException`, `MissingManifestResourceException`, `SUDSGeneratorException`, `SUDSParserException`, `SystemException`, `UriFormatException` und die `SoapException`.

Unstrukturierte Fehlerbehandlung

Die unstrukturierte Ausnahmebehandlung, die durch die Schlüsselworte `On Error` verfügbar ist, ist in VB.NET immer noch vorhanden und kann verwendet werden. Aber es gibt Nachteile bei der Performance und der Ressourcenverwendung, wenn man eine unstrukturierte Behandlung anstatt der strukturierten Fehlerbehandlung implementiert.

Unstrukturierte Fehlerbehandlung wird am besten als Sicherheitsnetz für ein Programm entworfen, das strukturierte Fehlerbehandlung benutzt. Alle Fehler, die strukturierte Handler nicht aufnehmen, werden von den unstrukturierten Handlern abgefangen, ohne das gesamte Programm zu schädigen und die Anwendung oder Komponente zum Beenden zu zwingen. Eine Methode oder Subroutine kann eine strukturierte oder unstrukturierte Fehlerbehandlungsroutine enthalten, beides jedoch nicht. Deshalb ist es normalerweise einfacher, die unstrukturierten Routinen hoch und die strukturierten Routinen tiefer in der Aufrufshierarchie anzusiedeln. Durch diese Vorgehensweise werden alle Fehler, die durch die methodenspezifische Fehlerbehandlung hindurchgerutscht sind, von einer höher angesiedelten unstrukturierten Routine abgefangen.

On Error-Befehl	Beschreibung
On Error Goto *Bestimmungsort*	Tritt ein Fehler auf, springt die Ausführung zu der Zeile, die in dem Parameter *Bestimmungsort* angegeben wurde.
On Error Goto -1 oder On Error Goto 0	Deaktiviert jeden unstrukturierten Exception-Handler in der aktuellen Methode
On Error Resume Next	Tritt ein Fehler auf, wird die Befehlszeile, in der die Ausführung den Fehler erreicht hat, übersprungen und die Ausführung wird in der nächsten Zeile fortgesetzt.

Tabelle 1.6: Die On Error-Anweisungen

Die Fehlertabelle

Visual Basic ermöglicht es Ihnen, die meisten der Fehler, die in Ihrem Programm auftreten können, zu identifizieren und abzufangen. Anrufe beim technischen Support sind schwer durchzuführen, ohne dass man eine genaue Vorstellung davon hat, welcher Fehler überhaupt aufgetreten ist.

Die folgende Tabelle listet alle Fehler, die man abfangen kann, und deren Beschreibung auf, die von einer ErrorToString()-Funktion zurückgegeben wird. Sie können die ErrorToString()-Funktion in einer Messagebox oder einer Log-Datei innerhalb Ihres Programms verwenden, um eine Beschreibung des aufgetretenen Fehlers anzugeben.

Fehlernummer Beschreibung

Fehlernummer	Beschreibung
3	Ist veraltet und wird nicht mehr verwendet
5	Prozeduraufruf oder Argument ist ungültig
6	Überlauf
7	Nicht genügend Arbeitsspeicher
9	Index außerhalb des definierten Bereichs
10	Das Array ist unveränderlich oder vorübergehend gesperrt
11	Division durch null
13	Typen unverträglich
14	Nicht genügend Zeichenfolgenspeicher
16	Ausdruck zu umfangreich
17	Der angeforderte Vorgang kann nicht ausgeführt werden
18	Vorgang durch Benutzer abgebrochen
20	Ohne Fehler fortsetzen
28	Nicht genügend Stapelspeicher
35	Sub oder Funktion ist nicht definiert
47	Zu viele Clients für DLL-Anwendung
48	Fehler beim Laden der DLL
49	Fehlerhafte DLL-Aufrufkonvention
51	Interner Fehler
52	Dateiname oder Zahl ist ungültig
53	Datei nicht gefunden
54	Fehlerhafter Dateimodus

Tabelle 1.7: Die Fehlertabelle

Fehlernummer Beschreibung

Fehlernummer	Beschreibung
55	Die Datei ist bereits geöffnet
57	Geräte-E/A-Fehler
58	Die Datei ist bereits vorhanden
59	Ungültige Datensatzlänge
61	Der Datenträger ist voll
62	Eingabe hinter Dateiende
63	Ungültige Datensatznummer
67	Zu viele Dateien
68	Das Gerät ist nicht verfügbar
70	Berechtigung verweigert
71	Das Laufwerk ist nicht bereit
74	Das Umbenennen mit einem anderen Laufwerk ist nicht möglich
75	Pfad-/Dateizugriffsfehler
76	Der Pfad wurde nicht gefunden
91	Objektvariable oder With-Blockvariable wurde nicht festgelegt
92	Die For-Schleife wurde nicht initialisiert
93	Ungültige Musterzeichenfolge
94	Ist veraltet und wird nicht mehr verwendet
96	Ereignisse des Objekts können nicht aufgefangen werden, da von dem Objekt bereits Ereignisse für die maximale Anzahl an Ereignisempfängern ausgelöst werden

Tabelle 1.7: Die Fehlertabelle (Forts.)

Fehlernummer Beschreibung

Fehlernummer	Beschreibung
97	Friend-Funktion eines Objekts, das keine Instanz der definierenden Klasse ist; kann nicht aufgerufen werden
321	Ungültiges Dateiformat
322	Die erforderliche temporäre Datei kann nicht erstellt werden
325	Die Ressourcendatei enthält ein ungültiges Format
380	Der Eigenschaftenwert ist ungültig
381	Ungültiger Eigenschaftenarrayindex
382	Set wird zur Laufzeit nicht unterstützt
383	Set wird nicht unterstützt (schreibgeschützte Eigenschaft)
385	Ein Eigenschaftenarrayindex wird benötigt
387	Set ist nicht zugelassen
393	Get wird zur Laufzeit nicht unterstützt
394	Get wird nicht unterstützt (lesegeschützte Eigenschaft)
422	Die Eigenschaft wurde nicht gefunden
423	Die Eigenschaft oder Methode wurde nicht gefunden
424	Objekt erforderlich
429	ActiveX-Komponente kann nicht erstellt werden
430	Klasse unterstützt keine Automatisierung oder unterstützt die erwartete Schnittstelle nicht
432	Der Datei- oder Klassenname wurde während des Automatisierungsvorgangs nicht gefunden
438	Objekt unterstützt diese Eigenschaft oder Methode nicht

Tabelle 1.7: Die Fehlertabelle (Forts.)

Fehlernummer Beschreibung

Fehlernummer	Beschreibung
440	Automatisierungsfehler
442	Verbindung zur Klassen- oder Objektbibliothek für den Remoteprozess nicht mehr verfügbar. Klicken Sie auf OK, um ein Dialogfenster anzuzeigen, mit dem Sie den Verweis entfernen können
443	Automatisierungsobjekt hat keinen Standardwert
445	Das Objekt unterstützt diese Aktion nicht
446	Das Objekt unterstützt keine benannten Argumente
447	Das Objekt unterstützt die aktuelle Ländereinstellung nicht
448	Ein benanntes Argument wurde nicht gefunden
449	Das Argument ist nicht optional
450	Falsche Anzahl von Argumenten oder ungültige Eigenschaftszuweisung
451	Let-Prozedur der Eigenschaft ist nicht definiert und Get-Prozedur hat kein Objekt zurückgegeben
452	Ungültiger Ordinalwert
453	Die angegebene DLL-Funktion wurde nicht gefunden
454	Die Coderessource wurde nicht gefunden
455	Fehler durch gesperrte Coderessource
457	Dieser Schlüssel ist bereits einem Element dieser Auflistung zugeordnet
458	Die Variable verwendet einen Datentyp, der von Visual Basic für die Automatisierung nicht unterstützt wird

Tabelle 1.7: Die Fehlertabelle (Forts.)

Fehlernummer Beschreibung

459	Objekt oder Klasse unterstützt diese Gruppe von Ereignissen nicht
460	Das Format der Zwischenablage ist ungültig
481	Ungültiges Bild
482	Druckerfehler
735	Die Datei kann nicht in TEMP gespeichert werden
744	Der Suchtext wurde nicht gefunden
746	Die Ersetzungen sind zu lang

Tabelle 1.7: Die Fehlertabelle (Forts.)

Bindungen

Wenn ein Compiler eine Objektreferenz weiterverarbeitet, um das Zielobjekt herauszufinden, wird dies *Bindung* genannt. Normalerweise tritt die Bindung zur Kompilierzeit auf und dann wird sie *frühe* oder *statische* Bindung genannt. Jeder Code, der ein Objekt mit dem Schlüsselwort New erzeugt, gefolgt von dem Klassentyp, verwendet die frühe Bindung.

Anmerkung: Wenn das Schlüsselwort Option Strict im Kopf einer Anwendung oder Komponente verwendet wird, wird das Auftreten jeglicher späten Bindung verhindert. Wird diese Eigenschaft gesetzt, werfen Ausdrücke mit später Bindung eine Exception zur Kompilierzeit.

Wird der Prozess der Bindung bis zur Laufzeit aufgeschoben, wird sie als *späte* oder *dynamische* Bindung bezeichnet, da der Typ der Objektreferenz, der in einer Variablen enthalten ist, bis zur Ausführung nicht bekannt ist. Späte Bindung kann nützlich sein, weil das Objekt bis zur Laufzeit nicht festgelegt werden muss und so eine andere Version oder ein noch nicht installiertes Objekt angesprochen werden kann. Dennoch hat späte Bindung zwei Nachteile: schlechte Performance und schlechte Datentypkontrolle.

Späte Bindung tritt auf, wenn die CreateObject()-Methode verwendet wird, um die Objektreferenzen zu erzeugen. Alle Variablen, die Referenzen zu spät gebundenen Objekten enthalten sollen, müssen auf den Datentyp Object gesetzt werden (System.Object). Jede Eigenschaft-, Methoden-, Felder- oder Ereignisreferenz, die für ein solches Objekt programmiert wurde, wird auch nicht bis zur Laufzeit gebunden.

Anmerkung: Im ASP.NET kann späte Bindung auch zur Erstellung von Objekten mit der Server.CreateObject()-Methode verwendet werden. Bei Active Server Pages (ASP) treten dieselben Performancenachteile und Beschränkungen in der Fehlerüberwachung auf.

Da Objektname und -typ zur Kompilierzeit dem VB-System nicht bekannt sind, kann der Compiler keine Datentypkontrolle durchführen. Dieser vom Compiler durchgeführte Überprüfungsprozess vermindert die Chancen von Laufzeitfehlern und beschleunigt die Performance, da es nicht nötig ist, nach diesen Fehlern vor der Ausführung zu suchen.

Beachten Sie, dass auch Änderungen an der späten Bindung in der neuen Version von Visual Basic vorgenommen wurden. In VB 6 wurde die Set-Funktion benötigt, um einer Variablen ein Objekt folgendermaßen zuzuweisen:

```
Set myObject = CreateObject("Excel.Application")
```

Dieselbe Operation kann nun mit dem herkömmlichen Gleichheitszeichen ausgeführt werden:

```
myObject = CreateObject("Excel.Application")
```

Späte Bindung kann nur in Verbindung mit Klassen verwendet werden, nicht mit Interfaces.

2 ASCII/Unicode-Tabelle

Wenn Sie an einem komplexen Software-Projekt arbeiten, müssen Sie oft Zeichen in dem Format eingeben, in dem der Computer diese speichert. ASCII ist der Standard für die Zuordnung zwischen numerischen Werten und alphanumerischen Zeichen. Der Großbuchstabe »A« z.B. wird als numerischer Wert 65 gespeichert. Im ASCII-Format wird jedes Zeichen als ein Byte bzw. acht Bits gespeichert.

Im neueren Unicode-Standard sind die Werte der ersten 255 Zeichen dieselben wie im ASCII-Standard. Im Unicode wird jedes Zeichen von zwei Bytes kodiert (16 Bits), um die vielen zusätzlichen Zeichen von verschiedenen nicht-lateinischen Alphabeten unterzubringen.

Die folgende ASCII-Tabelle stellt die Werte aller Zeichen zwischen 0 und 255 dar. Die Tabelle enthält die Dezimal- und Hexadezimalwerte der Zeichen sowie das zugrunde liegende Zeichen. Manche Zeichen können nicht als solche dargestellt werden (wie z.B. die Zeichen zwischen 1 und 8), diese werden als Steuerzeichen verwendet.

Zusätzlich gibt es im HTTP-Standard einige Zeichen (wie z.B. Leerzeichen und Anführungszeichen), die speziell kodiert werden müssen, um sie innerhalb eines URL darstellen zu können. Zum Beispiel könnte ein URL so aussehen: http://www.microsoft.com/meineAnfrage?Name=John%20Smith. Das Zeichen %20 stellt den Hexadezimalwert eines Leerzeichens dar (Dezimalwert 32). Sie können Zahlen der Spalte »Hexadezimal« der Tabelle dazu verwenden, um herauszufinden, welche Zeichen in einem URL kodiert sind oder um manuell Sonderzeichen in einem URL zu kodieren.

Dezimalwert	Zeichen	Hexadezimalwert
0	NUL (Null)	/x00
1	SOH (Start of Header)	/x01
2	STX (Start of Text)	/x02
3	ETX (End of Text)	/x03
4	EOT (End of Transmission)	/x04
5	ENQ (Enqiry)	/x05
6	ACK (Acknowledgment)	/x06
7	BEL (Bell)	/x07
8	BS (Backspace)	/x08
9	TAB (Horizontal Tab)	/x09
10	LF (Linefeed)	/x0A
11	VT (Vertical Tab)	/x0B
12	FF(Form Feed)	/x0C
13	CR (Carriage Return)	/x0D
14	SO (Shift out)	/x0E
15	SI (Shift in)	/x0F
16	DLE (Delete)	/x10
17	DC1 (Device Control 1)	/x11
18	DC2 (Device Control 2)	/x12
19	DC3 (Device Control 3)	/x13
20	DC4 (Device Control 4)	/x14
21	NAK (Negative Acknowledge)	/x15
22	SYN (Synchronize)	/x16
23	ETB (End Block)	/x17

Tabelle 2.1: Die ASCII/Unicode-Tabelle

Dezimalwert	Zeichen	Hexadezimalwert
24	CAN (Cancel)	/x18
25	EM (End Message)	/x19
26	SUB (Sub)	/x1A
27	ESC (Escape)	/x1B
28	FS (Form Separator)	/x1C
29	GS (Group Separator)	/x1D
30	RS (Record Separator)	/x1E
31	US (Unit Separator)	/x1F
32	(Space)	/x20
33	!	/x21
34	"	/x22
35	#	/x23
36	$	/x24
37	%	/x25
38	&	/x26
39	'	/x27
40	(	/x28
41	)	/x29
42	*	/x2A
43	+	/x2B
44	,	/x2C
45	-	/x2D
46	.	/x2E
47	/	/x2F

Tabelle 2.1: Die ASCII/Unicode-Tabelle (Forts.)

Dezimalwert	Zeichen	Hexadezimalwert
48	0	/x30
49	1	/x31
50	2	/x32
51	3	/x33
52	4	/x34
53	5	/x35
54	6	/x36
55	7	/x37
56	8	/x38
57	9	/x39
58	:	/x3A
59	;	/x3B
60	<	/x3E
61	=	/x3D
62	>	/x3E
63	?	/x3F
64	@	/x40
65	A	/x41
66	B	/x42
67	C	/x43
68	D	/x44
69	E	/x45
70	F	/x46
71	G	/x47

Tabelle 2.1: Die ASCII/Unicode-Tabelle (Forts.)

Dezimalwert	Zeichen	Hexadezimalwert
72	H	/x48
73	I	/x49
74	J	/x4A
75	K	/x4B
76	L	/x4C
77	M	/x4D
78	N	/x4E
79	O	/x4F
80	P	/x50
81	Q	/x51
82	R	/x52
83	S	/x53
84	T	/x54
85	U	/x55
86	V	/x56
87	W	/x57
88	X	/x58
89	Y	/x59
90	Z	/x5A
91	[	/x5B
92	\	/x5C
93	]	/x5D
94	^	/x5E
95	_	/x5F

Tabelle 2.1: Die ASCII/Unicode-Tabelle (Forts.)

Dezimalwert	Zeichen	Hexadezimalwert
96	`	/x60
97	a	/x61
98	b	/x62
99	c	/x63
100	d	/x64
101	e	/x65
102	f	/x66
103	g	/x67
104	h	/x68
105	i	/x69
106	j	/x6A
107	k	/x6B
108	l	/x6C
109	m	/x6D
110	n	/x6E
111	o	/x6F
112	p	/x70
113	q	/x71
114	r	/x72
115	s	/x73
116	t	/x74
117	u	>/x75
118	v	/x76
119	w	/x77

Tabelle 2.1: Die ASCII/Unicode-Tabelle (Forts.)

Dezimalwert	Zeichen	Hexadezimalwert
120	x	/x78
121	y	/x79
122	z	/x7A
123	{	/x7B
124			/x7C
125	}	/x7D
126	~	/x7E
127	–	/x7F
128	_	/x80
129	Ä	/x81
130	‚	/x82
131	f	/x83
132	„	/x84
133	…	/x85
134	†	/x86
135	‡	/x87
136	^	/x88
137	‰	/x89
138	Š	/x8A
139	‹	/x8B
140	Œ	/x8C
141	Ä	/x8D
142	_	/x8E
143	î	/x8F

Tabelle 2.1: Die ASCII/Unicode-Tabelle (Forts.)

Dezimalwert	Zeichen	Hexadezimalwert
144	î	/x90
145	'	/x91
146	'	/x92
147	"	/x93
148	"	/x94
149	·	/x95
150	–	/x96
151	—	/x97
152	˜	/x98
153	™	/x99
154	š	/x9A
155	›	/x9B
156	œ	/x9C
157	î	/x9D
158	_	/x9E
159	Ÿ	/x9F
160	(no-break space)	/xA0
161	¡	/xA1
162	¢	/xA2
163	£	/xA3
164	¤	/xA4
165	¥	/xA5
166	¦	/xA6
167	§	/xA7

Tabelle 2.1: Die ASCII/Unicode-Tabelle (Forts.)

Dezimalwert	Zeichen	Hexadezimalwert
168	¨	/xA8
169	©	/xA9
170	a	/xAA
171	«	/xAB
172		/xAC
173	–	/xAD
174	®	/xAE
175	¯	/xAF
176	°	/xB0
177	±	/xB1
178	2	/xB2
179	3	/xB3
180	´	/xB4
181	μ	/xB5
182		/xB6
183	·	/xB7
184	¸	/xB8
185	1	/xB9
186	°	/xBA
187	»	/xBB
188	1/4	/xBC
189	1/2	/xBD
190	3/4	/xBE
191	¿	/xBF

Tabelle 2.1: Die ASCII/Unicode-Tabelle (Forts.)

Dezimalwert	Zeichen	Hexadezimalwert
192	À	/xC0
193	Á	/xC1
194	Â	/xC2
195	Ã	/xC3
196	Ä	/xC4
197	Å	/xC5
198	Æ	/xC6
199	Ç	/xC7
200	È	/xC8
201	É	/xC9
202	Ê	/xCA
203	Ë	/xCB
204	Ì	/xCC
205	Í	/xCD
206	Î	/xCE
207	Ï	/xCF
208	Ð	/xD0
209	Ñ	/xD1
210	Ò	/xD2
211	Ó	/xD3
212	Ô	/xD4
213	Õ	/xD5
214	Ö	/xD6
215	×	/xD7

Tabelle 2.1: Die ASCII/Unicode-Tabelle (Forts.)

Dezimalwert	Zeichen	Hexadezimalwert
216	Ø	/xD8
217	Ù	/xD9
218	Ú	/xDA
219	Û	/xDB
220	Ü	/xDC
221	Ý	/xDD
222	Þ	/xDE
223	ß	/xDF
224	à	/xE0
225	á	/xE1
226	â	/xE2
227	ã	/xE3
228	ä	/xE4
229	å	/xE5
230	æ	/xE6
231	ç	/xE7
232	è	/xE8
233	é	/xE9
234	ê	/xEA
235	ë	/xEB
236	ì	/xEC
237	í	/xED
238	î	/xEE
239	ï	/xEF

Tabelle 2.1: Die ASCII/Unicode-Tabelle (Forts.)

Dezimalwert	Zeichen	Hexadezimalwert
240	ð	/xF0
241	ñ	/xF1
242	ò	/xF2
243	ó	/xF3
244	ô	/xF4
245	õ	/xF5
246	ö	/xF6
247	÷	/xF7
248	ø	/xF8
249	ù	/xF9
250	ú	/xFA
251	û	/xFB
252	ü	/xFC
253	ý	/xFD
254	þ	/xFE
255	ÿ	/xFF

Tabelle 2.1: Die ASCII/Unicode-Tabelle (Forts.)

3 Die Ungarische Notation

Komplexen Programmcode zu verstehen, kann sehr schwierig sein, besonders, wenn er schon vor einiger Zeit oder von jemand anders erstellt wurde. Jede Technik, die Code erläutert, kann eine große Hilfe sein, insbesondere, wenn man ein Programm debuggen möchte.

Der Programmierer Charles Simonyi erfand eine Technik, die als *Ungarische Notation* bekannt ist. Die Ungarische Notation gibt einfach vor, dass ein erläuterndes Präfix Variablen- und Objektnamen vorangestellt wird. Dieses Präfix bezeichnet den Typ einer angesprochene Variable oder eines Objekts. Zum Beispiel könnte man dem Namen eines Formulars das Standardpräfix, bestehend aus den drei Zeichen *frm*, voranstellen, gefolgt von dem ersten Großbuchstaben des Objektnamens (z.B. könnte das Formular frmMain heißen). Stößt der Entwickler im Programmcode auf ein Symbol, wie z.B. frmMain().Show, gibt es nun keine Unklarheit mehr darüber, welchen Typ das angesprochene Objekt hat.

Wenn Sie die Ungarische Notation durchgehend anwenden, erhöht dies die Lesbarkeit Ihres Programmcodes ungemein. Die Notation vereinfacht auch die Programmentwicklung in einem Team erheblich. Die folgende Tabelle ist eine Auflistung der Präfixe für Variablen, Strukturen und die gebräuchlichsten Komponenten für Benutzeroberflächen. Das Präfix, normalerweise aus drei Buchstaben bestehend, wird als Beispiel von einem allgemeinen Objektnamen gefolgt.

Komponenten für Benutzeroberflächen	Beispielname
AnimatedButton	aniKomponente
CheckBox	chkKomponente
Klasse	clsKlassenname
ComboBox	cboKomponente
CommandButton	cmdKomponente
DataControl	datKomponente
DataGrid	dgdMeinGrid
DirListBox	dlbKomponente
DriveListBox	drbKomponente
FileListBox	flbKomponente
Form	frmFormular
Frame	fraKomponente
HScrollbar	hsbKomponente
Image	imgKomponente
Item	itmMeinItem
Label	lblKomponente
Line	linKomponente
ListBox	lstKomponente
ListView	lsvKomponente
Menu	mnuDatei
OLEControl	oleKomponente
OptionButton	optKomponente
PictureBox	pbxKomponente

Tabelle 3.1: Namenskonventionen für Komponenten

Komponenten für Benutzeroberflächen	Beispielname
Remote Data Control	rdcKomponente
Shape	shpKomponente
TextBox	txtKomponente
Timer	tmrKomponente
TreeView	trvKomponente
VScrollBar	vsbKomponente

Tabelle 3.1: Namenskonventionen für Komponenten (Forts.)

Variablen und Strukturen	Beispielname
Byte	bZahl
Zeichenstring	strString
Konstante	cName
Currency-Wert	curCurrency
Date/Time-Wert	dtDate
Decimal-Wert	decDecimal
Double-Wert	dNumber
langes Flag	flFlag
kurzes Flag	fsFlag
Integer-Wert	iZahl
Rückgabewert	rcRückgabe
Single-Wert	sNumber

Tabelle 3.2: Namenskonventionen für Variablen und Strukturen

4 Sprachreferenz

Befehlsgruppen

Es ist oft sehr schwierig, den richtigen Befehl oder die richtige Befehlsgruppe zu finden, um eine bestimmte Aufgabe auszuführen. Um Ihnen dabei zu helfen, die benötigten Funktionen zu finden, haben Sie hier eine Aufteilung vorliegen, die Gruppierungen in die folgenden allgemeinen Bereiche zur Verfügung stellt: Finanzen, Datenträgerzugriff, Mathematisch, Datum und Uhrzeit und Strings. Die einzelnen Befehle mit ausführlichen Beschreibungen finden Sie dann in diesem Kapitel alphabetisch sortiert. Nachdem Sie einen der gesuchten Befehle gefunden haben, führen die zu jedem Befehl zugehörigen Verweise (mit »Siehe auch« gekennzeichnet) zu vergleichbaren Anweisungen.

Finanzbefehle

Zu Visual Basics finanztechnischen Befehlen gehören:

DDB	FV	NPer	PV
FormatCurrency	IPmt	NPV	Rate
FormatNumber	IRR	PMT	SLN
FormatPercent	MIRR	PPmt	SYD

Datenträgerzugriffsbefehle

Die Befehle für den Datenträgerzugriff unter Visual Basic sind:

ChDir	FileDateTime	InputString	Rename
ChDrive	FileGet	Kill	Reset
CurDir	FileLen	LineInput	RmDir
Dir	FileOpen	Loc	Seek
Environ	FilePut	Lock...Unlock	SetAttr
EOF	FileWidth	LOF	Shell
FileAttr	FreeFile	MkDir	Spc
FileClose	GetAttr	Print	Write
FileCopy	Input	PrintLine	WriteLine

Mathematische Befehle

Mathematische Befehle unter Visual Basic sind:

*	+=	Cos	Not
+	-=	CSng	Oct
-	/=	Exp	Or
/	\=	False	OrElse
<=	Abs	Fix	Randomize
<>	And	FormatNumber	Rnd
=	AndAlso	FormatPercentage	Round
>	Atan	Hex	Sign
>=	CDbl	Int	Sin
\	CDec	IsNumeric	Sqrt
^	CInt	Log	Tan
*=	CLng	Mod	XOR

Befehle für Datum und Uhrzeit

Die mit Datum und Uhrzeit verbundenen Befehle in Visual Basic sind:

CVDate	Hour	TimeSerial
DateAdd	IsDate	TimeString
DateDiff	Minute	TimeValue
DatePart	Month	Today
DateSerial	MonthName	WeekDay
DateString	Now	WeekdayName
DateValue	Second	Year
Day	TimeOfDay	
FormatDateTime	Timer	

String-Befehle

Zu Visual Basics String-Befehlen gehören:

&	InStr	Option Compare	StrConv
&=	InStrRev	Replace	StrDup
+	Join	Right	StrReverse
Chr	LCase	RTrim	Tab
ChrW	Left	Space	Trim
CStr	Len	Split	UCase
Filter	LTrim	Str	Val
Format	Mid	StrComp	

Referenz

! (Operator)

Feldoperator für Datenbanken

Die Verwendung des Ausrufezeichen-Befehls (!) erlaubt den Zugriff auf ein einzelnes Datenbankfeld, so dass man eine vollständige Objektreferenz des Datenbankfeldes umgehen kann (mit Verwendung der Fields-Kollektion). Für das Codebeispiel wird ein Recordset mit dem Namen »myRS« benötigt, das auf eine Datenquelle mit einer Spalte (Feld) »Nachname« verweist.

Syntax

```
recordset.Fields!field
```

Parameter

- **recordset** Erforderlich. Recordset vom Typ Dynaset, Table oder Snapshot.
- **field** Erforderlich. Ein Feld des Recordsets.

Rückgabewert Nicht vorhanden.

Programmbeispiel

```
Console.WriteLine(myRS.Fields!Nachname)
```

Siehe auch &-Operator, IsDBNull

(Operator)

Dieser Operator konvertiert die Variable in den Datentyp Double.

Syntax

```
a#
```

Parameter

▸ a Es kann jeder zugelassene Variablenname verwendet werden.

Rückgabewert Nicht vorhanden.

Programmbeispiel

Dim a# = 56

Siehe auch CDate, CType

#Const (Operator)

Konditionale Compilerkonstante.

Dieser Operator erzeugt eine private Konstante in einem Modul. Diese Konstanten können nur von anderen konditionalen Operatoren (#if, #else etc.) verwendet werden, normale Programmkonstanten erkennen diese nicht.

Syntax

#**Const** constName = expression

Parameter

▸ **constName** Beliebiger zugelassener Variablenname.
▸ **expression** Kann einen Operator enthalten (außer Is) oder einen numerischen Wert.

Rückgabewert Nicht vorhanden.

Programmbeispiel

```
#Const conDemoApp = True
#If conDemoApp = False Then
' Speicher- und Druckfunktionen eingeschlossen
#End If
```

Siehe auch #if...#else...#endif, Const

#if...#else...#endif (Anweisung)

Konditionale Kompilierung eines Codeabschnittes.
Der konditionale Kompilierungsoperator fügt den eingeschlossenen Code nur hinzu, wenn die Bedingung den Wert True hat. Dieser kann verwendet werden, um Testcode ein- oder auszuschließen, mehrere Endversionen zu erstellen oder andere letzte Änderungen an der Anwendung vorzunehmen.

Syntax

```
#If condition-1 Then
  [actions-1]
[#ElseIf condition-2 Then] : [actions-2]
[#ElseIf condition-n Then] : [actions-n]
[#Else] : [else-actions] : #End If
```

Parameter

‣ condition   Erforderlich. Boolesche Ausdrücke.

Rückgabewert   Nicht vorhanden.

Programmbeispiel

```
#Const conVal = 1
#If conVal = 1 Then
  Dim astr As Object
#Else
    Dim astr As String
#End If
```

Siehe auch   #Const

#Region (Anweisung)

Gruppiert eine Folge von Programmzeilen.
Diese Anweisung öffnet einen gruppierten Abschnitt von Programmzeilen, der zusammengeklappt und im Code-Editor von Visual

Basic.NET versteckt werden kann (ein herausragendes Feature). Die
Abschnitte dürfen im Körper der Methode nicht beginnen oder enden. Wird eine Datei mit einem solchen Abschnitt geöffnet, wird
dieser standardmäßig minimiert.

Syntax

```
#Region "titleString"
  [Programmzeilen]
#End Region
```

Parameter

▸ **titleString**   Titeltext, der angezeigt wird, wenn der Abschnitt
minimiert wird.

Rückgabewert   Nicht vorhanden.

Programmbeispiel

```
#Region "MyNoiseRoutine"
Sub myBeep()
  Beep()
End Sub
#End Region
```

Siehe auch   #if...#else...#endif

$ (Operator)

Ändert den Datentyp einer Variablen in einen **String**.

Dieser String-Operator erfüllt dieselbe Aufgabe wie der Befehl **Dim
a As String** einer Variablendefinition. Wenn der Operator einmal in
einer Definition verwendet wurde, kann der Variablenname ohne
den Operator benutzt werden, um auf die gleiche Variable zuzugreifen (z.B. adressieren die Verweise myString$ und myString dieselbe
Variable).

Syntax

a$

Parameter

▸ a   Es kann jeder zugelassene Variablenname verwendet werden.

Rückgabewert   Nicht vorhanden.

Programmbeispiel

```
Dim a$ = "Hallo" & 2
Console.WriteLine(a$)
Console.WriteLine(a)
```

Siehe auch   CStr, CType, Dim

% (Operator)

Ändert den Datentyp einer Variablen in Integer.

Dieser Operator erfüllt dieselbe Aufgabe wie der Befehl **Dim** a **As Integer** einer Variablendefinition. Wenn der Operator einmal in einer Definition verwendet wurde, kann der Variablenname ohne den Operator benutzt werden, um auf die gleiche Variable zuzugreifen.

Syntax

a%

Parameter

▸ a   Es kann jeder zugelassene Variablenname verwendet werden.

Rückgabewert   Nicht vorhanden.

Programmbeispiel

```
Dim a% = 5.14
Console.WriteLine(a%)
Console.WriteLine(a)
```

Siehe auch   CInt, CType

' (Operator)

Operator für Bemerkungen.
Der Apostroph-Befehl (') kann verwendet werden, um einen Programmtext als Kommentar zu markieren. Der dem Apostroph folgende Text wird vom Compiler ignoriert (bis ein Zeilenwechsel erreicht wird). Im Direktfenster ignoriert Visual Basic jeden Befehl, der auf dieses Zeichen folgt.

Syntax
' Comment

Parameter
‣ **Comment** Ein beliebiger Text.

Rückgabewert Nicht vorhanden.

Programmbeispiel
' Console.WriteLine("1")

Siehe auch Rem

* (Operator)

Multiplikationsoperator.
Dieser Operator multipliziert zwei Zahlen miteinander und liefert das Ergebnis zurück.

Syntax
a * b

Parameter
‣ **a, b** Erforderlich. Beliebige gültige Zahlenwerte.

Rückgabewert Wert vom Typ Object.

Programmbeispiel
```
Console.WriteLine(2.12 * 3.14)
```

Siehe auch   +-Operator, --Operator, /-Operator, ^-Operator, {...}, Mod

*= (Operator)

Variabler Zuweisungsoperator für die Multiplikation.
Dieser Operator multipliziert eine Zahl mit dem Wert einer Variablen und speichert das Ergebnis in dieser Variablen.

Syntax
```
a *= b
```

Parameter
- **a**   Erforderlich. Ein numerischer Wert.
- **b**   Erforderlich. Beliebiger gültiger Zahlenwert.

Rückgabewert   Nicht vorhanden.

Programmbeispiel
```
Dim a As Integer = 10
a *= 2
Console.WriteLine(a)
```

Siehe auch   +=-Operator, -=-Operator, /=-Operator, \=-Operator

+ (Operator)

Dieser Operator addiert zwei Zahlen miteinander und liefert das Ergebnis.

Syntax
```
a + b
```

Parameter

‣ a, b Erforderlich. Beliebige gültige Zahlenwerte.

Rückgabewert Wert vom Typ Object.

Programmbeispiel

```
Console.WriteLine(2.12 + 3.14)
```

Siehe auch *-Operator, --Operator, /-Operator, ^-Operator, Mod

+ (Operator)

Additionsoperator für Strings.

Der +-Operator kann beliebig oft innerhalb einer einzelnen Zeile verwendet werden, um viele Strings hintereinander zu hängen. Wenn Sie versuchen, den +-Operator mit verschiedenen Variablentypen zu verwenden (wie z.B. String + Single) wird ein Type Mismatch-Fehler ausgelöst, was bei der Verwendung des &-Operators nicht geschehen würde. Verwenden Sie daher den &-Operator, um diesen Fehler zu vermeiden.

Syntax

a + b

Parameter

‣ a, b Erforderlich. Ein beliebiger gültiger Ausdruck.

Rückgabewert Wert vom Typ Object.

Programmbeispiel

```
Console.WriteLine("U.S. Wirtschaft..." + _
  "Status: " + "stabil.")
```

Siehe auch &-Operator, &=-Operator, CStr

+= (Operator)

Variabler Zuweisungsoperator für die Addition.
Dieser Operator addiert eine Zahl zu dem Wert einer Variablen und
speichert das Ergebnis in dieser Variablen.

Syntax

`a += b`

Parameter

- **a** Erforderlich. Ein numerischer Wert.
- **b** Erforderlich. Ein beliebiger gültiger Zahlenwert.

Rückgabewert Nicht vorhanden.

Programmbeispiel

```
Dim a As Integer = 10
a += 2
Console.WriteLine(a)
```

Siehe auch *=-Operator, -=-Operator, /=-Operator, \=-Operator

-= (Operator)

Variabler Zuweisungsoperator für die Subtraktion.
Dieser Operator subtrahiert eine Zahl von dem Wert einer Variablen
und speichert das Ergebnis in dieser Variablen.

Syntax

`a -= b`

Parameter

- **a** Erforderlich. Ein numerischer Wert.
- **b** Erforderlich. Ein beliebiger gültiger Zahlenwert.

Rückgabewert Nicht vorhanden.

Programmbeispiel
```
Dim a As Integer = 10
a -= 2
Console.WriteLine(a)
```

Siehe auch   --Operator, *=-Operator, +=-Operator, /=-Operator,
\=-Operator

/ (Operator)

Divisionsoperator.
Dieser Operator teilt eine Zahl durch eine zweite und liefert das Ergebnis zurück. Das Ergebnis der Division wird in einem passenden Datentyp zurückgegeben (bei 10/3 z.B. würde das Ergebnis als Single-Wert zurückgegeben). Verwenden Sie den \-Operator, um die Rückgabe eines Integer-Wertes zu forcieren. Verwenden Sie den Mod-Operator, um sich den Rest einer Integerdivision ausgeben zu lassen.

Syntax
```
a / b
```

Parameter
▸ **a, b**   Erforderlich. Beliebige gültige Zahlenwerte.

Rückgabewert   Wert vom Typ Object.

Programmbeispiel
```
Console.WriteLine(9/3)
Console.WriteLine(9/2)
```

Siehe auch   /=-Operator, *-Operator, +-Operator, --Operator,
^-Operator, Mod

/= (Operator)

Variabler Zuweisungsoperator für die Division.
Dieser Operator teilt eine Zahl durch den Wert einer Variablen und speichert das Ergebnis in dieser Variablen.

Syntax

a /= b

Parameter

- a   Erforderlich. Ein numerischer Wert.
- b   Erforderlich. Ein beliebiger gültiger Zahlenwert.

Rückgabewert   Nicht vorhanden.

Programmbeispiel

```
Dim a As Integer = 10
a /= 2
Console.WriteLine(a)
```

Siehe auch   /-Operator, *=-Operator, +=-Operator, -=-Operator, \=-Operator

< (Operator)

Kleiner-als-Operator.
Mit Verwendung des Kleiner-als-Operators können zwei Zahlenwerte verglichen und ein boolescher Wert, True oder False, abhängig vom Ergebnis zurückgegeben werden. Wenn diesem Operator nicht-numerische Werte, wie z.B. Strings, übergeben werden, werden diese nach ihren alphabetischen Werten, inklusive Groß- und Kleinschreibung, beurteilt. Einige der Codebeispiele demonstrieren diese nicht-intuitiven Ergebnisse.

Syntax

a < b

Parameter
▸ a, b Erforderlich. Beliebige gültige Zahlenwerte.

Rückgabewert Wert vom Typ Boolean.

Programmbeispiel
```
Console.WriteLine(3 < 5)
Console.WriteLine(3 < 2)
Console.WriteLine("a" < "z")
Console.WriteLine("z" < "a")
Console.WriteLine("A" < "a")
Console.WriteLine("21"< "200")
```

Siehe auch <=-Operator, <>-Operator, =-Operator, >-Operator, >=-Operator, And, Like, Not

<= (Operator)

Operator Kleiner-gleich.
Dieser Operator vergleicht zwei Werte mit der Bedingung kleiner-gleich.

Syntax

a <= b

Parameter
▸ a, b Erforderlich. Beliebige gültige Zahlenwerte.

Rückgabewert Wert vom Typ Boolean.

Programmbeispiel
```
Console.WriteLine(1 <= 2)
Console.WriteLine(2 <= 1)
```

Siehe auch <-Operator,<> -Operator, =-Operator, >-Operator, >=-Operator, And, Like, Not

<> (Operator)

Ungleichheits-Operator.
Dieser Operator überprüft zwei Werte auf Ungleichheit.

Syntax

a <> b

Parameter

▸ **a, b** Erforderlich. Beliebiger gültiger Zahlenausdruck.

Rückgabewert Wert vom Typ Boolean.

Programmbeispiel

```
Console.WriteLine(1 <> 2)
Console.WriteLine(1 <> 1)
```

Siehe auch <-Operator, <=-Operator, =-Operator, >-Operator, >=-Operator, And, Like, Not

= (Operator)

Gleichheits-Operator.
Dieser Operator überprüft, ob zwei Werte gleich sind.

Syntax

a = b

Parameter

▸ **a, b** Erforderlich. Beliebiger gültiger Zahlenausdruck.

Rückgabewert Wert vom Typ Boolean.

Programmbeispiel

```
Console.WriteLine(1 = 1)
Console.WriteLine(2 = 1)
```

Siehe auch <-Operator, <=-Operator, <> -Operator, >-Operator, >=-Operator, And, Like, Not

> (Operator)

Größer-Als-Operator.
Dieser Operator vergleicht, ob ein Zahlenwert größer als der andere ist.

Syntax

a > b

Parameter

‣ a, b   Erforderlich. Beliebige gültige Zahlenwerte.

Rückgabewert   Wert vom Typ Boolean.

Programmbeispiel
```
Console.WriteLine(5 > 3)
Console.WriteLine(3 > 5)
```

Siehe auch   <=-Operator, <-Operator, <>-Operator, =-Operator, >=-Operator, And, Like, Not

>= (Operator)

Größer-gleich-Operator.
Dieser Operator vergleicht, ob ein Wert größer als der andere ist oder die Werte gleich sind.

Syntax

a >= b

Parameter

‣ a, b   Erforderlich. Beliebige gültige Zahlenwerte.

Rückgabewert   Wert vom Typ Boolean.

Programmbeispiel

```
Console.WriteLine(2 >= 1)
Console.WriteLine(2 >= 2)
Console.WriteLine(1 >= 2)
```

Siehe auch   <-Operator,<= -Operator, <>-Operator, =-Operator, >-Operator, And, Like, Not

? (Operator)

Gibt im aktuellen Fenster oder dem Direktfenster etwas aus.

Um schnell etwas auszugeben, kann das Fragezeichen anstelle des Befehls Print verwendet werden.

Syntax

?a

Parameter

> a   Ein beliebiger gültiger Ausdruck.

Rückgabewert   Nicht vorhanden.

Programmbeispiel

? "Hallo"

Siehe auch   Print, PrintLine, Space, Tab, Write, WriteLine

\ (Operator)

Divisionsoperator für Integerzahlen.

Dieser Operator funktioniert wie der herkömmliche Divisionsoperator (/), nur dass das Ergebnis als Integerwert zurückgeliefert wird. Bevor die Division durchgeführt wird, werden beide Zahlen in Integerwerte konvertiert. Die Nachkommazahlen des Ergebnisses werden dann einfach abgeschnitten, anstatt zum nächsten Integerwert gerundet zu werden. Verwenden Sie den Mod-Operator, um den Divisionsrest zweier Integerwerte zu erhalten.

Syntax

a \ b

Parameter

‣ a, b Erforderlich. Beliebige gültige Zahlenwerte.

Rückgabewert Wert vom Typ Object.

Programmbeispiel

```
Console.WriteLine(16 \ 8)
Console.WriteLine(16 \ 15)
```

Siehe auch *-Operator, +-Operator, --Operator, /-Operator, ^-Operator, Mod

\= (Operator)

Variabler Zuweisungsoperator für die Division von Integerzahlen.
Dieser Operator funktioniert wie der herkömmliche Zuweisungsoperator für die Division (/=), nur dass das Ergebnis als Integerwert zurückgeliefert wird. Bevor die Division durchgeführt wird, werden beide Zahlen in Integerwerte konvertiert. Die Nachkommazahlen des Ergebnisses werden dann einfach abgeschnitten, anstatt zum nächsten Integerwert gerundet zu werden.

Syntax

a \= b

Parameter

‣ a Erforderlich. Ein Zahlenwert.
‣ b Erforderlich. Ein beliebiger gültiger Zahlenwert.

Rückgabewert Nicht vorhanden.

Programmbeispiel

```
Dim a As Integer = 16
a \= 15
Console.WriteLine(a)
```

Siehe auch *=-Operator, +=-Operator, -=-Operator, /=-Operator, ^=-Operator

^ (Operator)

Exponentenoperator.
Dieser Operator liefert die Zahl zurück, die mit dem angegebenen Exponenten potenziert wird.

Syntax

a ^ b

Parameter

‣ a, b Erforderlich. Beliebige gültige Zahlenwerte.

Rückgabewert Wert vom Typ Object.

Programmbeispiel

```
Console.WriteLine(2 ^ 1)
Console.WriteLine(2 ^ 2)
Console.WriteLine(2 ^ 8)
Console.WriteLine(2 ^ 0)
```

Siehe auch *-Operator, +-Operator, --Operator, /-Operator, Mod

^= (Operator)

Variabler Zuweisungsoperator für die Exponentierung.
Dieser Operator berechnet das Ergebnis der Potenzierung des Variablenwertes mit dem angegebenen Exponent und speichert das Ergebnis in der Variablen.

Syntax

a ^= b

Parameter

- ▸ **a** Erforderlich. Ein Zahlenwert.
- ▸ **b** Erforderlich. Ein beliebiger gültiger Zahlenwert. Gibt den Exponenten an.

Rückgabewert Nicht vorhanden.

Programmbeispiel

```
Dim a As Integer = 2
a ^= 5
Console.WriteLine(a)
```

Siehe auch *=-Operator, +=-Operator, -=-Operator, /=-Operator, \=-Operator

{...} (Anweisung)

Erstellt ein Array im Speicher, das die in der Parameterliste übergebenen Werte enthält.

Diese sehr nützliche Funktion kann verwendet werden, um automatisch ein Elementenarray zu erzeugen und eine Reihe von Werten in ihm zu speichern. Wenn keine Werte angegeben werden, wird ein leeres Array mit 0 Elementen zurückgegeben. Diese Klammern erfüllen dieselbe Aufgabe wie die Funktion Array() in den vorherigen Visual-Basic-Versionen.

Syntax

Dim myArray = {arglist}

Parameter

- ▸ **myArray** Erforderlich. Ein beliebiger gültiger Ausdruck für einen Variablennamen.

‣ **arglist** Erforderlich. Die Parameter sind dann als sequenzielle Elemente im Array enthalten.

Rückgabewert Ein Array.

Programmbeispiel
```
Dim myArray() As String = {"McClane", "Gennero", _
  "Gruber"}
Console.WriteLine(myArray(0))
```

Siehe auch Dim, ReDim

Abs (Methode)

Liefert den absoluten Wert des übergebenen Parameters zurück.
Diese Funktion gibt den absoluten (positiven) Wert einer übergebenen Zahl zurück. Der Rückgabewert hat denselben Datentyp wie der übergebene Wert (z.B. wird bei einem übergebenen Integerwert auch eine Integerzahl zurückgeliefert).

Syntax
```
Abs(number)
```

Parameter
‣ **number** Erforderlich. Der Wert wird in einen absoluten Wert konvertiert.

Rückgabewert Hat denselben Datentyp wie der übergebene Parameter.

Programmbeispiel
```
Console.WriteLine(System.Math.Abs(1))
Console.WriteLine(System.Math.Abs(-1))
Console.WriteLine(System.Math.Abs(-45.2334))
```

Siehe auch Fix, Int, Log, Mod

AddHandler (Methode)

Weist dynamisch eine Routine zu, um ein spezielles Ereignis zu behandeln.

Das Schlüsselwort AddHandler erlaubt die dynamische Angabe einer Routine, um einen speziellen Ereignistyp entgegenzunehmen. Für ein einzelnes Ereignis können mehrere Eventhandler angegeben werden.

Syntax

AddHandler eventName, handlerAdress

Parameter

- **eventName** Erforderlich. Gibt den Namen des Ereignisses an, das den Handler aktiviert.
- **handlerAdress** Erforderlich. Verwendet die AdressOf-Funktion. Name der Prozedur, die das angegebene Ereignis behandelt.

Rückgabewert Nicht vorhanden.

Programmbeispiel

AddHandler cmdOK.Click, AddressOf cmdOKClickHandler

Siehe auch RemoveHandler

AdressOf (Methode)

Gibt die Adresse einer Prozedur zurück.

Der Operator AdressOf wird für Windows-API-Aufrufe verwendet, wenn die API-Routine eine Rückruffunktion benötigt, die ihr dann übergeben wird. Die meisten API-Funktionen werden zunächst ausgeführt und geben nach der Ausführung die Kontrolle an die Visual-Basic-Applikation zurück. Wird ein Rückruf benötigt, bedeutet dies, dass eine Funktion aufgerufen werden muss, während die API die Ausführungskontrolle noch behält (wie z.B. beim Updaten eines

Zählers für die aktuelle Seite, während der Schieberegler der Scrollbar bewegt wird). Der Operator AdressOf wird wie die Befehle ByRef oder ByVal verwendet, wenn eine Reihe von Parametern an eine API-Routine übergeben werden müssen.

Syntax

AdressOf procName

Parameter

‣ **procName** Erforderlich. Gibt den Namen der Prozedur an, die von der API-Funktion aktiviert werden soll.

Rückgabewert Nicht vorhanden.

Programmbeispiel

AddHandler cmdOK.Click, **AdressOf** cmdOKClickHandler

Siehe auch Call, Declare

And (Operator)

Logisches Und.
Diese Anweisung kann verwendet werden, um zwei Vergleichsausdrücke zu verbinden oder um zwei Zahlen logisch zu verknüpfen. Der And-Operator gibt bei Letzterem das Ergebnis bitweise zurück, das alle Bits enthält, die in beiden Werten vorkommen.

Syntax

a **And** b

Parameter

‣ **a, b** Erforderlich. Jeder gültige Zahlenwert.

Rückgabewert Wert vom Typ Object.

Programmbeispiel

```
Console.WriteLine((2 > 1) And (2 > 0))
Console.WriteLine((2 > 3) And (2 > 0))
Console.WriteLine(15 And 8)
Console.WriteLine(16 And 8)
Console.WriteLine(256 And 8)
```

Siehe auch False, Not, Or, True, XOR

AndAlso (Operator)

Logische Kurzschlusskonjunktion für Und.

Der AndAlso-Operator gibt als Ergebnis einen booleschen Wert basierend auf zwei Werten zurück. Der AndAlso-Operator funktioniert wie der And-Operator nur, dass ein »Kurzschluss« auftritt, wenn der erste Ausdruck falsch ist. In diesem Fall wird der zweite Ausdruck nicht mehr ausgewertet und als Ergebnis False zurückgegeben.

Syntax

a **AndAlso** b

Parameter

▸ **a, b** Erforderlich. Ein beliebiger gültiger Zahlenwert.

Rückgabewert Wert vom Typ Object.

Programmbeispiel

```
Console.WriteLine((2 > 1) AndAlso (2 > 0))
Console.WriteLine((2 > 1) AndAlso (2 > 3))
Console.WriteLine((2 > 3) AndAlso (2 > 4))
```

Siehe auch And, False, Or, True, XOR

AppActivate (Methode)

Aktiviert ein angegebenes Programmfenster.
Dieser Befehl verschiebt den Fokus zu einer beliebigen Anwendung, die zu diesem Zeitpunkt unter Windows ausgeführt wird. Es können sowohl der Fenstertitel als auch die ID der Anwendung, die die Shell-Anweisung zurückgibt, verwendet werden. Beachten Sie, dass die Aktivierung einer Applikation nicht den minimierten oder maximierten Status dieser Anwendung verändert.

Syntax
`AppActivate(Title[ , ProcessID])`

Parameter
- **Title**   Erforderlich. Gibt den Titel oder die **TaskID**, die von der Shell-Funktion zurückgegeben wird, der zu aktivierenden Anwendung an.
- **ProcessID**   Optional. Gibt einen Integerwert an, der die Win32-Prozess-ID enthält und die Anwendung repräsentiert.

Rückgabewert   Nicht vorhanden.

Programmbeispiel
```
AppActivate "Microsoft Excel"
Dim MyAppID = Shell("C:\WINNT\Notepad.EXE", 1)
AppActivate MyAppID
```

Siehe auch   Environ, Shell

Asc (Methode)

Gibt den ASCII-Code des ersten Zeichens eines Strings zurück.
Diese Anweisung ist das genaue Gegenteil des Befehls Chr(), der das Zeichen zu einem übergebenen, numerischen ASCII-Zeichenwert

zurückgibt. Die Anweisung Asc() liefert zu einem übergebenen Zeichen den passenden, numerischen Wert zurück.

Syntax

`Asc(val)`

Parameter

‣ val   Erforderlich. Ein String, dessen erster Buchstabe in einen numerischen Wert konvertiert wird.

Rückgabewert   Wert vom Typ Integer.

Programmbeispiel

```
Console.WriteLine(Asc("A"))
Console.WriteLine(Asc("Abbey"))
Console.WriteLine(Chr(Asc("A")))
```

Siehe auch   AscW, Chr, Mid

AscW (Methode)

Gibt den Unicodewert des ersten Buchstabens eines Strings als **Integer** zurück.

Dieser Befehl ist das genaue Gegenteil der Anweisung ChrW(), die das entsprechende Zeichen zu einem übergebenen, numerischen Unicode-Zeichenwert liefert. Der Befehl AscW() gibt bei Übergabe eines Zeichens den passenden, numerischen Wert zurück.

Syntax

`AscW(val)`

Parameter

‣ val   Erforderlich. Ein String, dessen erster Buchstabe in einen numerischen Wert konvertiert wird.

Rückgabewert   Wert vom Typ Integer.

Programmbeispiel
```
Console.WriteLine(AscW("A"))
Console.WriteLine(AscW("Abbey"))
Console.WriteLine(ChrW(AscW("A")))
```

Siehe auch Asc, ChrW, Mid

Atan (Methode)

Gibt den Arcustangens einer übergebenen Zahl als Bogenmaß zurück.
Diese Funktion bestimmt den Arcustangenswert einer Zahl vom Typ
Double. Die Methode Atan() ist die inverse trigonometrische Funktion der Methode Tan(). Diese Funktion finden Sie nun im Namensbereich System.Math.

Syntax
```
System.Math.Atan(val)
```

Parameter
‣ val   Erforderlich. Wert des Tangens.

Rückgabewert Wert vom Typ Double.

Programmbeispiel
```
Console.WriteLine(System.Math.Atan(1.2))
```

Siehe auch Cos, Sign, Sin, Sqrt, Tan

Beep (Methode)

Lautsprecherkontrollton.
Der Befehl Beep gibt auf dem Lautsprecher einen Kontrollton aus. Es
gibt keine andere Möglichkeit, mit Visual Basic Sounds zu erzeugen,
ohne die Windows-API-Routinen, DirectSound oder die Multimedia-
Komponente zu verwenden. Ein Beispiel für das Abspielen eines di-

gitalisierten Sounds (eine WAV-Datei) finden Sie auch in Kapitel 5, *Wie mache ich das? Programmbeispiele.*

Syntax

Beep

Parameter

Nicht vorhanden.

Rückgabewert   Nicht vorhanden.

Programmbeispiel

Beep

Siehe auch   ? -Operator, Declare, Print, PrintLine, Write, WriteLine

Call (Anweisung)

Ruft eine Prozedur auf.

Der Befehl Call führt eine benutzerdefinierte Prozedur oder Systemprozedur aus. Um eine Subroutine aufzurufen, verwenden Sie einfach den Namen der Prozedur oder schreiben vor den Namen die Call-Anweisung, um den Aufruf im Programmtext deutlicher hervorzuheben.

Syntax

Call name ([arglist])

Parameter

- ▸ **name**   Erforderlich. Der Name der Prozedur.
- ▸ **arglist**   Optional. Beliebige Parameter, die für die Prozedur benötigt werden.

Rückgabewert   Nicht vorhanden.

Programmbeispiel

```
Call Beep
Call MsgBox("Hallo")
```

Siehe auch   Function...End Function, Sub...End Sub

CallByName (Methode)

Ermöglicht die Laufzeitbindung einer Methode oder Eigenschaft.
Diese Funktion ermöglicht den Zugriff auf eine Eigenschaft oder
Methode durch Übergabe eines Strings. Die Verwendung eines
Strings gestattet es, die Eigenschaft oder Methode während der
Laufzeit mit diesem String anzugeben. Diese Funktion kann ver-
wendet werden, um eine Eigenschaft auszulesen oder zu setzen oder
um eine Methode aufzurufen.

Syntax

```
CallByName(object, procName, callType, [arglist])
```

Parameter

- **object**   Erforderlich. Objektreferenz für das verwendete Steuerelement (wie z.B. Textbox oder Checkbox).
- **callType**   Erforderlich. Konstante für den Typ des auszuführenden Aufrufs. Mögliche Werte sind vbLet, vbGet oder vbMethod.
- **arglist**   Optional. Parameter, die übergeben werden, wenn es
  sich um einen Methodenaufruf handelt.

Rückgabewert   Abhängig von der Methode bzw. Eigenschaft.

Programmbeispiel

```
CallByName(Button1, "Hide", CallType.Method)
```

Siehe auch   Call

CBool (Methode)

Konvertiert einen Wert in den Datentyp Boolean.
Ein boolescher Datentyp hat entweder den Wert True oder False.
Die Konvertierung kann mit jedem gültigen String oder numeri-
schen Ausdruck durchgeführt werden.

Syntax

CBool(expression)

Parameter

‣ **expression** Erforderlich. Für die Konvertierung gültiger String
  oder numerischer Ausdruck.

Rückgabewert Wert vom Typ Boolean.

Programmbeispiel

```
Console.WriteLine(CBool(3=2))
Console.WriteLine(CBool(3>2))
```

Siehe auch CDbl, CInt, CLng, CSng, CStr, CType

CByte (Methode)

Konvertiert in den Datentyp Byte.
Der Datentyp Byte nimmt ein Byte in den Computerspeicher auf und
kann Werte von 0 bis 255 annehmen. Dieser Datentyp wird meistens
für Dateiformate und Datenkonvertierungen verwendet. Wird versucht, eine Zahl größer als 255 oder kleiner als 0 zu konvertieren,
wird ein Overflow-Fehler ausgelöst.

Syntax

CByte(expression)

Parameter

‣ **expression** Erforderlich. Gibt den zu konvertierenden Wert an.

Rückgabewert Wert vom Typ Byte.

Programmbeispiel

```
Console.WriteLine(CByte(3))
Console.WriteLine(CByte(3.2))
```

Siehe auch CBool, CDbl, CInt, CLng, CSng, CStr, CType

CChar (Methode)

Konvertiert die an die Funktion übergebene Variable in einen Wert vom Typ Char.

Ein Wert vom Datentyp Char enthält ein einzelnes Zeichen, nimmt zwei Byte in den Computerspeicher auf und hat einen Wert zwischen 0 und 65535. Wenn versucht wird, eine Zahl größer als 65535 oder kleiner als 0 zu konvertieren, wird ein Overflow-Fehler ausgelöst.

Syntax

```
CChar(expression)
```

Parameter

‣ **expression** Ein Wert vom Typ Object, Integer, Single, Double oder String.

Rückgabewert Ein Wert vom Typ Char.

Programmbeispiel

```
Dim myChar As Char = _
  CChar("ABC") 'Enthält nur den ersten Buchstaben: A
```

Siehe auch CBool, CDbl, CInt, CLng, CSng, CStr, CType

CDate (Methode)

Konvertiert die an die Funktion übergebene Variable in einen Wert vom Typ Date.

Diese Konvertierungsfunktion kann verwendet werden, um den Typ einer bestimmten Variablen zu gewährleisten. Jede Repräsentation eines beliebigen Datums oder einer beliebigen Zeit kann in einen Wert vom Typ Date konvertiert werden. Diese Funktion führt dieselbe Operation aus wie die Methode CVDate() in früheren Versionen von VB.

Syntax

CDate(expression)

Parameter

‣ **expression** Ein Wert vom Typ Object, Integer, Single, Double oder String.

Rückgabewert Wert vom Typ Date.

Programmbeispiel

```
Console.WriteLine(CDate("11/2/01"))
Console.WriteLine(CDate("September 11,2001"))
```

Siehe auch #-Operator, CBool, CDbl, CInt, CLng, CSng, CStr, CType

CDbl (Methode)

Konvertiert in eine Fließkommazahl vom Typ **Double**.
Der Datentyp Double kann einen Wert zwischen
-1,79769313486232E+308 und -4,94065645841247E-324 für
negative Zahlen oder einen Wert zwischen 4,94065645841247E-324
und 1,79769313486232E+308 für positive Zahlen annehmen.

Syntax

CDbl(expression)

Parameter

‣ **expression** Erforderlich. Gibt den zu konvertierenden Wert an.

Rückgabewert Wert vom Typ Double.

Programmbeispiel

```
Dim myVar As Integer = 1
Dim myDVar As Double
myDVar = CDbl(myVar)
myDVar = myVar / 3
Console.WriteLine(myDVar)
```

Siehe auch #-Operator, CInt, CLng, CSng, CStr, CType

CDec (Methode)

Konvertiert in den Datentyp Decimal.

Der Datentyp Decimal enthält Zahlen zur Basis zehn. Im Hintergrund optimiert er zu Zahlen, die Dezimale enthalten oder nicht. Ohne Dezimalstellen ist der Wertebereich im Positiven und Negativen 79.228.162.514.264.337.593.543.950.335. Zahlen mit Dezimalstellen können 28 Dezimalstellen zwischen dem positiven und negativen Wert 7,9228162514264337593543950335 haben.

Syntax

CDec(expression)

Parameter

▸ **expression** Erforderlich. Gibt den zu konvertierenden Wert an.

Rückgabewert Wert vom Typ Decimal.

Programmbeispiel

```
Console.WriteLine(CDec(100))
Console.WriteLine(CDec(-5.231))
```

Siehe auch CDbl, CInt, CLng, CSng, CType

ChDir (Methode)

Ändert das Standardverzeichnis.
Verwenden Sie den Change-Directory-Befehl (ChDir), um das aktuelle Standardverzeichnis zu ändern, wenn Visual Basic nach Dateien ohne vollständig angegebenen Pfad sucht. Wenn Sie diesen Befehl verwendet haben, werden alle nicht speziell ausgezeichneten Dateireferenzoperationen den angegebenen Ordner zuerst durchsuchen.

Syntax

ChDir path

Parameter

▸ **path**   Erforderlich. Ein beliebiger gültiger Pfad.

Rückgabewert   Nicht vorhanden.

Programmbeispiel

ChDir("C:\")

Siehe auch   ChDrive, CurDir, Dir, Environ, FileOpen, Kill, MkDir, RmDir

ChDrive (Methode)

Ändert das aktuelle Standardlaufwerk.
Dieser Befehl ändert das aktuelle Laufwerk. Die Anweisung wechselt das Standardlaufwerk auf den in einem String übergebenen Wert. Wird ein String mit mehreren Zeichen übergeben, wird nur das erste Zeichen verwendet.

Syntax

ChDrive Drive

Parameter

▸ **Drive**   Erforderlich. String, der ein gültiges Laufwerk enthält.

Rückgabewert Nicht vorhanden.

Programmbeispiel
```
ChDrive("C:\")
ChDrive("alpha:")
```

Siehe auch ChDir, CurDir, Dir, Environ, FileOpen, Kill, MkDir, RmDir

Choose (Methode)

Gibt einen angegebenen Wert aus einer Liste zurück.
Diese Funktion gibt einen Wert aus einer Liste von Argumenten basierend auf einem Index zurück. Kann verwendet werden, um eine Auswahl von Elementen schnell zurückzugeben, ohne dabei ein Array erstellen zu müssen.

Syntax
```
Choose(index%, expression1
[, expression2]...[, expression13])
```

Parameter
- **index%** Erforderlich. Nummer des Ausdrucks, der zurückgegeben werden soll.
- **expression** Erforderlich. Ein beliebiger gültiger Ausdruck.

Rückgabewert Ein Wert vom Typ Object.

Programmbeispiel
```
Console.WriteLine(Choose(3, "Draw", "Paint", "Write", _
"Build"))
```

Siehe auch IIf, Select Case, Switch

Chr (Methode)

Gibt den Zeichenstring eines übergebenen ASCII-Wertes zurück.
Diese Funktion kann verwendet werden, um sowohl gewöhnliche als
auch nicht-darstellbare Zeichen zurückzugeben. Herkömmliche Zeichen, wie z.B. Leerzeichen (Chr(32)), ein Tabulator (Chr(9)) oder ein
Zeilenvorschub (Chr(10)) können einem String hinzugefügt werden.

Syntax
Chr(Charcode)

Parameter
‣ **Charcode**   Erforderlich. Ein Integer- oder Long-Wert, der das
  Zeichen definiert.

Rückgabewert   Ein Wert vom Typ String.

Programmbeispiel
Console.WriteLine(Chr(86) + Chr(66) + Chr(65))

Siehe auch   Asc, ChrW

ChrW (Methode)

Konvertiert in den Zeichentyp Unicode.
Diese Funktion liefert den passenden String des Zeichencodes zurück. Dieser String entspricht dem Unicode-Standard, der zwei Bytes
pro Zeichen verwendet, um alle internationalen Zeichensätze darzustellen.

Syntax
ChrW(Charcode)

Parameter
‣ **Charcode**   Ein Integer- oder Long-Wert, der das Zeichen angibt.

Rückgabewert   Ein Wert vom Typ String.

Programmbeispiel

```
Console.WriteLine(ChrW(65))
```

Siehe auch   Asc, Chr

CInt

Konvertiert den übergebenen Ausdruck in einen Wert vom Typ Integer.

Die Nachkommazahl des Wertes wird zu der nächsten geraden Zahl
gerundet. Der Wert 1,5 wird auf 2 aufgerundet, aber der Wert 2,5
wird auch auf 2 abgerundet. Integerzahlen können Werte zwischen
-32,768 bis 32,767 annehmen.

Syntax

```
CInt(expression)
```

Parameter

‣ expression   Erforderlich. Gibt den zu konvertierenden Wert an.

Rückgabewert   Ein Wert vom Typ Integer.

Programmbeispiel

```
Console.WriteLine(CInt(1.25))
```

Siehe auch   CDbl, CLng, CSng, CStr, CType, Fix, Int

Class...End Class (Anweisung)

Deklariert eine neue Klasse und umfasst die Eigenschaften, Methoden, Ereignisse und Felder, die zu der Klasse gehören.

Dieser Befehl ermöglicht die Deklaration einer Klasse, die für von ihr
erzeugte Objektinstanzen zur Verfügung stehende Elementtypen
enthalten kann. Eine Klasse kann als Public, Private, Protected
(nur sichtbar für die eigene Klasse oder abgeleitete Klassen), Friend
(nur sichtbar für Entitäten, die mit dem Schlüsselwort Friend dekla-

riert wurden) oder Protected Friend deklariert werden. Der Modifier Shadows kann verwendet werden, um eine gleichnamige Klasse in einer Basisklasse zu verschatten. Das Schlüsselwort Implements gibt die Interfaces an, für die die Klasse Implementationsmethoden zur Verfügung stellen wird. Das Schlüsselwort Inherits erlaubt die Angabe einer Elternklasse, von der Attribute, Felder, Eigenschaften, Methoden und Ereignisse geerbt werden.

Syntax
```
[Public | Private | Protected | Friend | Protected Friend]
[Shadows] [MustInherit | NotInheritable]
Class className
  [Implements interfaceName]
  [Inherits parentname]
    [statements]
End Class
```

Parameter
Nicht vorhanden.

Rückgabewert   Nicht vorhanden.

Programmbeispiel
```
Public Class Class1
  ' Methoden-, Eigenschaften- und Ereignisdefinitionen
End Class
```

Siehe auch   Call, End, Exit, Function...End Function, Sub...End Sub

CLng (Methode)

Konvertiert den übergebenen Ausdruck in einen Wert vom Typ Long.
Diese Funktion konvertiert den Ausdruck in einen Wert vom Datentyp Long. Die Nachkommazahl wird zur nächsten geraden Zahl ge-

rundet. Der Wert 1,5 wird auf 2 aufgerundet, der Wert 2,5 wird aber auch auf 2 abgerundet.

Syntax
```
CLng(expression)
```

Parameter
▸ **expression** Erforderlich. Gibt den Wert an, der konvertiert werden soll.

Rückgabewert Wert vom Typ Long.

Programmbeispiel
```
Console.WriteLine(CLng(200000.5))
```

Siehe auch CDbl, CInt, CSng, CStr, CType, Fix, Int

CObj (Methode)

Konvertiert den übergebenen Ausdruck in einen Wert vom Datentyp Object.
Diese Funktion konvertiert einen Wert eines anderen Datentyps in den Datentyp Object.

Syntax
```
CObj(expression)
```

Parameter
▸ **expression** Erforderlich. Wert oder Objekt, das konvertiert werden soll.

Rückgabewert Ein Wert vom Typ Object.

Programmbeispiel
```
Console.WriteLine(CObj(200000.5))
```

Siehe auch CBool, CDbl, CInt, CSng, CStr, CType, Fix, Int

Collection (Objekt)

Stellt eine Standardform des Kollektionsobjektes zur Verfügung.
Ein Kollektionsobjekt beinhaltet einen geordneten Satz von Elementen als benannte Objektreferenzen. Auf die Elemente der Kollektion kann über die Eigenschaft Items zugegriffen werden. Neue Elemente können mit der Methode Add() zu einer Kollektion hinzugefügt werden. Die Methode Remove() entfernt einzelne Einträge im Gegensatz zur Methode Clear(), die sämtliche Elemente aus der Kollektion entfernt.

Syntax

Collection

Parameter
Nicht vorhanden.

Rückgabewert   Nicht vorhanden.

Programmbeispiel

```
Dim myObjects As New Collection()
Dim myObj1 As New Object
myObjects.Add(myObj1)
```

Siehe auch   CreateObject

Command (Methode)

Gibt die Befehle zurück, die an ein Visual-Basic-Programm übergeben werden, wenn es ausgeführt wird.
Dieser Befehl ist hilfreich, wenn Sie mit Ihrem Programm eine Dateierweiterung verbinden wollen. Wenn der Benutzer auf das Dokument doppelklickt, wird Ihre EXE ausgeführt und der Pfad und Name des ausgewählten Dokuments werden in diesem String übergeben. Die Befehle enthalten zusätzlich noch Informationen, die in der

Kommandozeile eingegeben wurden, oder den Dateinamen eines Icons, das auf das Programmicon gezogen wurde. Wenn keine Befehle während der Programmausführung übergeben wurden, gibt diese Anweisung einen leeren String zurück.

Syntax

```
Command
```

Parameter
Nicht vorhanden.

Rückgabewert Ein Wert vom Typ String.

Programmbeispiel

```
Console.WriteLine(Microsoft.VisualBasic.Command())
```

Siehe auch Environ, Shell

Const (Anweisung)

Deklariert einen Wert als Konstante.
Genauso wie die Anweisung Dim kann der Const-Befehl nicht im Direktfenster verwendet werden. Mit der Definition einer Konstante erstellt man eine schreibgeschützte Variable, im Gegensatz zum Befehl #Const, der eine temporäre Konstante nur für den Gebrauch in anderen konditionalen Kompilierungsanweisungen erzeugt.

Syntax

```
[Global] Const name = expression [,name = expression]
```

Parameter
- name Erforderlich. Ein beliebiger zugelassener Variablenname.
- expression Erforderlich. Ein beliebiger gültiger Ausdruck.

Rückgabewert Nicht vorhanden.

Programmbeispiel

Const myName = "Dan"

Siehe auch   #Const, Dim, Enum, Public, ReDim, Static

Cos (Methode)

Liefert den Kosinus eines als Bogenmaß angegebenen Winkels zurück.

Dieser Befehl benötigt einen im Bogenmaß übergebenen Winkel. Die Formel *Bogenmaß = (Grad * pi) /180* kann verwendet werden, um das Bogenmaß eines Wertes in Grad zu berechnen. Diese Funktion findet sich nun im Namensbereich System.Math.

Syntax

Cos(angle)

Parameter

‣ **angle**   Erforderlich. Beliebiger numerischer Ausdruck, der einen Wert als Bogenmaß enthält.

Rückgabewert   Wert vom Typ Double.

Programmbeispiel

```
Console.WriteLine(System.Math.Cos(3.14159))
Console.WriteLine(System.Math.Cos((90*3.14159)/180))
```

Siehe auch   Atan, Exp, Log, Sign, Sin, Sqrt, Tan

CreateObject (Methode)

Erzeugt eine Objektinstanz.

Verwenden Sie diese Funktion, um eine neue Instanz eines beliebigen OLE- oder ActiveX-Objektes zu erstellen. Sowohl der qualifizierte Pfadname (wie z.B. Excel.Application) als auch die gesamte Klassen-ID kann benutzt werden, um die Klassenbibliothek zur Erstellung eines Objektes auszuwählen. Beachten Sie, dass CreateObject primär zur späten Bindung eingesetzt wird und stattdessen das Schlüsselwort New für die meisten allgemeinen Operationen verwendet werden sollte.

Syntax

```
CreateObject(ProgID As String [, ServerName As String])
```

Parameter

- **ProgID** Erforderlich. Klassenname oder GUID des gewünschten Objektes. Muss mit dem OLE-Registrysystem eingetragen sein.
- **ServerName** Optional. Der Name des Servers, auf dem das Objekt erstellt werden soll.

Rückgabewert Eine Objektreferenz.

Programmbeispiel

```
Dim myObject As Object
myObject = CreateObject("Excel.Application")
myObject.Visible = True
```

Siehe auch Dim, GetObject

CShort (Methode)

Konvertiert einen übergebenen Ausdruck in eine 16-Bit-Integerzahl vom Datentyp Short.
Diese Funktion konvertiert einen übergebenen Ausdruck in einen Wert vom Datentyp Short, der Werte zwischen -32.768 und 32.767 annehmen kann. Nachkommazahlen werden automatisch gerundet.

Syntax

```
CShort(expression)
```

Parameter

▸ **expression** Erforderlich. Gibt den Wert an, der konvertiert werden soll.

Rückgabewert Wert vom Typ Short.

Programmbeispiel

```
Console.WriteLine(CShort(1.222))
```

Siehe auch CDbl, CInt, CLng, CSng, CStr, CType

CSng (Methode)

Konvertiert den übergebenen Ausdruck in eine Fließkommazahl mit einfacher bzw. doppelter Genauigkeit vom Typ Single.
Diese Funktion konvertiert einen Wert in den Datentyp Single, dessen negative Zahlen zwischen -3,402823E38 und -1,401298E45 und dessen positive Zahlen zwischen 1,401298E45 und 3,402823E38 liegen.

Syntax

```
CSng(expression)
```

Parameter

▸ **expression** Erforderlich. Gibt den zu konvertierenden Wert an.

Rückgabewert Wert vom Typ Single.

Programmbeispiel:
```
Console.WriteLine(CSng(1.222))
```

Siehe auch CDbl, CInt, CLng, CStr, CType

CStr (Methode)

Konvertiert den übergebenen Ausdruck in einen String.
Dieser Befehl kann verwendet werden, um einen beliebigen Datentyp in einen String zu konvertieren. Am hilfreichsten sind Konvertierungen, die numerische Werte oder Datumswerte in einen String konvertieren. Beachten Sie, dass die meisten Objekte im .NET Framework die ToString-Methode besitzen, um die Ausgabe angepasster Strings, speziell zugeschnitten auf das Objekt, zur Verfügung zu stellen. In den meisten Fällen sollte die Methode ToString der CStr-Funktion vorgezogen werden.

Syntax
CStr(expression)

Parameter
▸ **expression** Erforderlich. Gibt den zu konvertierenden Wert an.

Rückgabewert Wert vom Typ String.

Programmbeispiel
```
Console.WriteLine(CStr(12))
Console.WriteLine(CStr(1 + 2))
```
Siehe auch CDbl, CInt, CLng, CSng, CType, Format

CType (Methode)

Konvertiert einen übergebenen Ausdruck in einen bestimmten Datentyp, ein Objekt, eine Struktur, eine Klasse oder ein Interface. Dieser Befehl kann verwendet werden, um einen beliebigen Datentyp in einen anderen, angegebenen Datentyp zu konvertieren.

Syntax
CType(expression, typename)

Parameter

▸ **expression** Erforderlich. Gibt den zu konvertierenden Wert an.
▸ **typename** Erforderlich. Zieltyp des konvertierten Ausdrucks. Es kann jedes Schlüsselwort verwendet werden, das auch in der As-Anweisung eines Dim-Befehls gültig ist.

Rückgabewert Der Datentyp hängt vom übergebenen Parameter typename ab.

Programmbeispiel

```
Dim myInt As Integer = 25
Dim myDouble As Double
myDouble = CType(myInt, Double)
```

Siehe auch CDbl, CInt, CLng, CSng, Format

CurDir (Methode)

Liefert den Pfad eines bestimmten Laufwerks zurück.
Wird dieser Funktion kein Parameter übergeben, liefert sie den Pfad des aktuellen Laufwerks zurück. Wird ihr ein String mit einem Laufwerksbuchstaben übergeben, gibt die Methode den Pfad des angegebenen Laufwerks zurück.

Syntax

```
CurDir[(drive)]
```

Parameter

▸ **drive** Optional. Aus einem Buchstaben bestehender String, der das gewünschte Laufwerk angibt.

Rückgabewert Wert vom Typ Object.

Programmbeispiel

```
Console.WriteLine(CurDir())
Console.WriteLine(CurDir("C"))
```

Siehe auch   ChDir, ChDrive, MkDir, RmDir

DateAdd (Methode)

Fügt einen bestimmten Wert zu der übergebenen Variablen vom Typ **Date** hinzu.

Das Format, das von DateAdd zurückgegeben wird, wird von den Einstellungen in der Windows-Systemsteuerung bestimmt. Die Zeitintervalle können aus Jahren (yyyy), Quartalen (q), Monaten (m), Tagen (y bzw. d), Wochentagen (w), Wochen (ww), Stunden (h), Minuten (m) oder Sekunden (s) bestehen.

Syntax

```
DateAdd(interval, number, dateVar)
```

Parameter

- **interval**   Erforderlich. Art des Zeitintervalls, das zu dem angegebenen Datum und der Uhrzeit hinzuaddiert wird.
- **number**   Erforderlich. Anzahl der Zeitintervalle.
- **dateVar**   Erforderlich. Wert vom Typ Date, zu dem hinzuaddiert wird.

Rückgabewert   Wert vom Typ Date.

Programmbeispiel

```
Console.WriteLine(DateAdd("m", 1, Now))
Console.WriteLine(DateAdd("ww", 2, Now))
Console.WriteLine(DateAdd("h", 5, Now))
```

Siehe auch   CDate, DateDiff, DatePart, DateSerial, DateValue, Day, Format, IsDate, Month, Now, TimeOfDay, WeekDay

DateDiff (Methode)

Bestimmt die Differenz zwischen zwei Datumswerten in den Einheiten des übergebenen Zeitintervalls.

Diese Funktion liefert die Zahl der Zeitintervalle zwischen zwei Zeitabschnitten zurück. Die Zeitintervalle können aus Jahren (yyyy), Quartalen (q), Monaten (m), Tagen (y bzw. d), Wochentagen (w), Wochen (ww), Stunden (h), Minuten (m) oder Sekunden (s) bestehen.

Syntax

```
DateDiff(interval, date1, date2
  [,firstdayofweek[, firstweekofyear]])
```

Parameter

- **interval** Erforderlich. Zeitintervall, dessen Differenz zwischen den beiden Daten errechnet werden soll.
- **date1, date2** Erforderlich. Werte vom Typ Date.
- **firstdayofweek** Optional. Gibt den ersten Tag der Woche an (1 = Sonntag [Standard], 2 = Montag usw.).
- **firstweekofyear** Optional. Gibt die erste Woche des Jahres an (1 = Jan 1 [Standard]).

Rückgabewert Wert vom Typ Object.

Programmbeispiel

```
Console.WriteLine(DateDiff("d", Now, #1/1/2000#))
```

Siehe auch CDate, DateAdd, DatePart, DateSerial, DateValue, Day, Format, IsDate, Month, Now, TimeOfDay, Today, WeekDay

DatePart (Methode)

Gibt den Teil des Datums zurück, der im übergebenen Parameter angegeben wurde.

Die Zeitintervalle können aus Jahren (yyyy), Quartalen (q), Monaten (m), Tagen (y bzw. d), Wochentagen (w), Wochen (ww), Stunden (h), Minuten (m) oder Sekunden (s) bestehen.

Syntax

```
DatePart(interval, date)
```

Parameter
- **interval** Erforderlich. Zu bestimmendes Zeitintervall des übergebenen Datums.
- **date** Erforderlich. Wert vom Typ Date, der als Basis für die Konvertierung verwendet wird.

Rückgabewert Nicht vorhanden.

Programmbeispiel

```
Console.WriteLine(DatePart("m", Now))
```

Siehe auch CDate, DateAdd, DateDiff, DateSerial, DateValue, Day, Format, IsDate, Month, Now, TimeOfDay, Today, WeekDay

DateSerial (Methode)

Gibt einen Wert vom Typ **Date** für die angegebenen Zahlen zurück. Diese Routine ermöglicht eine schnelle Erstellung eines Datums mit drei Integerwerten.

Syntax

```
DateSerial(year%, month%, day%)
```

Parameter
- **year%, month%, day%** Erforderlich. Integerwerte.

Rückgabewert Wert vom Typ Object.

Programmbeispiel

```
Console.WriteLine(DateSerial(2001,8,1))
```

Siehe auch   CDate, DateAdd, DateDiff, DatePart, DateValue, Day,
Format, IsDate, Month, Now, TimeOfDay, Today, WeekDay

DateValue (Methode)

Konvertiert einen Ausdruck in den Datentyp Date.
Diese Methode ähnelt in ihrer Funktionalität der Funktion CDate.

Syntax

```
DateValue(datestring)
```

Parameter

‣ **datestring**   Ausdruck, der ein Datum repräsentiert.

Rückgabewert   Ein Wert vom Typ Object.

Programmbeispiel

```
Console.WriteLine(DateValue("15. August, 2001"))
```

Siehe auch   CDate, DateAdd, DateDiff, DatePart, DateSerial, Day,
Format, IsDate, Month, Now, TimeOfDay, Today, WeekDay

Day (Methode)

Liefert den Wert für den Tag eines übergebenen Datums zurück.
Der von Day zurückgegebene Wert ist eine Integerzahl zwischen 1
und 31, die den Tag eines Monats repräsentiert. Diese Funktion ist im
Namensbereich Microsoft.VisualBasic zu finden. Daher kann sie
mit der kompletten Pfadnamensreferenz aufgerufen werden (d.h.
Microsoft.VisualBasic.Day(dateObject)).

Syntax

```
Day(dateObject)
```

Parameter

‣ **dateObject** Erforderlich. Datum, dessen Tag bestimmt wird.

Rückgabewert Wert vom Typ Integer.

Programmbeispiel

```
Console.WriteLine(Day(Now))
```

Siehe auch CDate, DateAdd, DateDiff, DatePart, DateSerial, DateValue, Format, IsDate, Month, Now, TimeOfDay, Today, WeekDay

DDB (Methode)

Gibt die Abschreibung eines Vermögenswertes zurück.

Die Abschreibung wird durch die Verwendung einer doppelt-degressiven Bilanzmethode bestimmt, wenn nicht ein anderer Faktor mit Verwendung des Parameters factor angegeben wird.

Syntax

```
DDB(cost, salvage, life, period [, factor])
```

Parameter

‣ **cost** Erforderlich. Wert vom Typ Double, der die Anschaffungskosten eines Vermögenswertes angibt.

‣ **salvage** Erforderlich. Wert vom Typ Double, der den Vermögenswert am Ende der Nutzungsdauer angibt.

‣ **life** Erforderlich. Wert vom Typ Double, der die Länge der Nutzungsdauer des Vermögenswertes angibt.

‣ **period** Erforderlich. Wert vom Typ Double, der den Zeitraum angibt, für den die Abschreibung des Vermögenswertes berechnet wird.

‣ **factor** Optional. Wert vom Typ Double, der den Faktor angibt, um den der Wert vermindert wird (Standardwert = 2).

Rückgabewert Wert vom Typ Double.

Programmbeispiel

```
Console.WriteLine(DDB(10000,500,24,12))
```

Siehe auch FV, IPmt, MIRR, NPer, NPV, Pmt, PPmt, PV, Rate, SLN, SYD

Declare (Anweisung)

Erstellt eine Referenz für eine Prozedur oder Funktion in einer externen DLL.

Diese Anweisung kann verwendet werden, um eine externe Routine in einer Dynamic-Link-Library-Datei (verwendet die DLL-Dateierweiterung) verfügbar zu machen. Der Parameter Libname gibt den Namen der DLL an, die aufgerufen wird. Die DLL-Dateierweiterung ist optional und wird automatisch angefügt, falls sie fehlt. Beim Prozedurnamen wird auf Groß- und Kleinschreibung geachtet, um sicherzustellen, dass der in der Deklaration verwendete Name genau stimmt. Zu Visual Basic gehört die Anwendung »API Viewer«, die die VB-Deklarationen für alle Win32-API-Aufrufe enthält.

Syntax

```
Declare Sub Procname Lib Libname
  [Alias aliasname][(arglist)]
Declare Function procname [Lib Libname]
  [Alias aliasname] [(arg-List)]
  [As Type]
```

Parameter

▸ **Procname** Erforderlich. Name muss unter Beachtung der Groß- und Kleinschreibung mit dem Funktionsnamen übereinstimmen, wenn dieser nicht im Parameter aliasname angegeben wurde.

- ‣ **Libname**   Name der Bibliothek, die die Prozedur oder Funktion beinhaltet.
- ‣ **aliasname**   Name oder Ordnungszahl der angegebenen Routine.
- ‣ **argList**   Beliebige Parameter mit ihren Datentypen, die an die Prozedur übergeben werden.

Rückgabewert   Nicht vorhanden.

Programmbeispiel

```
Declare Function GetVersion Lib "kernel32" () As Long
```

Siehe auch   Call

Delegate...End Delegate (Anweisung)

Deklariert einen neuen Delegaten und kapselt die zugehörigen Eigenschaften, Methoden, Ereignisse und Felder.

Dieser Befehl ermöglicht die Deklaration eines Delegaten, der die Membertypen enthält, die den von ihm abgeleiteten Subklassen dann zur Verfügung stehen. Ein Delegat kann als Public, Private, Protected (nur sichtbar in der eigenen Klasse oder in abgeleiteten Klassen), Friend (nur sichtbar für Entitäten, die mit dem Modifier Friend deklariert wurden) oder Protected Friend deklariert werden. Der Modifier Shadows kann verwendet werden, um eine gleichnamige Klasse in der Basisklasse von dem Delegaten verschatten zu lassen.

Syntax

```
[<attrlist>]
[Public | Private | Protected | Friend | Protected Friend]
[Shadows]
Delegate [Sub | Function] name[([arglist])] [As Type]
```

Parameter

‣ **name** Erforderlich. Ein gültiger Delegatenname.

Rückgabewert Nicht vorhanden.

Programmbeispiel

`Delegate Function` myFunction() **As Integer**

Siehe auch Call, End, Exit, Function...End Function, Sub...End Sub

DeleteSetting (Methode)

Löscht eine Schlüsseleinstellung aus den Anwendungseinträgen in der Windows-Registrierung.

Löscht einen einzelnen Schlüssel oder sämtliche in einem Abschnitt der Windows-Registrierung enthaltene Schlüssel. Sollten Sie versuchen, einen Schlüssel oder einen Abschnitt zu löschen, der nicht existiert, wird ein Fehler ausgelöst.

Syntax

DeleteSetting AppName, Section[,Key]

Parameter

‣ **AppName** Erforderlich. Name der Anwendung in der Registrierung, auf die sich der Schlüssel bezieht.
‣ **Section** Erforderlich. Name des Abschnittes innerhalb des Applikationsbereiches, der den Schlüssel enthält. Wird kein Schlüssel übergeben, werden alle Schlüssel in diesem Abschnitt gelöscht.
‣ **Key** Optional. Name des zu löschenden Schlüssels.

Rückgabewert Nicht vorhanden.

Programmbeispiel

DeleteSetting("myApp", "Prefs")

Siehe auch GetAllSettings, GetSetting, SaveSetting

Dim (Anweisung)

Deklariert eine Variable.

Diese Anweisung deklariert eine Variable und kann den Datentyp der Variablen entweder mit dem Schlüsselwort As oder mit Variablenanhängen (wie z.B. $, % usw.) bestimmen. Dieser Befehl kann nicht im Direktfenster verwendet werden.

Syntax

```
[<attrlist>]
[Public | Protected | Friend | Protected Friend
  | Private |Static] [Shared] [Shadows] [ReadOnly]
Dim [WithEvents] name [(boundlist)]
  [As [ New ] type ] [ = initexpr]
```

Parameter

▸ **name**   Zugelassene Namen enthalten alpha-numerische Zeichen und Standardsymbole (wie z.B. der Unterstrich), aber keine Leerzeichen.

▸ **type**   Erforderlich, wenn das Schlüsselwort As verwendet wird. Kann mit Objektdatentypen oder mit primitiven Datentypen, wie z.B. Boolean, Byte, Char, Date, Decimal, Double, Integer, Long, Object, Short, Single oder String, belegt werden.

Rückgabewert   Nicht vorhanden.

Programmbeispiel

```
Dim iCounter As Integer
Dim myStr As String
Dim myShortIntArray() As Int16
```

Siehe auch   Const, Private, Public, ReDim, Static, Structure...EndStructure, VarType

Dir (Methode)

Gibt den Namen einer Datei oder eines Pfades zurück, der mit dem im Parameter übergebenen Muster übereinstimmt.

Der erste Aufruf dieser Funktion muss das verlangte Muster enthalten. Wenn im nächsten Aufruf der Parameter für das Muster fehlt, wird die nächste Datei oder der nächste Pfad zurückgegeben, der dem Originalmuster entspricht. Stimmt keine Datei und kein Pfad mit dem Muster überein, wird ein leerer String zurückgeliefert.

Syntax

Initialer Aufruf der Funktion Dir für ein Muster:

Dir(pattern[,attributes])

Erfolgreicher Aufruf für dasselbe Muster:

Dir

Parameter

- **pattern** Ein beliebiger Pfad- oder Dateiname. Darf Platzhalter enthalten.
- **attributes** Optional. Mögliche Werte sind: vbNormal, vbReadOnly, vbHidden, vbSystem, vbVolume, vbDirectory, vbArchive und vbAlias.

Rückgabewert Wert vom Typ String.

Programmbeispiel

```
Console.WriteLine(Dir("C: \WINNT\Win.INI"))
Console.WriteLine(Dir("C: \WINNT\*.INI"))
```

Siehe auch ChDir, ChDrive, CurDir

Do...Loop (Anweisung)

Durchläuft eine Schleife, bis die geforderte Bedingung erfüllt ist. Die Schleife Do..Loop wird fortgesetzt, solange eine Bedingung wahr ist (While) oder bis diese wahr ist (Until).

Syntax

Abfrage einer Bedingung am Anfang einer Schleife:

```
Do [While | Until condition]
  [statements] [Exit Do] [statements]
Loop
```

Abfrage der Bedingung am Ende der Schleife:

```
Do
  [statements] [Exit Do] [statements]
Loop [While | Until condition]
```

Parameter

‣ condition Erforderlich. Boolesche Bedingung, die mit True oder False bewertet werden kann.

Rückgabewert Nicht vorhanden.

Programmbeispiel

```
Dim i As Integer = 0
Do While i < 5
  Console.WriteLine(i)
  i += 1
Loop
i = 0
Do Until i > 5
  Console.WriteLine(i)
  i = i + 1
Loop
```

Siehe auch Exit, For...Next, While...End While

DoEvents (Methode)

Übergibt die Ausführungskontrolle, damit das System Ereignisse verarbeiten kann.

Eine Schleife, die eine große Anzahl von Operationen durchführt, stellt wenig Verarbeitungsressourcen für Aufgaben des restlichen Systems zur Verfügung, wie z.B. Bildschirmaktualisierungen. Dieser Befehl übergibt die Ausführungskontrolle, damit das System andere Aufgaben verarbeiten kann. Diese Methode finden Sie nun im Namensbereich `System.Windows.Forms.Application`.

Syntax

`DoEvents()`

Parameter

Nicht vorhanden.

Rückgabewert   Nicht vorhanden.

Programmbeispiel

`DoEvents()`

Siehe auch   End, Stop

End (Anweisung)

Beendet die Ausführung oder schließt eine Funktionsdefinition ab. Bei Gliederungen kann es auch eine **Select**-Anweisung, eine Subroutinen- oder Strukturdefinition abschließen.

Der Befehl End wird verwendet, um entweder die aktuelle Programmausführung zu beenden oder eine Definition abzuschließen. Ausschließlich die Anweisung End If fügt automatisch bei ihrer Eingabe den benötigten Leerraum ein (automatische Konvertierung von endif zu End If).

Syntax

End [Function | If | Select | Sub | Type]

Parameter

Nicht vorhanden.

Rückgabewert   Nicht vorhanden.

Programmbeispiel

```
If 1 > 0 Then
  End
End If
```

Siehe auch   Function...End Function, If...Then...ElseIf...EndIf, Select Case, Stop, Structure...End Structure, Sub... End Sub

Enum (Anweisung)

Wird verwendet, um eine Enumerationsgruppe von Konstanten zu erstellen.

Wie mit den Befehlen Structure...End Structure kann man mit der Enumeration eine zusammenhängende Gruppe von Variablen erzeugen. Variablen und Parameter können mit dem Typ Enum deklariert werden, obwohl schon zugewiesene Werte zur Laufzeit nicht verändert werden können.

Syntax

```
[<attrlist>]
[Public | Protected | Friend | Protected Friend | Private]
[Shadows]
Enum name [As Type]
  constName1 = val1
  constName2 = val2
End Enum
```

Parameter

‣ **name** Erforderlich. Name der Enumerationsgruppe.
‣ **constName1, constName2** Optional. Beliebige Anzahl von Konstantennamen.
‣ **val1, val2** Optional. Werte, die den aufgezählten Konstanten zugewiesen werden.

Rückgabewert Nicht vorhanden.

Programmbeispiel

```
Enum myPrintingPrefs
  Portrait = 0
  Landscape = 1
End Enum
```

Siehe auch Const

Environ (Methode)

Liefert Informationen über die aktuelle Umgebung zurück.

Das Betriebssystem speichert eine große Menge an Informationen, die über diese Funktion verfügbar gemacht werden. Diese Variablen enthalten Informationen z.B. über die Path-Anweisung, die Prompt-Information, das Temp-Verzeichnis usw. Jeder zurückgegebene String beginnt mit einer Umgebungsvariablen, gefolgt von einem Gleichheitszeichen und der aktuellen Einstellung.

Syntax

Environ(entry-name | entry-position)

Parameter

‣ **entry-name** Name der abgefragten Umgebungsvariablen.
‣ **entry-position** Index der Umgebungsvariablen.

Rückgabewert Wert vom Typ String.

Programmbeispiel

```
Console.WriteLine(Environ("path"))
Console.WriteLine(Environ(1))
Console.WriteLine(Environ(2))
Console.WriteLine(Environ(3))
```

Siehe auch   Command

EOF (Methode)

Gibt zurück, ob das Ende schon erreicht wurde oder nicht.
Diese Funktion kann effektiv mit einer Do...Loop-Schleife genutzt
werden, um eine Datei abzuarbeiten. Damit das Programmbeispiel
richtig funktioniert, wird eine Textdatei »Test.txt« im Verzeichnis C:
benötigt. Sie können den Datei- und Pfadnamen auch verändern,
um eine andere Datei zu verwenden.

Syntax

```
EOF(filenumber)
```

Parameter
> **filenumber**   Die aktuelle Dateinummer, die vergeben wird, wenn
> man die Datei öffnet.

Rückgabewert   Ein Wert vom Typ Boolean.

Programmbeispiel

```
FileOpen(1, "C:\test.txt", OpenMode.Output)
Print(1, "Test, ob die Datei vorhanden ist.")
Console.WriteLine(EOF(1))
FileClose(1)
```

Siehe auch   FileClose, FileGet, FileOpen, Input, LineInput, Loc, LOF

Erase (Methode)

Löscht die aktuellen Inhalte eines Arrays.
Diese Funktion löscht den Speicher eines Arrays und gibt diesen danach wieder frei. Jedem gelöschten Arrayelement wird eine Referenz auf Nothing zugewiesen.

Syntax
```
Erase arrayname [, arrayname]
```

Parameter
▸ **arrayname** Erforderlich. Der Name des Arrays, dessen Inhalt gelöscht werden soll.

Rückgabewert Nicht vorhanden.

Programmbeispiel
```
Dim myArray() As Integer = {1, 5, 7, 9}
Console.WriteLine(myArray(2))
Erase myArray
Console.WriteLine(myArray(2))
```

Siehe auch {...}, Dim, ReDim

Err-Objekt

Beinhaltet die kompletten Informationen über einen aufgetretenen Fehler.
Die Methode Clear löscht den aktuellen Fehler, während die Eigenschaften Description und Number den Fehler selbst beschreiben. Das Err-Objekt wird hauptsächlich in Verbindung mit einer On Error-Routine innerhalb einer Prozedur oder Funktion verwendet.

Syntax
```
Err.Raise errornum
```

Parameter

‣ **errornum** Erforderlich. Integerwert, der den zu generierenden Fehlercode repräsentiert.

Rückgabewert Nicht vorhanden.

Programmbeispiel

```
Err.Clear()
Err.Raise(6)
```

Siehe auch Error, On Error…,Resume

Error (Methode)

Generiert einen Fehler des angegebenen Typs im System.
Diese Anweisung bewirkt im Visual-Basic-System, dass ein Fehler vom angegebenen Typ entgegengenommen wird.

Syntax

```
Error errorcode
```

Parameter

‣ **errorcode** Erforderlich. Integerwert, der die Fehlernummer angibt.

Rückgabewert Nicht vorhanden.

Programmbeispiel

```
Error 6
```

Siehe auch Err-Objekt, On Error…, Resume

ErrorToString (Methode)

Gibt die Fehlermeldung des angegebenen Typs anhand der Fehlernummer zurück.
Dieser Anweisung kann eine gültige Fehlernummer übergeben wer-

den, woraufhin der Text der Eigenschaft Description der Fehlernummer zurückgeliefert wird.

Syntax
```
ErrorToString(errorcode)
```

Parameter
‣ **errorcode**   Erforderlich. Integerwert, der die Fehlernummer angibt.

Rückgabewert   Wert vom Typ String.

Programmbeispiel
```
Console.WriteLine(ErrorToString(6))
```

Siehe auch   Err-Objekt, Error, On Error..., Resume

Event (Anweisung)

Erzeugt ein benutzerdefiniertes Ereignis.

Wenn Sie ein Ereignis erstellt haben, können Sie mit dem Befehl
RaiseEvent das Ereignis erzeugen, um die Routine auszuführen. Dieser Befehl ist nicht in VBA oder VBScript verfügbar, sondern nur in
der vollständigen Visual-Basic-Entwicklungsumgebung.

Syntax
```
[<attrlist>]
[Public | Private | Protected | Friend | Protected Friend]
[Shadows]
Event eventname [(arglist)]
  [Implements interfacename.interfaceeventname]
```

Parameter
‣ **eventname**   Erforderlich. Ein beliebiger zugelassener Ereignis-
name.
‣ **arglist**   Optional. Beliebige Argumente, die dem Ereignis übergeben werden.

Rückgabewert Nicht vorhanden.

Programmbeispiel

`Event` IDConfirmed(UserName `As String`)

Siehe auch Class...End Class, Function...End Function, Sub...End Sub

Exit (Anweisung)

Beendet den aktuellen Vorgang, noch bevor alle Bedingungen erfüllt wurden.

Sie können die `Exit Do`-Anweisung verwenden, um eine `Do...Loop`-Schleife zu verlassen, bevor die Abbruchbedingung erfüllt wurde. Dies ist auch mit `For..Next`-Schleifen, Subroutinen oder Funktionen möglich.

Syntax

```
Exit Do
Exit For
Exit Sub
Exit Function
```

Parameter

Nicht vorhanden.

Rückgabewert Nicht vorhanden.

Programmbeispiel

```
Dim i As Integer
For i = 0 To 5
  If i = 2 Then Exit For
  Console.WriteLine(i)

Next
```

Siehe auch Do...Loop, For...Next, Function...End Function, Sub...End Sub

Exp (Methode)

Gibt die angegebene Potenz der Basis (e) des natürlichen Logarithmus zurück.

Die Funktion (auch als Antilogarithmus bekannt) liefert einen Wert vom Typ Double basierend auf den Ergebnissen des übergebenen Exponenten. Die Konstante e beträgt ungefähr 2,718282. Diese Funktion befindet sich im Namensbereich System.Math.

Syntax

Exp(power)

Parameter

▸ **power** Erforderlich. Wert vom Typ Double, der als Exponent verwendet wird.

Rückgabewert Wert vom Typ Double.

Programmbeispiel

```
Console.WriteLine(System.Math.Exp(1))
Console.WriteLine(System.Math.Exp(20))
```

Siehe auch Log, Sign

False (Konstante)

Logisches False.

Diese Konstante kann in den meisten Ausdrücken, bitweisen Operationen und Vergleichen verwendet werden.

Syntax

False

Parameter

Nicht vorhanden.

Rückgabewert Nicht vorhanden.

Programmbeispiel
```
Console.WriteLine((2=2) = False)
```
Siehe auch And, Or, True, XOR

FileAttr (Methode)

Liefert den Modus (Input, Output etc.) der angegebenen geöffneten Datei an.

Diese Funktion kann verwendet werden, um die aktuellen Attribute einer geöffneten Datei zu bestimmen. Gültige OpenMode-Werte sind Input, Output, Random, Append oder Binary.

Syntax
```
FileAttr(filenumber)
```

Parameter
▸ **filenumber** Erforderlich. Beliebige gültige ID für die Dateinummer.

Rückgabewert Wert vom Typ OpenMode.

Programmbeispiel
```
Dim myMode As OpenMode
FileOpen(1, "C:\test.txt", OpenAccess.Write)
Print(1, "Hallo", SPC(20), "Hallo2")
myMode = FileAttr(1)
Console.WriteLine("Aktueller Dateimodus: " & _
  myMode.ToString())
FileClose(1)
```

Siehe auch FileClose, FileOpen, Input, Print, PrintLine

FileClose (Methode)

Schließt alle geöffneten Dateien oder die Datei, die per Dateinummer angegeben wurde.

Wenn Sie die Dateinummer weglassen und den Befehl Close ausführen, werden alle geöffneten Dateien geschlossen.

Syntax

```
FileClose((ParamArray FileNumbers() As Integer))
```

Parameter

‣ **FileNumbers()** Ein Integerwert oder ein Array von Integerwerten, das die aktuellen Dateinummern angibt.

Rückgabewert Nicht vorhanden.

Programmbeispiel

```
FileOpen(1, "D:\test.txt", OpenAccess.Write)
Print(1, "Hallo", SPC(20), "Hallo2")
FileClose(1)
```

Siehe auch FileOpen, Input, Print, PrintLine, Reset

FileCopy (Methode)

Kopiert eine Datei von ihrer aktuellen Position zu einer Zielposition.

Diese Routine funktioniert wie der Datei-Kopieren-Aufruf des Betriebssystems. Sie erstellt ein Duplikat von der in dem Parameter source angegebenen Datei (mit Pfad), die in die im Zielstring destination beschriebene Datei (mit Pfad) kopiert wird.

Syntax

```
FileCopy(source, destination)
```

Parameter

‣ **source, destination** Erforderlich. Strings, die Pfade und Dateinamen enthalten.

Rückgabewert Nicht vorhanden.

Programmbeispiel

```
FileCopy("C:\test.txt", "C:\testcopy.txt")
```

Siehe auch ChDir, ChDrive, CurDir, FileClose, FileOpen, Kill, MkDir, RmDir

FileDateTime (Methode)

Gibt Datum und Uhrzeit zurück, wann die angegebene Datei zuletzt geändert wurde.

Durch Übergeben eines gültigen Dateinamens und eines Pfades einer beliebigen zugreifbaren Datei wird das Datum zurückgeliefert, an dem die Datei zuletzt geändert wurde.

Syntax

```
FileDateTime(filename)
```

Parameter

‣ filename Erforderlich. Beliebiger gültiger Pfad und Dateiname.

Rückgabewert Wert vom Typ Object (Date).

Programmbeispiel

```
Console.WriteLine(FileDateTime("C:\test.txt"))
```

Siehe auch ChDir, ChDrive, CurDir, FileClose, FileLen, FileOpen, GetAttr, Kill, RmDir

FileGet (Methode)

Ruft Informationen aus einer geöffneten Datei ab und schreibt diese in eine Variable.

Der Befehl FileGet liest Daten aus, die üblicherweise von einer FilePut-Anweisung in die Datei geschrieben werden. Dabei werden alle Datentypen unterstützt. Das Programmbeispiel benötigt eine

Datei »Test.txt« im Stammverzeichnis C:, die mindestens acht Zeichen zum Lesen enthält.

Syntax
```
FileGet(FileNumber As Integer, Value
  [,RecordNumber As Integer] )
```

Parameter
- **FileNumber**   Erforderlich. Beliebige Nummer einer geöffneten Datei.
- **RecordNumber**   Optional. Gibt die Datensatznummer einer Datei im Random-Modus oder eine Bytenummer einer Datei im Binary-Modus an, in der der Lesevorgang beginnen soll.
- **Value**   Erforderlich. Eine gültige Variable, deren Inhalte aus der Datei ausgelesen werden. Unterstützte Datentypen sind Object, Short, Integer, Single, Double, Decimal, Byte, Boolean, String, Data und Array.

Rückgabewert   Nicht vorhanden.

Programmbeispiel
```
Dim myStr As New String("", 8)
FileOpen(1, "C:\test.txt", OpenMode.Binary)
FileGet(1, myStr)
FileClose(1)
```

Siehe auch   FileClose, FileOpen, FilePut, LOF, Structure

FileLen (Methode)

Liefert die Länge einer bestimmten Datei in Byte zurück.
Diese Routine bestimmt die Länge einer beliebigen Datei, die dem System zur Verfügung steht. Die Datei braucht nicht mit einem der Zugriffsbefehle geöffnet zu werden, um die Länge zu erhalten.

Syntax

FileLen(filename)

Parameter

‣ **filename** Erforderlich. Ein beliebiger gültiger Pfad und Dateiname.

Rückgabewert Wert vom Typ Long.

Programmbeispiel

Console.WriteLine(FileLen("C:\test.txt"))

Siehe auch ChDir, ChDrive, CurDir, FileClose, FileDateTime, FileOpen, GetAttr, Kill, MkDir, RmDir

FileOpen (Methode)

Öffnet eine Datei zum Lesen und Schreiben.

Dieser Befehl wird verwendet, um eine Datei mit bestimmten Zugangsoptionen zu öffnen. Es können Dateien der Typen Sequential, Binary oder Random geöffnet werden. Diese Funktion ersetzt die Open-Anweisung aus früheren Versionen von VB.

Syntax

FileOpen(FileNumber **As Integer**, FileName **As String**,
  Mode **As** OpenMode [,Access **As** OpenAccess [,Share
  As OpenShare [,RecordLength **As Integer**]]])

Parameter

‣ **FileNumber** Erforderlich. Eine gültige Dateinummer (zwischen 1 und 511), ähnlich den Nummern, die von der Funktion FreeFile zurückgegeben werden.

‣ **Filename** Erforderlich. Beliebiger gültiger Pfad und Dateiname.

‣ **Mode** Erforderlich. Kann die Werte Input, Output, Binary, Append und Random annehmen.
‣ **Access** Kann die Werte Read, Write oder Read Write annehmen.
‣ **Share** Kann die Werte Shared, Lock Read, Lock Write oder Lock Read Write annehmen.
‣ **RecordLength** Anzahl der Zeichen, die gepuffert werden (Sequential), oder Datensatzlänge (Random) kleiner gleich 32,767.

Rückgabewert Nicht vorhanden.

Programmbeispiel
```
FileOpen(1, "C:\test.txt", OpenAccess.Write)
Print(1, "Hallo", SPC(20), "Hallo2")
FileClose(1)
```

Siehe auch FileClose, FileGet, FilePut, FreeFile, Input, Write, WriteLine

FilePut (Methode)

Schreibt eine Variable in die aktuelle Datei.
Der Befehl FilePut funktioniert ganz ähnlich wie die Befehle Print oder PrintLine bis auf die Tatsache, dass diese Funktion den Inhalt einer einzelnen Variablen ausgibt und keine automatische Formatierung dieser Ausgabe vornimmt. FilePut ersetzt den Put-Befehl, der in früheren Versionen von Visual Basic vorhanden war.

Syntax
```
FilePut(FileNumber As Integer, Value
  [,RecordNumber As Integer])
```

Parameter
‣ **FileNumber** Erforderlich. Beliebige gültige Dateinummer.

- **RecordNumber** Optional. Gibt die Datensatznummer in einer Datei im Random-Modus an oder eine Bytenummer in einer Datei im Binary-Modus, in der der Schreibvorgang ausgeführt werden soll.
- **Value** Erforderlich. Eine gültige Variable, deren Inhalt in die Datei geschrieben wird. Unterstützte Datentypen sind Object, Short, Integer, Single, Double, Decimal, Byte, Boolean, String, Date und Array.

Rückgabewert Nicht vorhanden.

Programmbeispiel

```
Dim myStr As String = "Hallo Welt!"
FileOpen(1, "C:\test.txt", OpenMode.Binary)
FilePut(1, myStr)
FileClose(1)
```

Siehe auch FileClose, FileGet, FileOpen, LOF, Structure

FileWidth (Methode)

Legt die Breite für die Ausgabezeile einer Datei fest.
Um eine Formatierung auf eine Datei zu übertragen, kann man mit der FileWidth-Anweisung die Breite (zwischen 0 und 255) für den zu formatierenden Text, die Tabulatoren und die Leerräume festlegen. Wird die Breite auf 0 gesetzt (Standard), gibt es keine festgelegte Zeilenbreite.

Syntax

FileWidth(Filenumber, RecordWidth)

Parameter

- **FileNumber** Erforderlich. Beliebige gültige Dateinummer.
- **RecordWidth** Erforderlich. Beliebige Breite zwischen 0 und 255.

Rückgabewert Nicht vorhanden.

Programmbeispiel
```
FileOpen(1, "C:\test.txt", OpenMode.Output)
FileWidth(1,20)
Print(1, "Hallo", Spc(15), "Hallo2")
FileClose(1)
```

Siehe auch   FileClose, FileGet, FileOpen, FilePut

Filter (Methode)

Filtert ein aktuelles Array und gibt ein neues Array mit Elementen zurück, die den Filterkriterien entsprechen.
Diese Funktion verwendet bestimmte, ihr übergebene Kriterien, um ein Array zu filtern. Das neue Array, das erstellt und zurückgeliefert wird, enthält dann nur die Daten, die den Filterspezifikationen gerecht werden.

Syntax
```
Filter(Source() As Object | String, Match As String
  [,Include As Boolean [,Compare As CompareMethod]])
```

Parameter
▸ **Source**   Erforderlich. Ein Array mit Quellstrings.
▸ **Match**   Erforderlich. String, der als Suchstring verwendet wird.
▸ **Include**   Optional. Boolescher Wert, der bestimmt, ob die Strings zurückgegeben werden, die die gesuchte Zeichenfolge enthalten. Ist der Wert True (Standard), muss der String dem vorgegebenen Muster entsprechen.
▸ **Compare**   Optional. Art des Vergleichs, der ausgeführt werden soll. Gültige Werte sind CompareMethod.Binary oder CompareMethod.Text. Standardwert ist CompareMethod.Binary.

Rückgabewert   Ein Stringarray.

Programmbeispiel

```
Dim a() As String = {"Müller", "Schmidt", _
  "Becker", "Schneider"}
Dim b() = Filter(a, "Schmidt")
Console.WriteLine(b(0))
```

Siehe auch   {...}, Join, Split

Fix (Methode)

Liefert die Integerzahl des übergebenen Wertes zurück.

Diese Funktion funktioniert ähnlich wie die Funktion Int(), bis auf den Umgang mit den negativen Zahlen. Fix liefert die erste negative Zahl zurück, die entweder größer oder gleich dem übergebenen Wert ist. Int() gibt die erste negative Zahl zurück, die kleiner oder gleich diesem Wert ist. Fix(-1.4) würde den Wert -1 zurückliefern, während Int(-1.4) den Wert -2 zurückgibt.

Syntax

Fix(numericExpression)

Parameter

‣ numericExpression   Erforderlich. Ein beliebiger gültiger Zahlenausdruck.

Rückgabewert   Wert vom Typ Integer.

Programmbeispiel

```
Console.WriteLine(Fix(1.4))
Console.WriteLine(Fix(-1.4))
```

Siehe auch   CInt, Int, Round

For Each...Next (Anweisung)

Durchläuft ein Elementen-Array oder eine vollständige Kollektion von Objekten.

Die Struktur `For Each...Next` durchwandert alle vorhandenen Elemente, auch wenn diese nicht in numerischer Reihenfolge vorliegen. In einer Kollektion von Objekten wird die Variable »element« so gesetzt, dass sie das aktuelle Objekt referenziert.

Syntax

For Each element **In** group [statements] **Next** [element]

Parameter

- **element**   Erforderlich. Variable, die die aktuelle Referenz auf das ausgewählte Objekt oder Arrayelement enthält.
- **group**   Referenz auf ein Array oder eine Kollektion.

Rückgabewert   Nicht vorhanden.

Programmbeispiel

```
Dim myArray() As Integer = {5,8,10,98}
Dim myItem As Integer
For Each myItem In myArray
  Console.WriteLine(myItem)
Next
```

Siehe auch   CreateObject, Do...Loop, Exit, For...Next, GetObject, While...EndWhile

Format (Methode)

Gibt einen **String** zurück, der auf verschiedene Arten formatiert wurde, z.B. mit einem **String**-Format, Datums-, Zeit- oder Währungsformaten oder anderen Formattypen.

Der Befehl `Format` ist einer der mächtigsten Befehle, um einfach und schnell Ausgaben in einem gewünschten Format zu generieren. Verwenden Sie das #-Zeichen innerhalb des Parameters Style, um einen Platzhalter anzugeben.

Syntax

```
Format (Expression As Object [,Style [,DayOfWeek
  [,WeekOfYear]]])
```

Parameter

‣ **Expression** Erforderlich. Gültiger Ausdruck, der Datumswerte enthält.

‣ **Style** Optional. Stringmuster, das für die Ausgabe benötigt wird. Standardwert ist » «.

‣ **DayOfWeek** Konstante vom Datentyp Microsoft.Visual-Basic.FirstDayOfWeek, die den ersten Tag der Woche angibt.

‣ **WeekOfYear** Konstante vom Datentyp Microsoft.Visual-Basic.WeekOfYear, die die erste Woche des Jahres angibt.

Rückgabewert Wert vom Typ String.

Programmbeispiel

```
Console.WriteLine(Format(Now, "hh:mm:ss AMPM"))
Console.WriteLine(Format(Now, "h:m:s"))
Console.WriteLine(Format(Now, "MMM d yyyy"))
Console.WriteLine(Format(2534.64, "##,##0"))
Console.WriteLine(Format(2534.64, "##,##0.00"))
Console.WriteLine(Format(2534.64, "##,###.##"))
Console.WriteLine(Format(-2534.64, _
  "$##,##0.00;($##,##0.00)"))
```

Siehe auch &, &=, CDate, CStr, DateSerial, DateValue, FormatCurrency, FormatDateTime, FormatNumber, FormatPercent, Now, Str, TimeSerial, Val

FormatCurrency (Methode)

Liefert einen String zurück, der mit einem angegebenen Währungsformat formatiert wurde.

FormatCurrency ist ein spezieller Formatierungsbefehl, um einfach und schnell Ausgaben in einem bestimmten Währungsformat zu erstellen. Die Zeichenkonventionen des Standardbefehls Format treffen auch auf diesen Befehl zu. Zur Formatierung wird das in der Systemsteuerung angegebene Währungssymbol verwendet.

Syntax

```
FormatCurrency(Expression As Object
  [,NumDigitsAfterDecimal [,IncludeLeadingDigit
  [,UseParensForNegativeNumbers [,GroupDigits]]]])
```

Parameter

‣ **Expression**   Erforderlich. Der zu formatierende Wert.

‣ **NumDigitsAfterDecimal**   Optional. Anzahl der Dezimalstellen, die auf der rechten Seite des Dezimaltrennzeichens angezeigt werden. Bleibt dieser Parameter leer, zeigt -1 an, dass die Standardanzahl verwendet wird.

‣ **IncludeLeadingDigit**   Optional. Tristate-Wert, der angibt, ob eine führende Null bei Dezimalzahlen angezeigt wird.

‣ **UseParensForNegativeNumbers**   Optional. Tristate-Wert, der angibt, ob bei negativen Werten Klammern angezeigt werden.

‣ **GroupDigits**   Optional. Tristate-Wert, der angibt, ob die Stellen der Zahl mit Hilfe des in den Ländereinstellungen des Computers angegebenen Gruppentrennzeichens in Gruppen unterteilt werden.

Rückgabewert   Wert vom Typ String.

Programmbeispiel

```
Console.WriteLine(FormatCurrency(123.1232))
```

Siehe auch Format, FormatDateTime, FormatNumber, FormatPercent

FormatDateTime (Methode)

Liefert einen **String** zurück, der in einem angegebenen Datums- und Uhrzeitformat formatiert wurde.

Diese Anweisung stellt einen neuen, spezialisierten Formatierungsbefehl dar, um einfach und schnell eine Ausgabe in einem Datums- und Zeitformat zu generieren. Die Zeichenkonventionen des Standardbefehls Format treffen auch auf diesen Befehl zu.

Syntax

```
FormatDateTime(Expression As DateTime [,NamedFormat])
```

Parameter

‣ **Expression** Erforderlich.
‣ **NamedFormat** Optional. Dieser Parameter bestimmt den Formattyp beruhend auf einer von fünf DateFormat-Konstanten: GeneralDate, LongDate, ShortDate, LongTime oder ShortTime. Der Standardwert ist DateFormat.GeneralDate.

Rückgabewert Wert vom Typ String.

Programmbeispiel

```
Console.WriteLine(FormatDateTime(Now, 0))
Console.WriteLine(FormatDateTime(Now, _
  DateFormat.LongDate))
```

Siehe auch Format, FormatCurrency, FormatNumber, FormatPercent

FormatNumber (Methode)

Liefert einen **String** zurück, der in einem angegebenen numerischen Format formatiert wurde.

Diese Anweisung stellt einen neuen, spezialisierten Formatierungsbefehl zur einfachen und schnellen Generierung einer Ausgabe in einem numerischen Format dar. Die Zeichenkonventionen des Standardbefehls Format treffen auch auf diesen Befehl zu.

Syntax

```
FormatNumber(Expression As Object
  [,NumDigitAfterDecimal [,IncludeLeadingDigit
  [,UseParensForNegativeNumbers [,GroupDigits]]]])
```

Parameter

- **Expression**   Erforderlich. Der zu formatierende Wert.
- **NumDigitsAfterDecimal**   Optional. Anzahl der Dezimalstellen, die auf der rechten Seite des Dezimaltrennzeichens angezeigt werden. Bleibt dieser Parameter leer, zeigt -1 an, dass die Standardanzahl verwendet wird.
- **IncludeLeadingDigit**   Optional. Tristate-Wert, der angibt, ob eine führende Null bei Dezimalzahlen angezeigt wird.
- **UseParensForNegativeNumbers**   Optional. Tristate-Wert, der angibt, ob bei negativen Werten Klammern angezeigt werden.
- **GroupDigits**   Optional. Tristate-Wert, der angibt, ob die Stellen der Zahl mit Hilfe des in den Ländereinstellungen des Computers angegebenen Gruppentrennzeichens in Gruppen unterteilt werden.

Rückgabewert   Wert vom Typ String.

Programmbeispiel

```
Console.WriteLine(FormatNumber(129.222,1))
```

Siehe auch   Format, FormatCurrency, FormatDateTime, FormatPercent

FormatPercent (Methode)

Gibt einen `String` zurück, der in einem angegebenen Prozentformat formatiert wurde.

Diese Anweisung stellt einen neuen, spezialisierten Formatierungsbefehl zur Verfügung, um einfach und schnell eine Ausgabe in einem Prozentformat zu generieren. Die Zeichenkonventionen des Standardbefehls `Format` treffen auch auf diesen Befehl zu. Die formatierte, zurückgegebene Prozentzahl entsteht durch Multiplikation des übergebenen Wertes mit 100 (z.B. 0.987 = 98.7 %).

Syntax

```
FormatPercent(numericExpression
  [,numDecimalPlaces [,includeLeadDigit
  [,useParensforNegs [,groupDigits]]]])
```

Parameter

- **numericExpression**   Erforderlich. Der zu formatierende Wert.
- **numDecimalPlaces**   Optional. Anzahl der Dezimalstellen, die auf der rechten Seite des Dezimaltrennzeichens angezeigt werden. Bleibt dieser Parameter leer, zeigt -1 an, dass die Standardanzahl verwendet wird.
- **includeLeadDigit**   Optional. Tristate-Wert, der angibt, ob eine führende Null bei Dezimalzahlen angezeigt wird.
- **useParensForNegs**   Optional. Tristate-Wert, der angibt, ob bei negativen Werten Klammern angezeigt werden.
- **groupDigits**   Optional. Tristate-Wert, der angibt, ob die Stellen der Zahl mit Hilfe des in den Ländereinstellungen des Computers angegebenen Gruppentrennzeichens in Gruppen unterteilt werden.

Rückgabewert   Wert vom Typ `String`.

Programmbeispiel

```
Console.WriteLire(FormatPercent(123.456,2))
```

Siehe auch   Format, FormatCurrency, FormatDateTime, FormatNumber

FreeFile (Methode)

Gibt die nächste, gültige Dateinummer zurück.

Diese Funktion liefert die nächste verfügbare Nummer zurück, die als Index für die Datei verwendet werden kann. Verwenden Sie diesen Befehl, wenn es bei einem Programm nötig ist, die Indexzahl der zu öffnenden Datei manuell anzugeben. Wenn das System die Dateinummer zurückgeliefert hat, kann durch Überprüfung dieses Wertes bestimmt werden, wie viele Dateien in dieser Sitzung geöffnet wurden.

Syntax

```
FreeFile
```

Parameter

Nicht vorhanden.

Rückgabewert   Wert vom Typ Integer.

Programmbeispiel

```
Console.WriteLine(FreeFile())
```

Siehe auch   ChDir, ChDrive, CurDir, FileClose, FileGet, FileOpen, FilePut, GetAttr, Input, MkDir, Print, PrintLine, RmDir

Friend (Anweisung)

Ähnelt dem Schlüsselwort Public, limitiert aber den Zugriff innerhalb des Projektes.

Die Verwendung des Schlüsselwortes Public macht eine Prozedur im gesamten Projekt zugreifbar und stellt sie außerhalb des Projektes zur Verfügung. Das Schlüsselwort Friend erlaubt den Aufruf der Prozedur innerhalb des Projektes, lässt aber einen Zugriff von außerhalb nicht zu. Eine denkbare Anwendung wäre z.B., wenn Sie Zugriff auf eine Funktion in einem Formularmodul oder einer Klasse für ein Projekt brauchen, diese aber vor der Endkompilierung als ActiveX-Komponente versteckt werden soll.

Syntax

Friend procedureName

Parameter

‣ procedureName Erforderlich. Name der Prozedur, die innerhalb eines Projektes bekannt gemacht werden soll.

Rückgabewert Nicht vorhanden.

Siehe auch Private, Public

Function...End Function (Anweisung)

Erstellt eine Funktion in einem Modul oder einem Formular.
Dieser Befehl ermöglicht die Definition einer Funktion, die die Datentypen der Übergabeparameter der Funktion und die des Rückgabewerts enthält.

Syntax

```
[Static] [Private]
Function function-name [(arguments)] [As Type]
  [Static var[,var]...] [Dim var[,var]...]
    [statements]
    [function-name = expression]
    [Exit Function]
    [statements]
    [function-name = expression]
End Function
```

Parameter
‣ **arguments** Erforderlich. Beliebige Parameter, die von der Funktion aufgenommen werden können.

Rückgabewert Beliebiger definierter Datentyp.

Programmbeispiel

```
Function myFunc() As Int64
' Hier können Sie Programmcode eingeben
End Function
```

Siehe auch End, Exit, Sub...End Sub

FV (Methode)

Liefert den zukünftigen Wert einer Annuität zurück.
Der zurückgegebene Wert wird aus dem Zahlungszeitraum, den festgelegten Zahlungen und dem fixen Zinssatz berechnet.

Syntax

```
FV(Rate, NPer, Pmt As Double [,PV [,Due]])
```

Parameter
‣ **Rate** Erforderlich. Double-Wert, der den Zinssatz pro Zeitraum angibt.
‣ **NPer** Erforderlich. Integerwert, der die Gesamtanzahl der Zahlungen angibt.
‣ **Pmt** Erforderlich. Double-Wert, der den Betrag der einzelnen Zahlungen angibt.
‣ **PV** Optional. Double-Wert, der den Barwert zum aktuellen Zeitpunkt angibt.
‣ **Due** Optional. Zahlungsfälligkeit am Ende oder Anfang eines Zeitraums. Standardwert ist DueDate.EndOfPeriod.

Rückgabewert Wert vom Datentyp Double.

Programmbeispiel

```
Console.WriteLine(FV(.0081, 48, -1500.75))
```

Siehe auch   DDB, IPmt, IRR, MIRR, NPer, NPV, Pmt, PPmt, PV, Rate, SLN, SYD

GetAllSettings (Methode)

Fragt sämtliche Einstellungen eines Abschnittes in der Windows-Registrierung ab.

Dieser Befehl liefert eine Liste von Schlüsseleinstellungen eines Anwendungseintragsabschnittes in der Windows-Registrierung zurück. Die Einstellungen werden in einem zweidimensionalen Array, dessen erste Spalte den Schlüsselnamen und dessen zweite Spalte den Wert des entsprechenden Schlüssels beinhaltet, an die Methode zurückgegeben.

Syntax

```
GetAllSettings(appName, section)
```

Parameter

‣ **appName**   Erforderlich. Anwendungsbereich innerhalb der Windows-Registrierung, auf den zugegriffen wird.
‣ **Section**   Erforderlich. Der abgefragte Registrierungsabschnitt.

Rückgabewert   Ein Array.

Programmbeispiel

```
SaveSetting("myApp", "Prefs", "Velo", 500)
Dim a = GetAllSettings("myapp", "Prefs")
```

Siehe auch   DeleteSetting, GetSetting, SaveSetting

GetAttr (Methode)

Liefert die Attribute einer übergebenen Datei zurück.
Im Gegensatz zur Methode FileAttr, die Informationen über geöffnete Dateien zurückgibt, liefert GetAttr Informationen wie z.B. Vb-Normal(0), VbReadOnly(1), VbHidden(2), VbSystem(4), VbDirectory(16), VbArchive(32) oder VbAlias-Bezeichnungen der Datei oder des Verzeichnisses auf dem Datenträger zurück.

Syntax
GetAttr(PathName)

Parameter
‣ PathName   Erforderlich. Ein gültiger Pfad- und Dateiname.

Rückgabewert   Wert vom Typ Integer.

Programmbeispiel
```
Console.WriteLine(GetAttr("C:\test.txt"))
```

Siehe auch   EOF, FileAttr, FileClose, FileDateTime, FileLen, FileOpen, Loc, LOF

GetChar (Methode)

Liefert einen einzelnen Char-Wert von einem String, angegeben durch die Indexposition.
Diese Funktion fragt ein einzelnes Zeichen aus einem String ab, dessen Position durch den Index angegeben wird.

Syntax
GetChar(Str **As String**, Index **As Integer**)

Parameter
‣ **Str**   Erforderlich. Der zu durchsuchende String.
‣ **Index**   Erforderlich. Indexwert, der größer oder gleich 1, aber kleiner als die Länge des Strings ist.

Rückgabewert Wert vom Typ Char.

Programmbeispiel

```
Dim myStr As String = "Hallo Welt!"
Console.WriteLine("5. Zeichen: " & GetChar(myStr, 5))
```

Siehe auch Asc, Chr, ChrW

GetException (Methode)

Gibt den Ausnahmetyp zurück, der einen Fehler verursacht hat.
Auf diese Methode kann man mit dem Err-Objekt zugreifen, um den
Typ der Ausnahme zurückzugeben.

Syntax

```
myException = Err.GetException()
```

Parameter

▸ **myException** Ausnahme, die als Wert vom Typ System.Exception zurückgegeben wird.

Rückgabewert Wert vom Typ Exception.

Programmbeispiel

```
Dim myException As System.Exception
Error 6
myException = Err.GetException
Console.WriteLine(myException.Message)
```

Siehe auch Err-Objekt, Error, RaiseEvent

GetObject (Methode)

Liefert die Referenz eines aktuellen Objektes zurück oder erstellt
das Objekt, falls es nicht vorhanden ist.
Diese Funktion überprüft, ob eine Instanz des Objektes existiert, und
verwendet die aktuelle Instanz. Ist kein Objekt im Speicher verfüg-

bar, versucht die Methode, es zu erzeugen. GetObject kann auch dazu verwendet werden, eine Datei zu öffnen, die einen ActiveX/ OLE-Automationsserver besitzt.

Im Beispiel, ausgeführt im Direktfenster, setzt die GetObject-Anweisung voraus, dass Excel schon gestartet und geöffnet ist. Dann wird eine Referenz zu dem Anwendungsobjekt erstellt.

Syntax
```
GetObject([pathName] [, className])
```

Parameter
- **pathName**   Optional. Pfad der Datei, die mit dem GetObject geöffnet wird.
- **className**   Optional. Klasse des verwendeten OLE-Automationsservers.

Rückgabewert   Nicht vorhanden.

Programmbeispiel
```
Dim myObject1 = GetObject(, "Excel.Application")
Dim myObject2 = GetObject("C:\test.xls")
```

Siehe auch   CreateObject

GetSetting (Methode)

Liest eine Schlüsseleinstellung eines Anwendungseintrages in der Windows-Registrierung aus.

Diese Funktion liefert den passenden Schlüsselwert aus der Windows-Registrierung zur angegebenen Anwendung, dem angegebenen Abschnitt und dem Schlüsselnamen. Wenn kein Wert im Parameter default angegeben und der Schlüssel nicht gefunden wurde, wird ein Nullstring (» «) zurückgegeben.

Syntax

```
GetSetting(AppName, Section, Key [,default])
```

Parameter

- **AppName** Erforderlich. Name der Anwendung für den richtigen Eintrag in der Windows-Registrierung.
- **Section** Erforderlich. Name des Abschnittes, aus dem der Schlüssel abgerufen wird.
- **Key** Erforderlich. Name des Schlüssels.
- **default** Optional. Zurückgegebener Wert, wenn kein Schlüssel gefunden wurde.

Rückgabewert Wert vom Typ Object.

Programmbeispiel

```
SaveSetting("myApp", "Prefs", "Velo", 500)
Console.WriteLine(GetSetting("myApp", "Prefs", _
"Left"))
```

Siehe auch DeleteSetting, GetAllSettings, SaveSetting

GetType (Methode)

Liefert ein Objekt des angegebenen Typs.
Diese Funktion gibt das angegebene Typobjekt zurück, um auf die Eigenschaften, Methoden oder Ereignisse des Typs zuzugreifen.

Syntax

```
GetType(TypeName)
```

Parameter

- **TypeName** Erforderlich. Typ des Objekts, das zurückgegeben wird.

Rückgabewert Richtet sich nach dem angegebenen Objekttyp.

Programmbeispiel
```
Dim miscObject As Object
miscObject = GetType(Integer)
miscObject = GetType(Form1)
miscObject = GetType(String())
Console.WriteLine(miscObject.Name)
```

Siehe auch CType, Structure...End Structure

GoTo (Anweisung)

Dieser Befehl lässt die Ausführung innerhalb einer Prozedur oder Funktion an eine angegebene Stelle springen.

Verwenden Sie den GoTo-Befehl, um zu einer Zeilenmarke im Code zu springen. In VB kann man mit der GoTo-Anweisung aber nicht von außen in eine Programmblocksequenz hineinspringen (wie z.B. For...Next, ForEach...Next, SyncLock...End SyncLock, Try... Catch...Finally oder With...End With).

Syntax
```
GoTo[linenumber | linelabel]
```

Parameter
- **linenumber | linelabel** Erforderlich. Numerische oder alphanumerische Zeilenmarke, zu der ein GoTo-Befehl springen kann.

Rückgabewert Nicht vorhanden.

Programmbeispiel
```
If  1 = 1 Then GoTo Branch1
Beep()
Branch1:
Console.WriteLine("Sprung!")
```

Siehe auch Call

Hex (Methode)

Konvertiert eine Zahl in ihr hexadezimales Äquivalent.

Diese Funktion erzeugt einen `String` mit der hexadezimalen (Basis 16) Zahl des übergebenen Wertes. Jeder Wert kann die Zahlen 0 bis 9 und die Buchstaben A bis F enthalten.

Syntax

`Hex(Number)`

Parameter

‣ **Number** Erforderlich. Beliebiger numerischer Wert.

Rückgabewert Wert vom Typ `String`.

Programmbeispiel

```
Console.WriteLine(Hex(9))
Console.WriteLine(Hex(10))
Console.WriteLine(Hex(255))
Console.WriteLine(Hex(256))
```

Siehe auch Oct

Hour (Methode)

Gibt den Stundenanteil eines Datums- und Zeitwertes zurück.

Der zurückgelieferte Stundenwert ist ein Integerwert zwischen 0 und 23, der die Stunde eines Tages repräsentiert.

Syntax

`Hour(TimeValue)`

Parameter

‣ **TimeValue** Das Datum, aus dem die Stundenanzahl ausgelesen wird.

Rückgabewert Wert vom Typ `Integer`.

Programmbeispiel

```
Console.WriteLine(Hour(Now))
```

Siehe auch   Minute, Now, Second, TimeOfDay, TimeSerial, TimeValue

If...Then...ElseIf...End If (Anweisung)

Bedingte Ausführung von Anweisungen.

Die If...Then-Struktur ermöglicht die Auswertung von Bedingungen, um eine Änderung in der Ausführungsreihenfolge des Programms zu bewirken. Wenn die auszuführenden Anweisungen in eine einzige Zeile geschrieben werden (ohne Verwendung des Doppelpunkt-Befehls (:), um mehrere Zeilen zu simulieren), kann die End If-Anweisung weggelassen werden. Für bessere Übersichtlichkeit im Code ist es aber meistens sinnvoller, sie zu verwenden. Das Schlüsselwort TypeOf kann auch in der If...Then-Struktur verwendet werden, um zu überprüfen, ob ein Objekt dem angegebenen Objekttyp entspricht. Die Anweisung **If TypeOf** myControl **Is** TextBox **Then** z.B. gibt den Wert True zurück, wenn die Variable myControl eine Referenz zu einem TextBox-Steuerelement enthält.

Syntax

```
If condition-1 Then
  [actions-1]
[ElseIf condition-2 Then]
  [actions-2]
[ElseIf condition-n] Then
  [actions-n]
[Else]
  [else-actions]
End If
```

Parameter

‣ conditions   Erforderlich. Boolesche Ausdrücke.

Rückgabewert   Nicht vorhanden.

Programmbeispiel

```
Dim a = 1
If a = 1 Then Console.WriteLine("Gleich") Else _
  Console.WriteLine("Nicht gleich")
a = 2
If a = 1 Then Console.WriteLine("Gleich") Else _
  Console.WriteLine("Nicht gleich")
```

Siehe auch   Choose, IIf, Select Case, Switch

IIf (Methode)

Gibt einen von zwei Werten zurück, abhängig von der Bedingung eines Ausdrucks.

Diese Funktion, wie auch Switch, liefert kompakt und schnell einen Wert, basierend auf der Auswertung eines Ausdrucks. Die Methode IIf kann gut zur Ersetzung von Nullwerten verwendet werden.

Syntax

```
IIf(expression, valueIfTrue, valueIfFalse)
```

Parameter

‣ expression   Erforderlich. Beliebiger Ausdruck, der einen booleschen Wert zurückgibt.
‣ valueTrue, valueFalse   Erforderlich. Werte, die von der Funktion zurückgegeben werden, abhängig von dem übergebenen Ausdruck.

Rückgabewert   Wert vom Typ Object.

Programmbeispiel

```
Dim i = 1
Console.WriteLine(IIf(i=1, "Wahr!", "Nicht wahr!"))
i = 2
Console.WriteLine(IIf(i=1, "Wahr!", "Nicht wahr!"))
```

Siehe auch Choose, If...Then...Elseif...End If, Select Case, Switch

Implements (Anweisung)

Gibt ein oder mehr Interfaces an, die von einer Klassendefinition implementiert werden.

Eine Klassendefinition kann mit Verwendung der Implements-Anweisung ein Interface angeben, dem sie entsprechen soll, und enthält die Implementation für Member, wie z.B. Eigenschaften, Methoden und Ereignisse.

Syntax

Implements interfacename

Parameter

▸ interfacename Erforderlich. Name des Interfaces oder der Klasse, die implementiert werden soll.

Rückgabewert Nicht vorhanden.

Programmbeispiel

```
Interface myInterface
  Property ContactName() As String
End Interface
Public Class PIMinfo
  Implements myInterface
  Dim myContact As String
  Property ContactName() As String Implements _
    myInterface.ContactName
```

```
  Get
    Return myContact
  End Get
  Set(ByVal Value As String)
    myContact = Value
  End Set
End Property
End Class
```

Siehe auch Class...End Class, Environ, Shell

Imports (Anweisung)

Importiert die Namen von Membern (Methoden, Eigenschaften, Enumerationen etc.) des angegebenen Assemblys oder Projektes. Die Verwendung des Schlüsselwortes Imports ermöglicht es, Namen (für Klassen, Objekttypen etc.) zu benutzen, ohne vollständige Referenz auf den Namensbereich (z.B. System.Xml). Die Imports-Anweisung muss in einem Formular, einem Modul oder einer Klasse vor dem gesamten Code und den anderen Definitionen stehen. Der Parameter »aliasname« kann verwendet werden, um zwei Namensbereiche mit identischen Membernamen, die unterschieden werden müssen, zuzulassen.

Syntax

Imports [aliasname=] namespace.element

Parameter

‣ **aliasname** Optional. Name, der auch verwendet werden kann, um auf Elemente des Namensbereichs zuzugreifen.
‣ **namespace** Erforderlich. Der Name des zu importierenden Namensbereichs.
‣ **element** Optional. Bestimmte Klasse, Eigenschaft oder Methode, die importiert werden soll.

Rückgabewert   Nicht vorhanden.

Programmbeispiel

```
Imports System
Imports System.Xml
```

Siehe auch   With...End With

Input (Methode)

Liefert einen String aus dem geöffneten Stream einer im Input- oder Binary-Modus geöffneten Datei zurück.
Wurde eine Datei unter Verwendung des FileOpen-Befehls geöffnet, kann der Input-Stream ausgelesen werden. Der Befehl Input kann Informationen direkt in die angegebene Variable lesen.

Syntax

```
Input(FileNumber, Value)
```

Parameter

▸ **FileNumber**   Erforderlich. Dateinummer als Integerwert für den Input-Stream.
▸ **value**   Erforderlich. Name der Variablen, in die gelesen wird.

Rückgabewert   Nicht vorhanden.

Programmbeispiel

```
Dim myStr As String
FileOpen(1, "C:\test.txt", OpenMode.Input)
Input(1, myStr)
FileClose(1)
Console.WriteLine(myStr)
```

Siehe auch   FileOpen, FilePut, Write, WriteLine

InputBox (Methode)

Öffnet eine Eingabeaufforderung in einer Dialogbox, in die der Benutzer Textinformationen eingeben kann.

Die Methode InputBox funktioniert genauso wie MsgBox(), mit dem Unterschied, das InputBox vom Benutzer eingegebene Informationen entgegennimmt. Klickt der Benutzer auf den Button ABBRECHEN, ist der zurückgegebene String leer.

Syntax

```
InputBox(Prompt [,Title [,DefaultResponse
  [,XPos [,YPos]]]])
```

Parameter

- **Prompt**   Erforderlich. String, der die in der InputBox angezeigte Nachricht enthält.
- **Title**   Optional. Titel der angezeigten Dialogbox.
- **DefaultResponse**   Optional. Standardstring, der in der InputBox angezeigt wird.
- **XPos, YPos**   Optional. X- und Y-Position (in Twips), wo die Input-Box angezeigt werden soll.

Rückgabewert   Wert vom Typ String.

Programmbeispiel

```
Dim uName = InputBox("Bitte geben Sie Ihren "& _
  "Namen ein: ", "Namen eingeben")
Console.WriteLine(uName)
```

Siehe auch   MsgBox, Show

InputString (Methode)

Liest einen String aus einer im Input- oder Binary-Modus geöffneten Datei.

Im Gegensatz zu der Input-Anweisung liest die InputString-Funktion auch alle nicht-alphanumerischen Zeichen, wie z.B. Kommas, Wagenrücklaufzeichen, Zeilenvorschubzeichen, Anführungsstriche oder führende Leerzeichen, und gibt diese zurück.

Syntax
InputString(FileNumber As Integer, CharCount As Integer)

Parameter
- **FileNumber** Erforderlich. Aktuelle Nummer der Datei, aus der gelesen wird.
- **CharCount** Erforderlich. Anzahl der zu lesenden Byte.

Rückgabewert Wert vom Typ String.

Programmbeispiel
```
Dim myStr As String
FileOpen(1, "C:\test.txt", OpenMode.Input)
myStr = InputString(1, 5)
FileClose(1)
Console.WriteLine(myStr)
```

Siehe auch FileClose, FileOpen, Input, Write, WriteLine

InStr (Methode)

Gibt die erste Stelle innerhalb eines Strings wieder, an der ein bestimmter String beginnt.

Diese Funktion kann dazu verwendet werden, nach einem String und dessen Position innerhalb eines größeren Strings zu suchen. Der Parameter Start beginnt die Suche an einer bestimmten Stelle innerhalb des Strings. Der zurückgegebene Wert kann entweder 0 (String1 ist leer, der Suchstring wurde nicht gefunden oder der Parameter Start ist größer als die Länge von String2), der Startwert (String2 ist leer) oder der Positionswert (Position des Musters) sein.

Syntax
```
InStr( [Start], String1, String2, Compare)
```

Parameter
- **Start**   Optional. Position innerhalb des Strings, an der mit der Suche begonnen wird. Die Indexwerte beginnen bei 1.
- **String1**   Erforderlich. String, in dem gesucht wird.
- **String2**   Erforderlich. Der Musterstring, den die Funktion lokalisieren soll.
- **Compare**   Erforderlich. Der Vergleichstyp gehört zum Typ Microsoft.VisualBasic.CompareMethod und kann entweder den Wert BinaryCompare (0) oder TextCompare (1) annehmen.

Rückgabewert   Wert vom Typ Integer.

Programmbeispiel
```
Console.WriteLine(InStr("Hallo Welt von Dan","Dan"))
Console.WriteLine(InStr(3, "Hallo Welt von " & _
"Dan", "Welt"))
```

Siehe auch   InStr, InStrRev, LBound, Left, Option Compare, Right, Split, UBound

InStrRev (Methode)

Liefert die Position eines Zielstrings innerhalb eines anderen Strings, beginnend am Ende dieses Strings.
Diese Funktion kann dazu verwendet werden, einen String und seine Position innerhalb eines größeren String zu suchen. Die Methode InStrRev funktioniert genauso wie die Funktion InStr, nur dass InStrRev mit der Suche am Ende des Strings beginnt.

Syntax
```
InStrRev(StringCheck, StringMatch [,Start [,Compare]])
```

Parameter

‣ **StringCheck** Erforderlich. String, in dem gesucht wird.
‣ **StringMatch** Erforderlich. Der Musterstring, den die Funktion lokalisieren soll.
‣ **Start** Optional. Position innerhalb des Strings, an der die Suche beginnen soll.
‣ **Compare** Optional. Vergleichstyp, der entweder den Wert `BinaryCompare` oder `TextCompare` annehmen kann.

Rückgabewert Wert vom Typ `Integer`.

Programmbeispiel
```
Console.WriteLine(InStrRev("Hallo Welt", "Dan"))
Console.WriteLine(InStrRev("Hallo Welt", "Welt", 6))
```

Siehe auch InStr, LBound, Left, Option Compare, Right, Split, UBound

Int (Methode)

Konvertiert eine Zahl in den Datentyp Integer.
Bis auf den Umgang mit den negativen Zahlen arbeitet diese Methode fast genauso wie die Funktion Fix(). Int() gibt die erste negative Zahl kleiner oder gleich dem übergebenen Wert zurück. Fix() liefert die erste negative Zahl größer oder gleich dem Wert zurück. Fix(-1.4) würde den Wert -1 zurückgeben, während Int(-1.4) den Wert -2 liefern würde.

Syntax
```
Int(Number)
```

Parameter
‣ **Number** Erforderlich. Beliebiger numerischer Ausdruck.

Rückgabewert Wert vom Typ `Integer`.

Programmbeispiel

```
Console.WriteLine(Int(1.4))
Console.WriteLine(Int(-1.4))
```

Siehe auch   CDbl, CInt, CStr, Fix, Round

Interface...End Interface (Anweisung)

Definiert ein neues Interface und kapselt die zugehörigen Eigenschaften, Methoden, Ereignisse und Felder.

Dieser Befehl ermöglicht die Definition eines Interfaces. Ein Interface kann die Prototypen von Membern enthalten, die für Instanzen von erbenden Objekten, die von dem Interface erzeugt wurden, zur Verfügung stehen. Ein Interface kann als Public, Private, Protected (nur sichtbar für die eigene oder davon abgeleitete Klassen), Friend (nur sichtbar für Entitäten, die mit dem Friend-Modifier deklariert wurden) oder Protected Friend definiert werden. Der Modifier Shadows kann verwendet werden, um mit einer Klasse eine Klasse mit demselben Namen in der Basisklasse zu verschatten.

Syntax

```
[<attrlist>]
[Public | Private | Protected | Friend | Protected Friend]
[Shadows]
Interface name [Inherits interfacename [, interfacename]]
  [statements]
End Interface
```

Parameter

‣ name   Erforderlich. Ein gültiger Interfacename.

Rückgabewert   Nicht vorhanden.

Programmbeispiel

```
Interface mySortRoutines
```

```
Sub BubbleSort(ByVal ValueArray() As String)
Sub QuickSort(ByVal ValueArray() As String)
End Interface
```

Siehe auch   Call, End, Exit, Function...End Function, Sub...End Sub

IPmt (Methode)

Gibt die Zinszahlung pro Zeitraum, berechnet aus einer Annuität, zurück.

Die Zahlung wird aus den regelmäßigen, fixen Zahlungen und einem festen Zinssatz berechnet. Diese Funktion liefert die Zinszahlung pro Zahlungszeitraum zurück, die aus den übergebenen Werten berechnet wird.

Syntax

```
IPmt(Rate, Per, NPer, PV [, FV, Due])
```

Parameter

- ▸ **Rate**   Erforderlich. Zinssatz für die Berechnungen.
- ▸ **Per**   Erforderlich. Aktuelle Zahlungsperiode muss größer als 1 und kleiner als die Gesamtanzahl der Perioden sein (NPer).
- ▸ **NPer**   Erforderlich. Gesamtanzahl der Zahlungsperioden für die Berechnung.
- ▸ **PV**   Erforderlich. Barwert der Zahlungen.
- ▸ **FV**   Optional. Zukünftiger, angestrebter Wert am Ende der Zahlungen (Endwert).
- ▸ **Due**   Optional. Fälligkeitszeitpunkt der Zahlungen. Kann am Anfang oder am Ende einer Zahlungsperiode liegen, Standardwert ist DueDate.EndOfPeriod.

Rückgabewert   Wert vom Typ Double.

Programmbeispiel

```
Console.WriteLine(IPmt(.0081, 2, 48, 20000))
```

Siehe auch DDB, FV, IRR, MIRR, NPer, NPV, Pmt, PPmt, PV, Rate, SLN, SYD

IRR (Methode)

Liefert den internen Ertragssatz einer Folge von Ein- und Auszahlungen.

Diese finanztechnische Funktion verwendet ein Array, das mindestens einen negativen (Auszahlung) und einen positiven (Einzahlung) Wert enthält, um den internen Ertragssatz abzuschätzen. Sie können eine Abschätzung für den Endwert mit angeben, welcher, wenn er weggelassen wird, auf 0.1 (10 Prozent) gesetzt wird.

Syntax

```
IRR(ValueArray(), [,Guess])
```

Parameter

- ValueArray   Erforderlich. Ein Array, das positive (Einzahlung) und negative (Auszahlung) Werte enthält.
- Guess   Optional. Einschätzung des letztendlichen Ertragssatzes. Es wird der Standardwert 0.1 (10 %) verwendet, wenn kein anderer Wert übergeben wurde.

Rückgabewert   Wert vom Typ Double.

Programmbeispiel

```
Dim myArray() As Double = {-50000#, 12000#, 15000#, _
10000#}
Console.WriteLine(IRR(myArray))
```

Siehe auch DDB, FV, IPmt, MIRR, NPer, NPV, Pmt, PPmt, PV, Rate, SLN, SYD

Is (Operator)

Vergleicht zwei Objekte.
Dieser Befehl entscheidet, ob zwei Objektreferenzen auf dasselbe
Objekt zeigen.

Syntax

a **Is** b

Parameter

▸ **a, b** Erforderlich. Beliebige gültige Objektreferenzen.

Rückgabewert Wert vom Typ Boolean.

Programmbeispiel

```
Dim A As Object = CreateObject("Excel.Application")
Dim B As Object
Console.WriteLine(A Is B)
A = B
Console.WriteLine(A Is B)
```

Siehe auch CreateObject, GetObject

IsArray (Methode)

Überprüft, ob eine Variable eine Referenz auf ein Array enthält.
Dieser Befehl bestimmt, ob ein Array in der übergebenen Variablen
gespeichert ist.

Syntax

IsArray(VarName)

Parameter

▸ **VarName** Erforderlich. Name der Variablen, die überprüft werden soll.

Rückgabewert Wert vom Typ Boolean.

Programmbeispiel

```
Dim myArray() As String
Console.WriteLine(IsArray(myArray))
myArray = New String() {"Michelangelo", "Da Vinci"}
Console.WriteLine(IsArray(myArray))
```

Siehe auch {...}, Dim, LBound, UBound

IsDate (Methode)

Gibt zurück, ob der Wert ein gültiges Datum enthält.
Diese Funktion überprüft einen übergebenen Wert (String, Object etc.) und bestimmt, ob er ein gültiges Datum oder eine gültige Zeit enthält.

Syntax

```
IsDate(Object)
```

Parameter

‣ Object   Erforderlich. Wert vom Typ Object.

Rückgabewert   Wert vom Typ Boolean.

Programmbeispiel

```
Console.WriteLine(IsDate(#1/2/01#))
Console.WriteLine(IsDate("1/2/01"))
Console.WriteLine(IsDate(""))
```

Siehe auch   CDate, DateAdd, DateDiff, DatePart, DateSerial, DateValue, Format, IsDbNull, IsNumeric, Now, Month, TimeOfDay, WeekDay

IsNothing (Methode)

Überprüft, ob eine Variable leer ist und kein mit ihr verbundenes Objekt besitzt.

Die Funktion IsNothing gibt True zurück, wenn die übergebene Variable kein mit ihr verbundenes Objekt besitzt. Diese Funktion kann genauso verwendet werden wie die Methode IsEmpty() in früheren Versionen von VB.

Syntax

`IsNothing(Object)`

Parameter

‣ **Object** Erforderlich. Wert vom Typ Object.

Rückgabewert Wert vom Typ Boolean.

Programmbeispiel

```
Dim myObj As New Object
Dim myNothingObj As Object
Console.WriteLine(IsNothing(myObj))
Console.WriteLine(IsNothing(myNothingObj))
```

Siehe auch IsDate, IsDbNull, IsNumeric, VarType

IsNumeric (Methode)

Überprüft, ob eine Variable einen numerischen Wert enthält.
Die Funktion IsNumeric wird häufig für die Überprüfung von Benutzereingaben in Eingabefeldern verwendet.

Syntax

`IsNumeric(Object)`

Parameter

‣ **Object** Erforderlich. Wert vom Typ Object.

Rückgabewert Wert vom Typ Boolean.

Programmbeispiel

```
Console.WriteLine(IsNumeric("123"))
Console.WriteLine(IsNumeric("abc"))
```

Siehe auch   IsDate, IsDbNull

IsReference (Methode)

Überprüft, ob eine Variable eine gültige Objektvariable ist.
Dieser Befehl bestimmt, ob die Variable eine Objektreferenz enthält,
aber sie überprüft nicht, ob das Objekt selbst gültig ist.

Syntax

```
IsReference(Expression As Object)
```

Parameter

▸ **Expression**   Erforderlich. Name der zu überprüfenden Variablen.

Rückgabewert   Wert vom Typ Boolean.

Programmbeispiel

```
Dim myObject As Object
Dim myInt As Integer
Console.WriteLine(IsReference(myInt))
' Es macht keinen Unterschied, ob die Variable ein
' gültiges Objekt enthält oder nicht.
Console.WriteLine(IsReference(myObject))
myObject = CreateObject("Excel.Application")
Console.WriteLine(IsReference(myObject))
```

Siehe auch   CreateObject, GetObject

Join (Methode)

Verknüpft Strings aus einem Array zu einem einzigen String.
Dieser Befehl ist das Gegenteil des Befehls Split, denn er setzt alle
einzelnen Strings eines Arrays zu einem gemeinsamen String zusammen.

Syntax

```
Join(SourceArray(), [,Delimiter])
```

Parameter

- **SourceArray()** Erforderlich. Eindimensionales Array, das Strings
  oder Objekte beinhaltet.
- **Delimiter** Optional. String, der zwischen die einzelnen Einträge
  gesetzt wird. Wenn er nicht angegeben wird, wird ein Leerzeichen verwendet.

Rückgabewert Wert vom Typ String.

Programmbeispiel

```
Dim myItem() As String = {"mitp", "-Bücher", "sind",
"toll!"}
Console.WriteLine(Join(myItem))
```

Siehe auch {...}, Split

Kill (Methode)

Löscht die angegebene Datei.
Der Befehl Kill unterstützt die Platzhalter * (für mehrere Dateien)
und ? (für einzelne Zeichen), um eine oder mehrere Dateien zu löschen. Wird versucht, eine geöffnete Datei zu löschen, wird ein Fehler ausgegeben.

Syntax

```
Kill(pathname)
```

Parameter

‣ **pathname** Erforderlich. Ein beliebiger gültiger Pfad- und Dateiname kann verwendet werden.

Rückgabewert Nicht vorhanden.

Programmbeispiel

```
Kill("C:\test.txt")
```

Siehe auch ChDir, ChDrive, Dir, EOF, FileLen, FileOpen, MkDir, RmDir

LBound (Methode)

Gibt den niedrigsten Feldindex eines Arrays zurück.

Diese Funktion kann verwendet werden, um die untere Schranke eines Arrays zu bestimmen. Ist das Array multidimensional, benutzen Sie den Parameter rank, um die untere Schranke anzugeben, die zurückgegeben werden soll.

Syntax

```
LBound(arrayname [,rank])
```

Parameter

‣ **arrayname** Erforderlich. Der Name des Arrays, dessen Grenze bestimmt werden soll.
‣ **rank** Optional. Die Dimension eines multidimensionalen Arrays, für die der niedrigste Feldindex zurückgegeben werden soll.

Rückgabewert Wert vom Typ Integer.

Programmbeispiel

```
Dim boundArray(6,4,2,5,2,4,6)
Console.WriteLine(LBound(boundArray))
```

Siehe auch {...}, Dim, UBound

LCase (Methode)

Liefert einen String in Kleinbuchstaben zurück.
Diese Funktion konvertiert sämtliche Zeichen eines übergebenen
Strings in Kleinbuchstaben. Diese Funktion ist sehr nützlich, wenn
man zwei Strings vergleichen möchte und so sicherstellen will, dass
sie bis auf Groß- und Kleinschreibung übereinstimmen.

Syntax

LCase(value)

Parameter
- value   Erforderlich. Beliebiger gültiger String.

Rückgabewert   Wert vom Typ String.

Programmbeispiel

Console.WriteLine(LCase("hAlLo")

Siehe auch   UCase

Left

**Gibt einen String zurück, der den angegebenen Anteil der linken
Seite des übergebenenen Strings enthält.**
Diese Funktion kann verwendet werden, um einen angegebenen
Teilstring von links nach rechts herauszunehmen und als separaten
String zurückzugeben. Diese Methode befindet sich im Namensbe-
reich Microsoft.VisualBasic.

Syntax

Left(Str, Length)

Parameter
- Str   Erforderlich. Beliebiger Stringausdruck.
- Length   Erforderlich. Anzahl der Zeichen, die im Teilstring zu-
  rückgegeben werden soll.

Rückgabewert Wert vom Typ String.

Programmbeispiel
```
Console.WriteLine( _
  Microsoft.VisualBasic.Left("Hallo Welt", 4))
```

Siehe auch Format, InStr, Len, LTrim, Mid, Right, RTrim, Str

Len (Methode)

Gibt die Länge eines angegebenen Strings zurücks.
Diese Funktion wird verwendet, um die Zeichenlänge eines Strings
zu bestimmen. Es kann entweder der String selbst oder eine Variable, die den String enthält, an die Routine übergeben werden.

Syntax
```
Len(expression)
```

Parameter
‣ expression Erforderlich. Beliebiger gültiger String.

Rückgabewert Wert vom Typ Integer.

Programmbeispiel
```
Dim myGreeting As String = "Hallo Welt"
Console.WriteLine(Len(myGreeting))
```

Siehe auch Format, InStr, Left, LTrim, Mid, Right, RTrim, Str

Like (Operator)

Vergleicht einen String mit einem Muster.
Der Befehl Like unterstützt einige Platzhalter, um einen Musterstring zum Durchsuchen des übergebenen Strings zu erstellen. Zu
diesen Zeichen gehören: ? (einzelne Zeichen), * (kein oder mehr Zeichen), # (beliebige einstellige Zahl), [charlist] (beliebiges Zeichen in
charlist) und [!charlist] (beliebiges Zeichen nicht in charlist).

Syntax

a Like b

Parameter

▸ a   Erforderlich. String, der durchsucht wird.
▸ b   Erforderlich. Muster, nach dem gesucht wird.

Rückgabewert   Wert vom Typ Boolean.

Programmbeispiel

```
Console.WriteLine("C:\test.txt" Like "*.txt")
```

Siehe auch   <, <>, =, >, And, Is, Not, Split

LineInput (Methode)

Liest eine einzelne Zeile aus einer sequenziellen Datei.
Dieser Befehl liest eine einzelne Zeile begrenzt durch einen Wagenrücklauf (Chr(13)) oder einen Wagenrücklauf und einen Zeilenvorschub (Chr(13) + Chr(10)) direkt in eine Variable. Die Kombination
von Wagenrücklauf und Zeilenvorschub ist nicht in dem zurückgegebenen String enthalten.

Syntax

LineInput(FileNumber)

Parameter

▸ FileNumber   Erforderlich. Beliebige gültige Nummer einer geöffneten Datei.

Rückgabewert   Wert vom Typ String.

Programmbeispiel

```
Dim myStr As String
FileOpen(1, "C:\test.txt", OpenMode.Input)
myStr = LineInput(1)
FileClose(1)
Console.WriteLine(myStr)
```

Siehe auch   Input, Print, PrintLine

Loc (Methode)

Liest oder setzt die aktuelle Lese-/Schreibposition in einer geöffneten Datei.

Diese Funktion positioniert den aktuellen Lese-/Schreibzugriff auf einen bestimmten Datensatz(Random), auf die aktuelle Byteposition geteilt durch 128 (Sequential) oder auf eine bestimmte Byteposition (Binary).

Syntax

```
Loc(FileNumber)
```

Parameter

‣ **FileNumber**   Beliebige gültige Nummer einer geöffneten Datei.

Rückgabewert   Wert vom Typ Long.

Programmbeispiel

```
FileOpen(1, "C:\test.txt", OpenMode.Input)
Console.WriteLine(Loc(1))
FileClose(1)
```

Siehe auch   EOF, FileGet, FileLen, FileOpen, FilePut, LOF, Print, PrintLine, Write, WriteLine

Lock...Unlock (Anweisung)

Untersagt oder erlaubt den Zugriff auf Bereiche der aktuellen Datei für andere Prozesse.

Diese Befehle können verwendet werden, um den Zugriff zu einer Datei zu kontrollieren und sicherzustellen, dass die Daten nicht von gleichzeitigen Lese-/Schreibzugriffen beschädigt oder zerstört werden.

Syntax

```
Lock(FileNumber [,FromRecord] [,ToRecord] )
  [statements]
Unlock(FileNumber [,FromRecord] [,ToRecord] )
```

Parameter

▸ **FileNumber**   Erforderlich. Beliebige gültige Nummer einer geöffneten Datei.
▸ **FromRecord**   Nummer des ersten Byte oder Datensatzes.
▸ **ToRecord**   Nummer des letzten Byte oder Datensatzes.

Rückgabewert   Nicht vorhanden.

Programmbeispiel

```
FileOpen(1, "C:\test.txt", OpenMode.Input)
Lock(1)
Unlock(1)
FileClose(1)
```

Siehe auch   FileClose, FileGet, FileOpen, FilePut, Loc

LOF (Methode)

Gibt die Länge einer aktuell geöffneten Datei zurück.
Diese Funktion gibt die Größe in Byte der geöffneten Datei zurück, wenn ihr eine Dateinummer übergeben wird.

Syntax

```
LOF(FileNumber)
```

Parameter
‣ **FileNumber**   Erforderlich. Beliebige gültige Dateinummer.

Rückgabewert   Wert vom Typ Long.

Programmbeispiel

```
FileOpen(1, "C:\test.txt", OpenMode.Input)
Console.WriteLine(LOF(1))
FileClose(1)
```

Siehe auch   EOF, FileAttr, FileLen, Loc

Log (Methode)

Liefert den logarithmischen Wert für den übergebenen Ausdruck zurück.
Diese Funktion gibt den natürlichen Logarithmus des übergebenen Ausdrucks zurück. Die Methode befindet sich in dem Namensbereich System.Math.

Syntax

```
Log(numericExpression)
```

Parameter
‣ **numericExpression**   Erforderlich. Beliebiger gültiger numerischer Ausdruck.

Rückgabewert   Wert vom Typ Double.

Programmbeispiel

```
Console.WriteLine(System.Math.Log(1.3))
```

Siehe auch   Exp, Sgn

LSet (Methode)

Richtet einen **String** nach links innerhalb des Zielstrings aus und füllt den Rest mit Leerzeichen.

Dieser Befehl kopiert im Wesentlichen den Parameter Source in einen neuen String der Größe Length und sollte Length größer sein als der aktuelle String, werden noch Leerzeichen hinzugefügt. Ist Length z.B. 10, würde der String in Source mit der Zeichenlänge 5 kopiert und mit 5 Leerzeichen ergänzt. Dieser Befehl kann auch verwendet werden, um eine benutzerdefinierte Variable in eine andere Variable derselben Länge zu kopieren.

Syntax

```
LSet(Source, Length)
```

Parameter

▸ **Source** Erforderlich. Linksgerichteter String, der kopiert wird.
▸ **Length** Erforderlich. Ziel für den neuen String.

Rückgabewert Wert vom Typ String.

Programmbeispiel

```
Dim a As String = "Hallo"
a = LSet(a, 10)
Console.WriteLine(a + "<--Ende")
```

Siehe auch Input, Len, LTrim, RSet

LTrim (Methode)

Liefert einen Teilstring zurück, aus dem die führenden Leerzeichen von links nach rechts aus dem übergebenen **String** entfernt wurden.

Die Funktion LTrim ist das Gegenteil der Funktion RTrim, denn sie liefert einen String zurück, der von links nach rechts betrachtet wird. Befinden sich Leerzeichen auf der linken Seite des Strings, werden diese entfernt.

Syntax

```
LTrim(Expression)
```

Parameter

‣ **Expression**   Erforderlich. Beliebiger gültiger String.

Rückgabewert   Wert vom Typ String.

Programmbeispiel

```
Console.WriteLine(LTrim("      Hallo"))
```

Siehe auch   Left, Mid, Right, RTrim, Trim

Me (Eigenschaft)

Dieses Symbol bezieht sich auf die gerade aktive Klasseninstanz. Verwenden Sie den Befehl Me, um auf die Objektinstanz der aktuellen Klasse zu verweisen.

Syntax

```
Me
```

Parameter

Nicht vorhanden.

Rückgabewert   Nicht vorhanden.

Programmbeispiel

```
Me.Hide
```

Siehe auch   Show

Mid (Methode)

Liefert einen Teilstring des übergebenen Strings zurück, der der angegebenen Länge und der Startposition entspricht.

Diese Funktion erlaubt den Zugriff auf einen bestimmten Teilstring innerhalb eines anderen Strings. Der Parameter Start bestimmt, wo der gewünschte String beginnen soll. Die niedrigste Position eines Zeichens ist 1. Wird die Länge nicht übergeben, wird sie automatisch auf die verbleibende Länge des Strings gesetzt.

Syntax

Mid(Str, Start [,Length])

Parameter

- **Str** Erforderlich. Ein beliebiger gültiger String.
- **Start** Erforderlich. Startposition innerhalb des Strings. Muss größer oder gleich 1 sein.
- **Length** Optional. Länge des zurückgegebenen Teilstrings.

Rückgabewert Wert vom Typ String.

Programmbeispiel

```
Console.WriteLine(Mid("Hallo", 2))
Console.WriteLine(Mid("Hallo",2,3))
```

Siehe auch Left, Len, Right

Mid (Methode)

Ersetzt einen Teilstring eines übergebenen Strings, der der angegebenen Länge und Startposition entspricht.

Diese Funktion erlaubt die Ersetzung eines Teilstrings innerhalb eines anderen Strings. Der Parameter Start bestimmt, wo der gewünschte Teilstring beginnen soll. Die niedrigste Position eines Zeichens ist 1. Wird die Länge nicht übergeben, wird sie automatisch auf die Länge des verbleibenden Strings gesetzt.

Syntax

```
Mid(Target, Start [,Length]) = Str
```

Parameter

- ▸ **Target** Erforderlich. Beliebiger gültiger String.
- ▸ **Start** Erforderlich. Startposition innerhalb des Strings. Muss größer oder gleich 1 sein.
- ▸ **Length** Optional. Länge des zurückgegebenen Teilstrings.
- ▸ **Str** Erforderlich. Ein beliebiger gültiger String.

Rückgabewert Nicht vorhanden.

Programmbeispiel

```
Dim myStr As String = "Hallo Welt"
Mid(myStr,7,4) = "Erde"
Console.WriteLine(myStr)
```

Siehe auch Left, Mid (vorherige Definition), Right

Minute (Methode)

Gibt den Minutenanteil eines übergebenen Datums und einer übergebenen Zeit zurück.
Die Funktion Minute liefert den Minutenanteil eines Wertes vom Typ DateTime als Integer zwischen 0 und 59 zurück.

Syntax

```
Minute(dateObject)
```

Parameter

- ▸ **dateObject** Erforderlich. Das Datum, dessen Minutenwert bestimmt wird.

Rückgabewert Wert vom Typ Integer.

Programmbeispiel

```
Console.WriteLine(Minute(Now))
```

Siehe auch   Hour, Now, Second, TimeSerial, TimeValue

MIRR (Methode)

Gibt den geänderten internen Ertragssatz zurück.

Diese Methode funktioniert ähnlich wie die Methode IRR(). Es werden auch Finanzierungs- und Reinvestitionszinssätze hinzugefügt, um die Berechnung zu vervollständigen.

Syntax

```
MIRR(ValueArray(), FinanceRate, ReinvestRate)
```

Parameter

- **ValueArray**   Erforderlich. Ein Array, das mindestens einen positiven (Einzahlung) und einen negativen (Auszahlung) Eintrag enthält.
- **FinanceRate**   Erforderlich. Wert des berechneten Zinssatzes einer finanzierten Anlage.
- **ReinvestRate**   Erforderlich. Wert des Zinssatzes, den man bei Reinvestition von Kapital erhält.

Rückgabewert   Wert vom Typ Double.

Programmbeispiel

```
Dim myArray() As Double = {-50000, 12000, 15000, 10000}
Console.WriteLine(MIRR(myArray, .1, .12))
```

Siehe auch   DDB, FV, IPmt, IRR, NPer, NPV, Pmt, PPmt, PV, Rate, SLN, SYD

MkDir (Methode)

Erstellt ein neues Verzeichnis im angegebenen Pfad.
Dieser Befehl erstellt ein einzelnes Verzeichnis. Für die Anweisung müssen alle Verzeichnisse, die über dem zu erstellenden Verzeichnis stehen, vorhanden sein. Wenn die Information über den aktuellen Pfad nicht übergeben wird, wird der Ordner im Standardverzeichnis erzeugt.

Syntax

MkDir(Path)

Parameter
‣ Path   Beliebiger gültiger Pfadname.

Rückgabewert   Nicht vorhanden.

Programmbeispiel

MkDir("C:\vbtemp")

Siehe auch   ChDrive, ChDir, CurDir, Environ, FileCopy, FileOpen, Kill, RmDir

Mod (Methode)

Arithmetischer Modulo-Operator.
Mit dem Operator Mod können Sie den Rest einer Division bestimmen. Bleibt bei der Division kein Rest übrig, wird null zurückgegeben.

Syntax

B Mod C

Parameter
‣ B, C   Beliebige numerische Ausdrücke.

Rückgabewert   Wert vom Typ Integer.

Programmbeispiel
```
Console.WriteLine(9 Mod 5)
Console.WriteLine(9 Mod 2)
Console.WriteLine(9 Mod 3)
```

Siehe auch   /-Operator, CInt, Int

Month (Methode)

Gibt den Monat eines übergebenen Werts vom Typ **Date** zurück.
Diese Funktion liefert einen Integerwert zwischen 1 und 12 zurück,
der den Monat des übergebenen Datums repräsentiert.

Syntax
```
Month(DateValue)
```

Parameter
▸ **DateValue**   Ein gültiges DateTime-Objekt, dessen Monat bestimmt wird.

Rückgabewert   Wert vom Typ Integer.

Programmbeispiel
```
Console.WriteLine(Month(Now))
```

Siehe auch   CDate, DateAdd, DateDiff, DateSerial, DateValue, Day,
IsDate, Now, WeekDay, Year

MonthName (Methode)

Gibt einen **String** für den angegebenen Monat zurück.
Dieser Befehl liefert den Namen eines Monats, angegeben durch sein
numerisches Äquivalent (1 = Januar, 2 = Februar usw.), zurück. Die
Methode kann entweder den ganzen Monatsnamen oder eine Abkürzung zurückgeben.

Syntax

```
MonthName(Month [, abbreviate])
```

Parameter

- **Month**   Erforderlich. Nummer des Monats.
- **abbreviate**   Optional. Boolescher Wert, um zu bestimmen, ob der zurückgegebene String der abgekürzte Monatsname sein soll. Standardwert ist **False**.

Rückgabewert   Wert vom Typ String.

Programmbeispiel

```
Console.WriteLine(MonthName(3))
Console.WriteLine(MonthName(12, True))
```

Siehe auch   CDate, Format, FormatDateTime

MsgBox (Methode)

Zeigt eine Dialogbox mit Informationen an und kann auch eine Benutzerauswahl abfragen.

Die Messagebox ist eine der nützlichsten Funktionen in der Sprache Visual Basic, da sie dem Benutzer schnell Informationen anzeigen oder einfache Informationen abfragen kann, ohne dass ein völlig neues Formular erstellt werden muss. Da der MsgBox-Befehl sowohl als Funktion als auch als Anweisung verwendet werden kann, zeigt das Beispiel einige der Möglichkeiten, wie er aufgerufen werden kann. Beachten Sie, dass diese Dialogbox in VB.NET bevorzugt mit dem Befehl MessageBox.Show() angezeigt wird.

Die Typen der Boxen werden durch Zahlen repräsentiert, die die angezeigten Buttons und Icons und die Einstellung, ob das Fenster modal angezeigt wird, bestimmen. Die Schaltflächen umfassen u.a. den OK-Button (0), die Schaltflächen OK und Cancel (1), die Buttons Abort, Retry und Ignore (2), die Schaltflächen YesNoCancel (3), die Buttons Yes und No (4) und die Schaltflächen Retry und Cancel (5).

Zu den Icons gehören das Stop-Symbol (16), das Fragezeichen-Symbol (32), das Symbol Warnung (48) und das Symbol Information (64). Mit der Einstellung SystemModal (4096) werden alle Anwendungen unterbrochen, bis der Benutzer eine Schaltfläche der Messagebox anklickt. Die zurückgegebenen Werte können OK (1), Cancel (2), Abort (3), Retry (4), Ignore (5), Yes (6) oder No (7) sein.

Syntax

MsgBox(message [,boxtype] [,windowtitle])

Parameter

- **message**   Erforderlich. String, der die anzuzeigende Nachricht enthält.
- **boxtype**   Optional. Zusammenstellung aller Boxtypnummern, um die gewünschten Schaltflächen, Icons und Dialogtypen anzuzeigen.
- **windowtitle**   Optional. Titel der Messagebox.

Rückgabewert   Wert vom Typ Integer.

Programmbeispiel

```
MsgBox("Hallo Welt")
Dim result = MsgBox("Hallo Welt")
result = MsgBox("Was soll ich tun?", 2+16+4096, "Fortsetzen?")
```

Siehe auch   InputBox, Show

Namespace...End Namespace (Anweisung)

Deklariert den Namen eines Namensbereichs.
Dieser Befehl ordnet Klassen innerhalb der Namensbereichshierarchie an.

Syntax

```
Namespace name[.name]
  componenttypes
End Namespace
```

Parameter

‣ **name[.name]**   Erforderlich. Eindeutiger Name des Namensbereichs.
‣ **componenttypes**   Erforderlich. Elemente, wie z.B. Klassen, Delegaten, Enumerationen, Interfaces, Strukturen etc., aus denen sich der Namensbereich zusammensetzt.

Rückgabewert   Nicht vorhanden.

Programmbeispiel

```
Namespace myNS1
  Namespace myNS2
    Class myNewClass
      ' Methoden, Eigenschaften, Ereignisse
    End Class
  End Namespace
End Namespace
```

Siehe auch   Class...End Class, Delegate...End Delegate,
Interface...End Interface

Not (Operator)

Logische Negation.
Die Verwendung des Not-Operators mit einer Zahl erzeugt das bitweise Negative, das aber nicht dasselbe ist wie das richtige Negative. Zur Demonstration können Sie Not im Direktfenster verwenden.

Syntax

Not expression

Parameter

‣ **expression** Ein gültiger mathematischer Ausdruck.

Rückgabewert Wert vom Typ Object.

Programmbeispiel

```
Console.WriteLine(Not True)
Console.WriteLine(Not 2=2)
Console.WriteLine(Not 10)
```

Siehe auch And, Exp, Or, XOR

Now (Methode)

Gibt das aktuelle Systemdatum und die Systemuhrzeit zurück.
Diese Funktion liefert einen Wert vom Typ Date zurück, der das aktuelle Datum und die aktuelle Zeit des Systems enthält.

Syntax
Now

Parameter
Nicht vorhanden.

Rückgabewert Wert vom Typ DateTime.

Programmbeispiel

```
Console.WriteLine(Now)
```

Siehe auch   DateAdd, DateDiff, DateSerial, DateValue, Day, Hour, IsDate, Minute, Month, Second, TimeOfDay, Timer, TimeSerial, TimeValue, Today, WeekDay, Year

NPer (Methode)

Gibt die Anzahl von Zahlungszeiträumen in einer Annuität zurück. Der zurückgegebene Wert basiert auf den festen regelmäßigen Zahlungen und einem fixen Zinssatz. Der Zinssatz bestimmt die Zinsen pro Zahlungszeitraum, wie z.B. 0.08821 pro Monat. Die regelmäßigen Zahlungen legen die Höhe der Zahlung in jedem Zahlungszeitraum fest. Der aktuelle Wert bestimmt den Wert einer Folge von zukünftigen Ein- und Auszahlungen.

Der zukünftige Wert ist der gewünschte Barbetrag, den man erreichen möchte, wenn alle Zahlungen getätigt wurden. Der Parameter Due legt fest, ob die Zahlungen am Ende (0), Standardwert, oder am Anfang (1) eines Zahlungszeitraumes fällig sind.

Syntax

```
NPer(Rate, Pmt, PV [, FV, Due]
```

Parameter

- ‣ **Rate**   Erforderlich. Zinssatz für die Berechnungen.
- ‣ **Pmt**   Erforderlich. Höhe der regelmäßigen Zahlungen.
- ‣ **PV**   Erforderlich. Aktueller Betrag der Zahlungen.
- ‣ **FV**   Optional. Zukünftiger Wert oder gewünschter Barbetrag.
- ‣ **Due**   Optional. Bestimmt, ob die Zahlung am Ende oder am Anfang des Zahlungszeitraumes fällig ist. Standardwert ist DueDate.EndOfPeriod.

Rückgabewert   Wert vom Typ Double.

Programmbeispiel

```
Console.WriteLine(NPer(.0821, 400, 2000))
```

Siehe auch   DDB, FV, IPmt, IRR, MIRR, NPV, Pmt, PPmt, PV, Rate, SLN, SYD

NPV (Methode)

Gibt den Nettobarwert basierend auf Aus- und Einzahlungen und einem Diskontsatz zurück.

Diese Funktion bestimmt den aktuellen Wert einer zukünftigen Folge von Investitionen. Diese enthalten die Cashflow-Werte von Auszahlungen (negativ) und Einzahlungen (positiv). Der Diskontsatz wird als Prozentsatz bezogen auf den Investitionszeitraum angegeben.

Syntax

```
NPV(Rate, ValueArray())
```

Parameter

- **Rate**   Der Diskontsatz ausgedrückt als Dezimalzahl (wie z.B. 5 Prozent = 0.05).
- **ValueArray**   Erforderlich. Array, das mindestens eine Ein- und eine Auszahlung enthalten muss.

Rückgabewert   Wert vom Typ Double.

Programmbeispiel

```
Dim myArray() As Double = {-50000, 12000, 15000, 10000}
Console.WriteLine(NPV(.05, myArray))
```

Siehe auch   DDB, FV, IPmt, IRR, MIRR, NPer, Pmt, PPmt, PV, Rate, SLN, SYD

Oct (Methode)

Konvertiert eine Zahl in ihr oktales Äquivalent.
Diese Funktion erzeugt einen String, der die Oktalzahl (Basis 8) des
übergebenen Wertes enthält.

Syntax

Oct(Expression)

Parameter

‣ **Expression**   Erforderlich. Beliebiger numerischer Ausdruck.

Rückgabewert   Wert vom Typ String.

Programmbeispiel

```
Console.WriteLine(Oct(7))
Console.WriteLine(Oct(8))
Console.WriteLine(Oct(63))
Console.WriteLine(Oct(64))
```

Siehe auch   Hex, Val

On Error... (Anweisung)

Erzeugt eine Fehlerbehandlungsroutine und springt zu einem vorher angegebenen Programmteil, wenn ein Fehler auftritt.
Die Routine On Error übernimmt die Kontrolle, wenn ein Fehler auftritt. Wenn es in der On Error-Routine festgelegt ist, springt ein
GoTo-Befehl zu einem angegebenen Error-Handler oder einer Zei-
lennummer. Der Befehl On Error Resume Next ignoriert einfach den
Fehler und führt die darauf folgende Anweisung aus. Der Befehl On
Error GoTo 0 schaltet den aktuellen Error-Handler in dieser Prozedur oder Funktion aus.

Syntax

Err-Marke setzen:

`On Error GoTo` error-handler
error-handler:
  [statements]
`Resume` [[0] | Next | line-number | line-label]

oder

`On Error Resume Next`

oder

`On Error GoTo 0`

Parameter

- **error-handler**   Marke, die die Position des Error-Handlers angibt.

Rückgabewert   Nicht vorhanden.

Programmbeispiel

```
Sub mysub()
  On Error Resume Next
  Error 6
  Beep()
End Sub
```

Siehe auch   Err-Objekt, Error, Resume

Option Compare (Anweisung)

Setzt den Standardwert der Vergleichsmethode für Strings.

Wenn Strings verglichen werden, können sie mit Verwendung der Binary-Methode, die zwischen Groß- und Kleinschreibung, anderen Alphabeten usw. unterscheidet, oder der Text-Methode verglichen werden, die dies nicht unterscheidet. Der Standardwert ist der Binary-Modus.

Syntax
Option Compare Binary | Text

Parameter
▸ Binary | Text   Erforderlich. Gibt die Vergleichsmethode an.

Rückgabewert   Nicht vorhanden.

Programmbeispiel
Option Compare Text

Siehe auch   Option Explicit, StrComp

Option Explicit (Anweisung)

Legt fest, dass alle Variablen explizit definiert werden müssen.
Der Befehl Option Explicit bewirkt, dass die Ausführung einen
Fehler generiert, wenn eine Variable nicht explizit mit dem Dim-Be-
fehl deklariert wurde.

Syntax
Option Explicit On | Off

Parameter
Nicht vorhanden.

Rückgabewert   Nicht vorhanden.

Programmbeispiel
Option Explicit On

Siehe auch   Dim

Option Strict (Anweisung)

Verhindert eine implizite Datentypkonvertierung, die zu einem
Datenverlust führen würde, da der Zieldatentyp einen genauso
großen bzw. größeren Wertebereich als der Quelldatentyp haben
muss.

Die Verwendung des Befehls Option Strict bewirkt, dass bei einer
impliziten Datentypkonvertierung der Zieldatentyp genauso groß
oder größer sein muss als der Quelldatentyp. Diese Anweisung muss
vor dem restlichen Programmcode stehen. Option Strict verhindert
auch späte Bindung.

Syntax

Option Strict On | Off

Parameter
Nicht vorhanden.

Rückgabewert Nicht vorhanden.

Programmbeispiel

Option Strict On

Siehe auch Option Compare, Option Explicit

Or (Operator)

Logisches Oder.
Der Operator Or führt ein logisches Oder mit zwei Zahlenausdrücke
aus oder bestimmt den logischen Wahrheitswert zweier boolescher
Werte.

Syntax

a **Or** b

Parameter

‣ a, b   Erforderlich. Beliebige gültige boolesche Ausdrücke.

Rückgabewert   Wert vom Typ Boolean.

Programmbeispiel

```
Console.WriteLine(True Or False)
Console.WriteLine(True Or True)
Console.WriteLine(False Or False)
Console.WriteLine(1=2 Or 1=1)
```

Siehe auch   And, False, Not, True, XOR

OrElse (Operator)

Logischer Oder-Kurzschlussoperator.
Der Or-Operator liefert ein boolesches Ergebnis berechnet aus zwei
Werten. Der OrElse-Operator arbeitet ganz ähnlich, nur dass ein
»Kurzschluss« auftritt, wenn der erste Ausdruck den Wert True hat.
In diesem Fall wird sofort True zurückgegeben und der zweite Aus-
druck nicht mehr ausgewertet.

Syntax

a OrElse b

Parameter

‣ a, b   Erforderlich. Beliebige gültige boolesche Ausdrücke.

Rückgabewert   Wert vom Typ Boolean.

Programmbeispiel

```
Console.WriteLine(True OrElse False)
Console.WriteLine(True OrElse True)
Console.WriteLine(False OrElse False)
Console.WriteLine(1=2 OrElse 1=1)
```

Siehe auch   And, AndAlso, False, Not, True, XOR

Partition (Methode)

Liefert einen **String** zurück, der angibt, an welcher Stelle eine übergebene Zahl innerhalb eines bestimmten Zahlenbereichs vorkommt.

Diese Funktion berechnet Wertebereiche und gibt einen bestimmten Bereich, in den die angegebene Zahl fällt, zurück. Der zurückgegebene **String** stellt den Bereich im Format start:end dar.

Syntax

Partition(Number, Start, Stop, Interval)

Parameter

- **Number** Erforderlich. Zahl, die mit den Wertebereichen verglichen wird.
- **Start** Erforderlich. Eine Zahl, die nicht kleiner als 0 sein darf und den Anfang der Bereiche angibt.
- **Stop** Erforderlich. Eine Zahl, die das Ende der Bereiche angibt.
- **Interval** Erforderlich. Zahl, die die Größe jedes Bereiches angibt und größer als 1 sein muss.

Rückgabewert Wert vom Typ String.

Programmbeispiel

Console.WriteLine(Partition(20,0,400,30))

Siehe auch InStr

Pmt (Methode)

Gibt den Zahlungsbetrag für eine Annuität zurück.

Die Zahlung wird aus den Werten für die regelmäßigen festen Zahlungen und dem fixen Zinssatz berechnet. Der Zinssatz wird als Prozentzahl für alle Zahlungszeiträume angegeben.

Syntax

```
Pmt(Rate, NPer, PV [,FV ,Due])
```

Parameter

- **Rate**   Erforderlich. Zinssatz für die Berechnungen.
- **NPer**   Erforderlich. Gesamtanzahl der Zahlungsperioden.
- **PV**   Erforderlich. Aktueller Betrag der Zahlungen.
- **FV**   Optional. Zukünftiger Wert oder gewünschter Barbetrag.
- **Due**   Optional. Gibt an, ob die Zahlungen am Ende oder am Anfang einer Zahlungsperiode fällig sind. Standardwert ist auf DueDate.EndOfPeriod gesetzt.

Rückgabewert   Wert vom Typ Double.

Programmbeispiel

```
Console.WriteLine(Pmt(.0081, 48, 10000))
```

Siehe auch   DDB, FV, IPmt, IRR, MIRR, NPer, NPV, PPmt, PV, Rate, SLN, SYD

PPmt (Methode)

Gibt den Tilgungsbetrag für eine Annuität zurück.
Diese Funktion berechnet den Tilgungsbetrag aus regelmäßigen Zahlungen und einem konstanten Zinssatz.

Syntax

```
PPmt(Rate, Per, NPer, PV [, FV, Due]
```

Parameter

- **Rate**   Erforderlich. Zinssatz für die Berechnungen.
- **Per**   Erforderlich. Bestimmter Zahlungszeitraum.
- **NPer**   Erforderlich. Gesamtanzahl der Zahlungen oder Zahlungszeiträume.
- **PV**   Erforderlich. Aktueller Betrag der Zahlungen.

- ▸ **FV** Optional. Zukünftiger Wert oder gewünschter Barbetrag.
- ▸ **Due** Optional. Gibt an, ob die Zahlungen am Ende oder am Anfang einer Zahlungsperiode fällig sind. Standardwert ist auf DueDate.EndOfPeriod gesetzt.

Rückgabewert Wert vom Typ Double.

Programmbeispiel

```
Console.WriteLine(PPmt(.0081, 12, 48, 10000))
```

Siehe auch DDB, FV, IPmt, IRR, MIRR, NPer, NPV, Pmt, PV, Rate, SLN, SYD

Print, PrintLine (Methode)

Schreibt Textdaten in eine bestimmte, sequenzielle Datei.
Die Anweisungen Print und PrintLine schreiben Variablen oder formatierten Text in die mit ihrer Dateinummer angegebene Datei. Print und PrintLine haben identische Funktionsweisen, außer dass PrintLine einen Zeilenvorschub am Ende jeder Zeile einfügt.

Syntax

```
Print(FileNumber As Integer, ParamArray Output()
  As Object)
PrintLine(FileNumber As Integer, ParamArray Output()
  As Object)
```

Parameter

- ▸ **FileNumber** Erforderlich. Beliebige gültige Dateinummer einer geöffneten Datei.
- ▸ **Output** Erforderlich. In der Ausgabeliste kann eine beliebige Anzahl an Elementen enthalten sein, wie z.B. Strings, Leerzeichen, Tabulatoren oder Ausdrücke.

Rückgabewert Nicht vorhanden.

Programmbeispiel

```
FileOpen(1, "C:\test.txt", OpenMode.Output)
Print(1, "1... ")
Print(1, "2... ")
Print(1, "3... ")
Print(1, "Bumm! ")
PrintLine(1, "Hallo ", "Welt")
PrintLine(1, "Spalte 1", TAB(), "Spalte 2", SPC(5), _
  "Spalte 3")
FileClose(1)
```

Siehe auch   FileClose, FileOpen, FilePut

Private (Anweisung)

Setzt den variablen Gültigkeitsbereich für eine bestimmte Klasse, ein Formular, ein Modul oder eine Routine auf **Private**.
Die Verwendung des Schlüsselwortes Private begrenzt die Zugriffsreichweite eines Formulars, eines Moduls, einer Prozedur, einer Klasse oder einer Funktion.

Syntax

Private [Function | Sub | Class | methodname |
  variablename]

Parameter
Nicht vorhanden.

Rückgabewert   Nicht vorhanden.

Programmbeispiel

Private a **As Integer**

Siehe auch   Dim, Friend, Function...End Function, Public, Sub...End Sub

Property...End Property (Anweisung)

Deklariert eine Eigenschaftverwaltungsroutine.

Die Verwendung der Property-Anweisungen erlaubt dem Programm den direkten Zugriff auf intern benutzte (meist private) Eigenschaften zu minimieren. In der objektorientierten Programmierung wird die Verwendung dieser Anweisungen auch *Kapselung* genannt. Durch die Erstellung einer indirekten Methode, um auf die Eigenschaften zuzugreifen, wirken sich interne Änderungen nicht auf Programme aus, die auf die Eigenschaften zugreifen. Auch die Überprüfung von Schranken kann durchgeführt werden, bevor Änderungen an den Eigenschaften vorgenommen wurden.

Syntax

```
[Public | Private] [Static]
Property name [(arglist)] As type]
  Get [statements] End Get
  Set [statements] End Set
End Property
```

Parameter

- **name** Erforderlich. Beliebiger gültiger Name.
- **arglist** Erforderlich. Liste von Variablen, die übergeben werden, wenn die Eigenschaft aufgerufen wird.

Rückgabewert Nicht vorhanden.

Programmbeispiel

```
Private NumBeersInPack As Integer = 1
Property Beer() As Integer
  Get
    Beer = NumBeersInPack
  End Get
  Set (ByVal Value As Integer)
```

```
    If Value < 1 Or Value > 6 Then
      ' Nicht erlaubt!
    Else
      NumBeersInPack = Value
    End If
  End Set
End Property
```

Siehe auch   Function...End Function, Sub...End Sub

Public (Anweisung)

Setzt den variablen Gültigkeitsbereich für den Zugriff von außen auf ein Formular, eine Klasse oder ein Modul auf **Public.**
Die Verwendung der Public-Anweisung erweitert den Gültigkeitsbereich einer Klasse, eines Formulars, eines Moduls, einer Prozedur oder Funktion, so dass andere Objekte auf diese zugreifen können. Externe Objekte können nur über den Namen des übergeordneten Objektes auf ein mit Public deklariertes Member zugreifen (wie z.B. myPublicForm.myPublicSub)

Syntax
Public [Function | Sub | Class | variablename]

Parameter
Nicht vorhanden.

Rückgabewert   Nicht vorhanden.

Programmbeispiel
Public a **As Integer**

Siehe auch   Dim, Friend, Function...End Function, Private, Property...End Property, Sub...End Sub

PV (Methode)

Liefert den aktuellen Wert der Annuität zurück.

Diese Funktion berechnet den aktuellen Annuitätswert aus den regelmäßigen Zahlungen und einem konstanten Zinssatz.

Syntax

```
PV(Rate, NPer, Pmt [, FV, Due])
```

Parameter

- ▸ **Rate** Erforderlich. Zinssatz für die Berechnungen.
- ▸ **NPer** Erforderlich. Gesamtanzahl der Zahlungen oder Zahlungszeiträume.
- ▸ **Pmt** Erforderlich. Der Zahlungsbetrag pro Zahlungsperiode.
- ▸ **FV** Optional. Zukünftiger Wert oder angestrebter Barbetrag.
- ▸ **Due** Optional. Bestimmt, ob die Zahlung am Anfang oder Ende eines Zahlungszeitraums fällig wird. Der Standardwert ist auf `DueDate.EndOfPeriod` gesetzt.

Rückgabewert Wert vom Typ `Double`.

Programmbeispiel

```
Console.WriteLine(PV(.0081, 48, 2000))
```

Siehe auch DDB, FV, IPmt, IRR, MIRR, NPer, NPV, Pmt, PPmt, Rate, SLN, SYD

QBColor (Methode)

Gibt einen Farbwert vom Datentyp Long einer QuickBasic-Farbe zurück.

Mit diesem Befehl kann schnell auf einfache Farben zugegriffen werden, die vom QuickBasic-System (in älteren Windows-Versionen vorhanden) unterstützt werden. Zu den QuickBasic-Farben gehören: Schwarz (0), Blau (1), Grün (2), Zyan (3), Rot (4), Magenta (5), Gelb

(6), Weiß (7), Grau (8), Hellblau (9), Hellgrün (10), Hellzyan (11), Hellrot (12), Hellmagenta (13), Hellgelb (14) und Strahlend Weiß (15).

Syntax

```
QBColor(color)
```

Parameter

▸ color   Erforderlich. Eine Zahl zwischen 0 und 15.

Rückgabewert   Wert vom Typ Long.

Programmbeispiel

```
Console.WriteLine(QBColor(7))
```

Siehe auch   RGB

RaiseEvent (Methode)

Simuliert das Auftreten eines Ereignisses für benutzerdefinierte Ereignisse.
Dieser Befehl erzeugt ein Ereignis für ein Formular, eine Klasse oder ein Dokument. Es muss ein benutzerdefiniertes Ereignis sein, das explizit mit dem Modul deklariert wird.

Syntax

```
RaiseEvent eventname [(argumentList)]
```

Parameter

▸ eventname   Erforderlich. Name des zu aktivierenden Ereignisses.
▸ argumentList   Optional. Liste beliebiger Argumente, die an das Ereignis übergeben werden.

Rückgabewert   Nicht vorhanden.

Programmbeispiel

```
' Modulebene mit einem Klassenmodul
Event IDConfirmed(UserName As String)

Sub IDConfirmation
  RaiseEvent IDConfirmed("mitp")
End Sub
```

Siehe auch   Call

Randomize (Methode)

Initialisiert den Zufallszahlengenerator.
Diese Anweisung setzt den Zufallsgenerator auf eine neue Startzahl.
Rufen Sie diese Funktion auf, bevor Sie zum ersten Mal die Funktion
Rnd() verwenden, um eine benutzerdefinierte Ausgabe von Zufalls-
werten zu erhalten.

Syntax

```
Randomize [Number]
```

Parameter

‣ **Number** Optional. Beliebiger gültiger Zahlenausdruck. Wird der
  Wert weggelassen, wird der Systemzeitgeber für den Startwert
  verwendet.

Rückgabewert   Nicht vorhanden.

Programmbeispiel

```
Randomize()
Console.WriteLine(Rnd)
```

Siehe auch   Rnd, Timer

Rate (Methode)

Gibt den Zinssatz pro Zahlungszeitraum, berechnet aus einer Annuität, zurück.

Der Zahlungsbetrag wird aus den Werten der regelmäßigen konstanten Zahlungen und einem festen Zinssatz berechnet. Die Funktion Rate liefert den Zinssatz pro Zahlungszeitraum zurück, berechnet durch die übergebenen Faktoren.

Syntax

Rate(NPer, Pmt, PV [, FV, Due, Guess])

Parameter

- ▸ **NPer**   Erforderlich. Gesamtanzahl der Zahlungen oder Zahlungszeiträume.
- ▸ **Pmt**   Erforderlich. Der Zahlungsbetrag pro Zahlungszeitraum.
- ▸ **PV**   Erforderlich. Aktueller Betrag der Zahlungen.
- ▸ **FV**   Optional. Zukünftiger Wert oder angestrebter Barbetrag.
- ▸ **Due**   Optional. Bestimmt, ob die Zahlung am Anfang oder Ende eines Zahlungszeitraums fällig wird. Der Standardwert ist auf DueDate.EndOfPeriod gesetzt.
- ▸ **Guess**   Optional. Ihre Abschätzung des Zinssatzes. Wird dieser Wert weggelassen, wird er auf 0.1 (10 %) gesetzt.

Rückgabewert   Wert vom Typ Double.

Programmbeispiel

Console.WriteLine(Rate(24, -2000, 12000))

Siehe auch   DDB, FV, IPmt, IRR, MIRR, NPer, NPV, Pmt, PPmt, PV, SLN, SYD

ReDim (Anweisung)

Redimensioniert die Größe eines Arrays und lässt die Daten des Arrays intakt.

Dieser Befehl kann verwendet werden, um die Größe eines Arrays neu zu bestimmen. Wird das Array vergrößert, sind die hinzugekommenen Arrayeinträge leer. Ist die Größe kleiner, wird das Array gekürzt und die Werte, die nun außerhalb der Arraygröße liegen, gehen verloren. Beachten Sie, dass in VB.NET die Redim-Anweisung nicht, wie in älteren VB-Versionen, verwendet werden kann, um ein Array zu erzeugen. Ein Array muss zunächst mit der Anweisung Dim erstellt werden, bevor Redim auf das Array angewendet werden kann.

Syntax

```
ReDim [Preserve] name [subscript-range] [As type]
[(, namesubscript-range) As type ]]
```

Parameter

▸ Preserve   Optional. Erhält die Daten des Arrays.

Rückgabewert   Nicht vorhanden.

Programmbeispiel

```
Dim myPainters() As String =
  {"Da Vinci", "Michelangelo", "Raphael"} _
ReDim Preserve myPainters(10)
  Dim i As Integer
  For i = 0 To 10
    Console.WriteLine(myPainters(i))
  Next
```

Siehe auch   Dim, Erase

Rem (Anweisung)

Bewirkt, dass der Compiler den nachfolgenden Text in der aktuellen Zeile nicht berücksichtigt.

Der Befehl für Bemerkungen (Remark) kann an beliebiger Stelle in einer Programmzeile verwendet werden. Der gesamte darauf folgende Text bis zum Ende der Zeile wird dann vom Compiler ignoriert.

Syntax

Rem comment

Parameter

‣ comment   Optional. Beliebiger Text.

Rückgabewert   Nicht vorhanden.

Programmbeispiel

Rem Hier wird nichts gemacht.
Dim a As Integer

Siehe auch   '-Operator

RemoveHandler (Methode)

Entfernt die Verbindung zwischen einem Handler und einem angegebenen Ereignis, die mit der **AddHandler**-Anweisung eingefügt wurde.

Das Schlüsselwort RemoveHandler entfernt die Verbindung zwischen einer Handler-Routine und einem bestimmten Ereignis.

Syntax

RemoveHandler(eventName, handlerAddress)

Parameter

‣ eventName   Erforderlich. Der Name des Ereignisses, das den Handler aktiviert.

> ‣ **handlerAddress** Erforderlich. Name der Routine, die das Ereignis behandelt.

Rückgabewert Nicht vorhanden.

Programmbeispiel

`RemoveHandler cmdOK.Click, AddressOf cmdOK_Click`

Siehe auch AddHandler

Rename (Methode)

Benennt eine Datei, ein Verzeichnis oder Ordner um.
Gegebenenfalls kann z.B. eine Datei bei der Umbenennung in einen anderen Ordner verschoben werden. Sie können keine geöffnete Datei umbenennen. Diese Anweisung wird wie die Name-Anweisung in früheren VB-Versionen verwendet.

Syntax

`Rename(OldPath As String, NewPath As String)`

Parameter

‣ **OldPath, NewPath** Erforderlich. OldPath muss ein gültiger Pfad oder eine gültige Datei sein. NewPath darf noch nicht existieren, sonst wird ein Fehler ausgegeben.

Rückgabewert Nicht vorhanden.

Programmbeispiel

`Rename("C:\test.txt", "C:\Test\test2.txt")`

Siehe auch ChDir, ChDrive, CurDir, Environ, Kill, Open

Replace (Methode)

Liefert einen String zurück, in dem ein Teilstring so oft wie angegeben ersetzt wurde.

Dieser Befehl beginnt an der im Parameter `Start` angegebenen Position und ersetzt einen Teilstring so oft, wie durch den Parameter `Count` optional festgelegt wurde.

Syntax

```
Replace(Expression, Find, Replacement
  [, Start [, Count [, Compare]]])
```

Parameter

- **Expression** Erforderlich. Ausgangsstring, in dem nach dem Parameter `Find` gesucht wird.
- **Find** Erforderlich. Der `String`, nach dem innerhalb des Ausgangsstrings gesucht wird.
- **Replacement** Erforderlich. Der `String`, der die gefundenen Zeichenfolgen ersetzen soll.
- **Start** Optional. Zeichenposition, an der mit der Suche begonnen wird und der größer oder gleich 1 ist.
- **Count** Optional. Anzahl der durchzuführenden Ersetzungen. Wird der Wert nicht übergeben, werden alle gefundenen Strings ersetzt.
- **Compare** Optional. Vergleichstyp, der für die Ersetzungen angegeben wird. Mögliche Werte sind: `vbBinaryCompare` (0) oder `vbTextCompare` (1). Standardwert ist `vbBinaryCompare`.

Rückgabewert Wert vom Typ `String`.

Programmbeispiel

```
Console.WriteLine(Replace( _
  "Hallo fh dies fh ist fh ein fh Test fh." , _
  "fh", "**"))
```

Siehe auch InStr

Reset (Methode)

Schließt alle geöffneten Dateien.
Alle Dateien, die mit dem Befehl FileOpen geöffnet wurden, werden
geschlossen und der Inhalt ihrer Dateipuffer wird gespeichert. Diese
Anweisung funktioniert genauso wie der Befehl FileClose, wenn
diesem keine Werte übergeben werden.

Syntax
Reset()

Parameter
Nicht vorhanden.

Rückgabewert Nicht vorhanden.

Programmbeispiel
Reset()

Siehe auch ChDir, ChDrive, End, FileClose, FileOpen, FreeFile

Resume (Anweisung)

**Setzt die Ausführung fort, nachdem eine Fehlerbehandlungsrou-
tine abgearbeitet wurde.**
Der Befehl Resume kann die Ausführung am Anfang der Prozedur
(Resume 0), bei der nächsten verfügbaren Anweisung (Resume Next)
oder an einer bestimmten markierten Zeile oder einer Marke fortset-
zen.

Syntax
Resume [[0] | Next | line-number | line-label]

Parameter
▸ **line-number | line-label**   Eine Marke, an der die Ausführung
  fortgesetzt wird.

Rückgabewert Nicht vorhanden.

Programmbeispiel
```
On Error Resume Next
Error 6
Beep()
```

Siehe auch On Error...

Return (Anweisung)

Bewirkt, dass die Ausführung aus dem Aufruf einer Subroutine zurückkehrt.
Der Befehl Return gibt die Ausführungskontrolle an die Position zurück, an der die Subroutine aufgerufen wurde.

Syntax
Return [expr]

Parameter
Nicht vorhanden.

Rückgabewert expr

Programmbeispiel
```
Function myRoutine() As Integer
  Return 1
End Function
```

Siehe auch Call

RGB (Methode)

Liefert einen Integerwert zurück, der drei übergebene RGB-Werte repräsentiert.
Diese Funktion konvertiert einen Rot-, einen Grün- und einen Blau-Wert in ein Integerformat, das typischerweise von Windows für z.B.

Zeichnungen oder die Hintergrundfarbe eines Fensters verwendet wird.

Syntax

RGB(red, green, blue)

Parameter

▸ **red, green, blue**   Integerwerte zwischen 0 und 255.

Rückgabewert   Wert vom Typ Integer.

Programmbeispiel

Console.WriteLine(RGB(0, 255, 0))

Siehe auch   QBColor

Right (Methode)

Liefert einen **String** zurück, der die angegebene Zeichenanzahl des rechten Teils einer übergebenen Zeichenfolge beinhaltet.
Diese Funktion kann verwendet werden, um einen angegebenen Teilstring von rechts nach links aus einem String herauszunehmen und diesen als separate Zeichenfolge zurückzugeben.

Syntax

Right(Expression, Length)

Parameter

▸ **Expression**   Beliebige Zeichenfolge.
▸ **Length**   Anzahl der Zeichen, die in dem Teilstring zurückgegeben werden soll.

Rückgabewert   Wert vom Typ String.

Programmbeispiel
```
Console.WriteLine( _
  Microsoft.VisualBasic.Right("Hallo Welt", 4))
```

Siehe auch   Left, Mid

RmDir (Methode)

Löscht das angegebene leere Verzeichnis.
Das zu entfernende Verzeichnis darf keine Dateien enthalten, sonst
wird eine Ausnahme ausgelöst. Sie können den Befehl Kill verwenden, um die Dateien vor dem Entfernen des Verzeichnisses zu löschen.

Syntax
```
RmDir (Path)
```

Parameter
- **Path**   String mit dem Format [drive:][dir[subdir][subdir]...

Rückgabewert   Nicht vorhanden.

Programmbeispiel
```
RmDir ("C:\tempdir")
```

Siehe auch   CurDir, Kill, MkDir

Rnd (Methode)

Liefert eine Zufallszahl zurück.
Diese Funktion gibt einen Singlewert zwischen 0 und 1 zurück, der
eine zufallsgenerierte Zahl enthält. Sie können einen bestimmten
Startwert für die Zufallszahl angeben. Für Zufallszahlen innerhalb
eines bestimmten Bereichs können Sie Int((ub - lb + 1) * Rnd +
lb) verwenden, wobei ub für die obere Schranke und lb für die untere Schranke steht.

Syntax

Rnd [(number)]

Parameter

▸ **number**   Optional. Beliebiger gültiger Zahlenwert.

Rückgabewert   Wert vom Typ Single.

Programmbeispiel

```
Console.WriteLine(Rnd)
Console.WriteLine(Int((25 - 5 + 1) * Rnd + 5))
```

Siehe auch   Randomize

Round (Methode)

Rundet die übergebene Zahl auf angegebenen Dezimalstellen.
Diese Funktion rundet einen numerischen Ausdruck (der Datentypen
Integer, Double, Single und Object) auf eine bestimmte Anzahl von
Dezimalstellen. Wird die Anzahl der Dezimalstellen nicht angegeben,
wird ein gerundeter Integerwert zurückgegeben.

Syntax

Round(num [, numDecimalPlaces])

Parameter

▸ **num**   Erforderlich. Zahl die gerundet wird.
▸ **numDecimalPlaces**   Optional. Anzahl der Stellen auf der rechten Seite des Dezimalzeichens, auf die gerundet werden soll.

Rückgabewert   Wert vom Typ Double.

Programmbeispiel

```
Console.WriteLine(System.Math.Round(1.2268))
Console.WriteLine(System.Math.Round(1.2268, 2))
```

Siehe auch   Fix, Format, Int

RSet (Methode)

Richtet einen **String** nach rechts innerhalb eines Zielstrings aus und füllt die verbleibenden Stellen mit Leerzeichen.

Dieser Befehl kopiert im Wesentlichen den Quellstring in einen neuen **String** und fügt Leerzeichen an, wenn die angegebene Länge größer als der Quellstring ist. Ist die übergebene Länge beispielsweise 10, würde eine Zeichenfolge mit 5 Zeichen in den Zielstring kopiert und 5 Leerzeichen angefügt. Dieser Befehl kann auch verwendet werden, um aus einer benutzerdefinierten Variablen in eine andere Variable derselben Länge zu kopieren.

Syntax

RSet(Source, Length)

Parameter

- **Source**   Erforderlich. Rechtsausgerichteter **String**, der kopiert wird.
- **Length**   Erforderlich. Länge des zurückgegebenen Strings.

Rückgabewert   Wert vom Typ **String**.

Programmbeispiel

```
Dim a As String = RSet("Hallo", 10)
Console.WriteLine (a + "<--Ende")
```

Siehe auch   LSet

RTrim (Methode)

Liefert einen Teilstring zurück, von dem die angehängten Leerzeichen von rechts her entfernt worden sind.

Die Funktion RTrim ist das Komplement zu der Funktion LTrim, gibt aber einen **String** zurück, der von rechts nach links durchsucht worden ist. Alle Leerzeichen auf der rechten Seite des Strings werden entfernt.

Syntax

RTrim(Expression)

Parameter

- **Expression** Erforderlich. Beliebiger gültiger String.

Rückgabewert Wert vom Typ String.

Programmbeispiel

Console.WriteLine(RTrim("Hallo   ") + "<--Ende")

Siehe auch LTrim

SaveSetting (Methode)

Schreibt einen Eintrag in die Windows-Registrierung.
Diese Funktion schreibt einen Eintrag in den angegebenen Anwendungsabschnitt der Windows-Registrierung.

Syntax

SaveSetting(AppName, Section, Key, Setting)

Parameter

- **AppName** Erforderlich. Name des Anwendungsabschnitts in der Registrierung.
- **Section** Erforderlich. Abschnitt, in dem die Schlüsseleinstellung gespeichert wird.
- **Key** Erforderlich. Name des Schlüssels, der gespeichert wird.
- **Setting** Erforderlich. Wert, der in dem Schlüssel gespeichert wird.

Rückgabewert Nicht vorhanden.

Programmbeispiel

SaveSetting("myApp", "Prefs", "Indy", 500)

Siehe auch DeleteSetting, GetAllSettings, GetSetting

Second (Methode)

Liefert die Sekunden eines übergebenen Datums und einer übergebenen Zeit zurück.

Die Funktion Second gibt die Sekunden eines Werts vom Typ Date zurück. Es wird einen Integerwert zwischen 0 und 59 zurückgeliefert.

Syntax

Second(DateValue)

Parameter

‣ **DateValue** Erforderlich. Wert vom Typ DateTime, dessen Sekundenanteil bestimmt wird.

Rückgabewert Wert vom Typ Integer.

Programmbeispiel

Console.WriteLine(Second(Now))

Siehe auch Hour, Minute, Now, Time, TimeSerial, TimeValue

Seek (Methode)

Gibt die Lese-/Schreibposition einer geöffneten Datei zurück.

Wird ihr eine Dateinummer übergeben, liefert diese Funktion einen Wert vom Typ Long zurück, der davon abhängt, auf welche Art von Datei zugegriffen wird. Wurde diese Datei im Random-Modus geöffnet, wird die Nummer des nächsten Datensatzes zurückgegeben. Wurde die Datei im Binary-, Output-, Append- oder Input-Modus geöffnet, wird die Byteposition (beginnend bei Byte 1) zurückgeliefert.

Syntax

Seek(FileNumber [, Position]

Parameter

▸ **FileNumber** Erforderlich. Nummer einer aktuell geöffneten Datei.
▸ **Position** Optional. Position der nächsten Datensatznummer (im Random-Modus geöffnete Dateien) oder nächsten Bytenummer, an der gelesen bzw. geschrieben wird.

Rückgabewert Wert vom Typ Long.

Programmbeispiel

```
FileOpen(1, "C:\test.txt", OpenMode.Random)
Console.WriteLine(Seek(1))
FileClose(1)
```

Siehe auch FileGet, FileLen, FileOpen, FilePut, Loc

Select Case (Anweisung)

Führt eine Gruppe von Anweisungen aus, wenn ein Ausdruck dem Parameter **textexpression** entspricht.

Die Anweisung Select Case ist eine erweiterte Form der If...Then...Else-Struktur, an die ein Ausdruck übergeben wird und dieser mit mehreren Werten verglichen werden kann. Mit der Case Else-Anweisung können Anweisungen ausgeführt werden, wenn keiner der Werte mit dem Ausdruck übereinstimmt.

Syntax

```
Select Case testexpression
  Case expression1
    [statements]
  [Case expression2]
    [statements]
  [Case Else]
    [statements]
End Select
```

Parameter

‣ **testexpression**   Hauptwert, der für alle Vergleiche verwendet wird.

‣ **expression**   Wert, der mit dem Parameter textexpression verglichen wird.

Rückgabewert   Nicht vorhanden.

Programmbeispiel

```
Dim myNum = 3
Select Case myNum
  Case 1 : Console.WriteLine("1")
  Case 2 : Console.WriteLine("2")
Case Else : Console.WriteLine("Sonstige")
End Select
```

Siehe auch   Choose, If...Then...ElseIf...End If, IIf, Switch

SendKeys (Methode)

Klasse, die verwendet wird, um Tastatureingaben dem aktiven Fenster zu übergeben.

Diese Funktion wird verwendet, um eine Tastatureingabe zu simulieren und auf Systemfunktionen zuzugreifen, wie z.B. Cut, Copy und Paste, die einem Visual-Basic-Programm normalerweise nicht zur Verfügung stehen.

Syntax

```
SendKeys.Send(keys)
```

Parameter

‣ **keys**   Erforderlich. Ein String. Enthält die Tastatureingaben, die an das aktive Fenster gesendet werden sollen.

Rückgabewert   Nicht vorhanden.

Programmbeispiel

```
Dim myKeys As SendKeys()
SendKeys.SendWait("ENTER")
SendKeys.Send("F1")
SendKeys.Send("PrtSc")
```

Siehe auch DoEvents

SetAttr (Methode)

Setzt die Attribute einer mit einem korrekten Datei- und Pfadnamen übergebenen Datei.

SetAttr bestimmt Dateieigenschaften, wie z.B. VbNormal (0), VbReadOnly (1), VbHidden (2), VbSystem (4), VbVolume (8), VbDirectory (16), VbArchive (32) oder VbAlias. Diese Attribute können für jede Datei auf der Festplatte gesetzt werden. In dem Programmbeispiel wird der Dateizugriff der Datei test.txt auf schreibgeschützt gesetzt.

Syntax

```
SetAttr PathName, Attributes
```

Parameter
- **PathName** Erforderlich. Ein gültiger Pfad- und Dateiname.
- **Attributes** Erforderlich. Neue Attributeinstellungen.

Rückgabewert Nicht vorhanden.

Programmbeispiel

```
SetAttr("C:\test.txt", vbReadOnly)
```

Siehe auch GetAttr

Shell (Methode)

Führt einen Befehl in der Befehlszeile aus.

Die Verwendung des Shell-Befehls ermöglicht den vollständigen Zugriff auf alle Befehlszeilen- (MS-DOS) oder Konsolenfunktionen. Dieser Befehl wird meistens verwendet, um ein anderes Programm zu starten. Unter Verwendung der bekannten Befehlszeilenparameter können Informationen an die gestartete Anwendung übergeben werden, wie z.B. Toggle-Befehle oder -Parameter.

Es wird eine Prozess-ID zurückgegeben, wenn der Befehl erfolgreich ausgeführt wurde. Folgende Modi können im Ausführungsfenster eingestellt werden: ausgeblendet (0), normal mit Fokus (1), minimiert mit Fokus (2), maximiert mit Fokus (3), normal ohne Fokus (4) oder minimiert ohne Fokus (6).

Syntax

Shell(Pathname **As String** [, Style [, Wait [, Timeout]]])

Parameter

- ‣ **Pathname**   Erforderlich. Qualifizierter Pfad- und Dateiname des Programms.
- ‣ **Style**   Optional. Bestimmt den Ausführungsmodus und hat den Standardwert AppWinStyle.MinimizedFocus.
- ‣ **Wait**   Optional. Legt fest, ob die Ausführung der VB-Anwendung pausiert, bis das Shell-Programm vollständig ausgeführt wurde. Standardwert ist False.
- ‣ **Timeout**   Optional. Anzahl der Millisekunden, die gewartet wird, wenn der Parameter Wait den Wert True hat. Der Standardwert −1 lässt VB so lange warten, bis die Ausführung beendet ist, wenn Wait den Wert True hat.

Rückgabewert   Wert vom Typ Integer.

Programmbeispiel

Shell ("Notepad.exe")

Siehe auch   AppActivate

Show (Methode)

Zeigt ein Fenster an.
Diese Methode kann verwendet werden, um ein noch nicht geladenes Formular zu laden und anzuzeigen. War das Formularfenster zuvor ausgeblendet, macht die Methode Show es sichtbar.

Syntax

window.Show

Parameter
- **window**   Erforderlich. Der Wert der Eigenschaft Name eines Fensters im Projekt.

Rückgabewert   Nicht vorhanden.

Programmbeispiel

MessageBox.Show("Hallo Welt")

Siehe auch   AppActivate

Sign (Methode)

Gibt das Vorzeichen (+/-) eines übergebenen Wertes zurück.
Die Funktion Sign kann verwendet werden, um das Vorzeichen einer Zahl zu bestimmen. Für eine positive Zahl wird 1 zurückgegeben, für eine negative Zahl –1. Wenn der übergebene Wert 0 ist, wird 0 zurückgegeben. Diese Funktion befindet sich im Namensbereich System.Math.

Syntax

Sign(Expression)

Parameter

‣ Expression Erforderlich. Beliebiger gültiger Zahlenausdruck.

Rückgabewert Wert vom Typ Integer.

Programmbeispiel

```
Console.WriteLine(System.Math.Sign(5))
Console.WriteLine(System.Math.Sign(-5))
Console.WriteLine(System.Math.Sign(0))
```

Siehe auch Abs, Atan, Cos, Exp, Log, Sin, Tan

Sin (Methode)

Liefert den Sinus eines in Bogenmaß angegebenen Winkels zurück.

Für diesen Befehl muss der Winkel in Bogenmaß übergeben werden. Die Formel *Bogenmaß = (Grad * pi) / 180* kann verwendet werden, um das Bogenmaß aus einer Gradzahl zu berechnen. Diese Funktion befindet sich im Namensbereich System.Math.

Syntax

```
Sin(angle)
```

Parameter

‣ angle Erforderlich. Beliebiger numerischer Ausdruck, der einen Bogenmaßwert enthält.

Rückgabewert Wert vom Typ Double.

Programmbeispiel

```
Console.WriteLine(System.Math.Sin(System.Math.PI))
Console.WriteLine(System.Math.Sin((90 * 3.14159) / 180))
```

Siehe auch Abs, Atan, Cos, Exp, Log, Sign, Sqrt, Tan

SLN (Methode)

Gibt den Wert für eine lineare Abschreibung eines Vermögenswertes über einen bestimmten Zeitraum an.

Die Abschreibung wird mit Hilfe der SLN-Methode für einen einzelnen Zeitraum bestimmt, wobei der Abschreibungszeitraum in derselben Einheit wie der Parameter Life angegeben werden muss. Sämtliche Parameter müssen positive Zahlen enthalten.

Syntax

```
SLN(Cost, Salvage, Life)
```

Parameter

▸ **Cost** Erforderlich. Wert vom Typ Double, der die Anschaffungskosten des Vermögenswertes angibt.

▸ **Salvage** Erforderlich. Wert vom Typ Double, der den Vermögenswert am Ende der Nutzungsdauer angibt.

▸ **Life** Erforderlich. Länge der Nutzungsdauer als Wert vom Typ Double.

Rückgabewert Wert vom Typ Double.

Programmbeispiel

```
Console.WriteLine(SLN(10000, 500, 24))
```

Siehe auch DDB, FV, IRR, MIRR, NPer, NPV, Pmt, PPmt, PV, Rate SYD

Space (Methode)

Gibt eine Zeichenfolge zurück, die die Anzahl der angegebenen Leerzeichen enthält.

Diese Funktion kann verwendet werden, um zu Formatierungszwecken eine beliebige Anzahl von erforderlichen Leerzeichen einzufügen.

Syntax

```
Space(number)
```

Parameter

‣ **number** Erforderlich. Numerischer Ausdruck, der die Anzahl der einzufügenden Leerzeichen enthält.

Rückgabewert Wert vom Typ String.

Programmbeispiel

```
Console.WriteLine(Space(10) + "Hallo")
```

Siehe auch ?-Operator, Print, PrintLine, Spc, StrDup

Spc (Methode)

Fügt Leerzeichen zu Formatierungszwecken speziell bei **Print**- und **PrintLine**-Befehlen ein.
Die Funktion Spc fügt Leerzeichen an die aktuelle Ausgabeposition ein. Überschreitet die Anzahl der Leerzeichen die Zeilenbreite, werden die Leerzeichen in der nächsten Zeile an der nächsten Ausgabeposition eingefügt.

Syntax

```
Spc(Count)
```

Parameter

‣ **Count** Erforderlich. Numerischer Ausdruck, der die Anzahl der einzufügenden Leerzeichen angibt.

Rückgabewert Nicht vorhanden.

Programmbeispiel

```
FileOpen(1, "C:\test.txt", OpenAccess.Write)
Print(1, SPC(5), "Hallo", SPC(5), "Hallo2")
FileClose(1)
```

Siehe auch Space, Tab

Split (Methode)

Teilt einen String mit einem angegebenen Trennzeichen in eine Anzahl von kleineren Strings.

Diese Funktion verarbeitet eine Zeichenfolge zu einem Array von Teilstrings. Wird als Trennzeichen der Leerstring (» «) angegeben, wird der gesamte String an der ersten Indexposition des Arrays zurückgegeben.

Syntax

```
Split(Expression [, delimiter [,limit [,compare]]])
```

Parameter

- **Expression** Erforderlich. String, der verarbeitet wird.
- **delimiter** Optional. Trennstring. Wird dieser nicht angegeben, wird ein Leerzeichen verwendet.
- **limit** Optional. Anzahl der zurückgegebenen Strings.
- **compare** Vergleichstyp, der durch eine der folgenden Konstanten festgelegt wird: vbBinaryCompare (0), vbTextCompare (1).

Rückgabewert Ein Array.

Programmbeispiel

```
Dim myArray = Split("Dies ist ein Test")
Console.WriteLine(myArray(0))
Console.WriteLine(myArray(1))
```

Siehe auch {...}, Dim, Input, Join

Sqrt (Methode)

Gibt die Quadratwurzel einer übergebenen Zahl zurück.

Die Sqrt-Funktion liefert die Quadratwurzel einer beliebigen Zahl größer oder gleich null zurück. Diese Methode befindet sich im Namensbereich System.Math.

Syntax

```
Sqrt(numericExpression)
```

Parameter

▸ **numericExpression**   Erforderlich. Beliebiger gültiger Zahlenausdruck.

Rückgabewert   Wert vom Typ Double.

Programmbeispiel

```
Console.WriteLine(System.Math.Sqrt(9))
Console.WriteLine(System.Math.Sqrt(2))
```

Siehe auch   Abs, Atan, Cos, Exp, Log, Sign, Sin, Tan

Static (Anweisung)

Die Variable bleibt erhalten, auch nachdem die Prozedur schon ausgeführt wurde.

Der Befehl Static bewirkt, dass eine lokale Variable einer Routine ihren Wert behält. Die nächste Ausführung der Routine kann dann auf den erhaltenen Wert zugreifen.

Syntax

Deklaration einer einfachen Variablen:

```
Static name [As type] [, name [As type]]...
```

Deklaration eines Arrays:

```
Static name [(subscript-range)] [As type]
[, name [(subscript-range)] [As type] syntax as type]
```

Parameter

Gewöhnliche Variablendefinitionen.

Rückgabewert   Nicht vorhanden.

Programmbeispiel

`Static Dim` a `As Int32`

Siehe auch   Dim, Private, Public, ReDim, Structure

Stop (Anweisung)

Hält die Ausführung des Programms an.

Wenn Sie eine Stop-Anweisung in ihrem Programm verwenden, wird ein halbdauernder Haltepunkt an der Position des Befehls gesetzt. Der Debugger wird aktiviert, wenn die Ausführung die Zeile erreicht, in der der Stop-Befehl steht. Da ja Haltepunkte nicht mit einer Datei gespeichert werden, gibt es die Möglichkeit, mit dem Stop-Befehl einen Haltepunkt zu setzen, der im Programm gespeichert wird.

Syntax

`Stop`

Parameter

Nicht vorhanden.

Rückgabewert   Nicht vorhanden.

Programmbeispiel

```
Beep()
Stop
Beep()
```

Siehe auch   End

Str (Methode)

Konvertiert einen Ausdruck in einen String.

Die Funktion Str gibt einen String zurück, der einen numerischen Wert repräsentiert. Die Methode akzeptiert nur den Punkt als Dezimaltrennzeichen.

Syntax

```
Str(Expression)
```

Parameter

▸ **Expression**   Erforderlich. Beliebiger gültiger Zahlenausdruck.

Rückgabewert   Wert vom Typ String.

Programmbeispiel

```
Console.WriteLine(Str(5))
Console.WriteLine(Str(5+10))
```

Siehe auch   CStr, Format, InStr, Val

StrComp (Methode)

Vergleicht zwei Zeichenfolgen.

Diese Funktion vergleicht zwei Strings mit einer bestimmten Methode und gibt das Ergebnis des Vergleichs zurück. Der Vergleichstyp kann entweder ein binärer Vergleich (0, Standard), ein Textvergleich (1) oder, für Microsoft Access, ein auf Informationen aus einer Datenbank basierender Vergleich sein. Die vom Vergleich zurückgegebenen Ergebnisse können anzeigen, dass string1 < string2 (-1), string1 = string2 (0), string1 > string2 (1) oder entweder string1 oder string2= **Null** (Null) ist.

Syntax

```
StrComp(string1, string2 [, compare])
```

Parameter

▸ **string1, string2**   Erforderlich. Beliebige gültige Strings.
▸ **compare**   Optional. Bestimmt die Vergleichsmethode.

Rückgabewert   Wert vom Typ Integer.

Programmbeispiel

```
Console.WriteLine(StrComp("Hallo", "hallo"))
Console.WriteLine(StrComp("Hallo", "hallo", 1))
Console.WriteLine(StrComp("Hallo", "jallo", 1))
```

Siehe auch =-Operator, InStr, Like, Option Compare

StrConv (Methode)

Konvertiert einen übergebenen **String** auf mehrere Arten, wie z.B. in Großbuchstaben, Kleinbuchstaben, internationale Schreibweise usw.

Mit diesem Befehl gibt es viele Möglichkeiten, Konvertierungen eines kompletten Strings für allgemeine Erfordernisse durchzuführen. Durch Übergabe einer Konstante für den Konvertierungstyp wird bestimmt, wie der String konvertiert werden soll: vbUpperCase (1), vbLowerCase (2), vbProppercase (3) – der erste Buchstabe jedes Wortes wird zum Großbuchstaben, vbWide (4) – konvertiert einen Zeichenstring mit einem Byte in einen Zeichenstring mit zwei Bytes, vbNarrow (8) – konvertiert einen Zeichenstring mit zwei Bytes in einen Zeichenstring mit einem Byte, vbKatakana (16) – konvertiert Hiriganazeichen in Katakanazeichen, vbHirigana (32) – konvertiert Katakanazeichen in Hiriganazeichen, vbUnicode (64) oder vbFromUnicode (128).

Syntax

```
StrConv(Str, Conversion [, LocaleID])
```

Parameter

▸ **Str** Erforderlich. Der zu konvertierende String.
▸ **Conversion** Erforderlich. Wert, der die Art der Konvertierung angibt.
▸ **LocaleID** Optional. Bestimmt den LocaleID-Wert, wenn eine andere Konvertierung gewünscht wird als die, in dem der LocaleID-Wert des Systems gesetzt ist. Standardwert ist 0.

Rückgabewert Wert vom Typ String.

Programmbeispiel

```
Console.WriteLine(StrConv("Programmieren mit VB " & _
  "macht Spass!", 1))
Console.WriteLine(StrConv("Programmieren mit VB " & _
  "macht Spass!", vbLowercase))
```

Siehe auch Len

StrDup (Methode)

Liefert einen String zurück, der aus Zeichen besteht, die sich einmal oder mehrmals wiederholen.

Dieser Befehl dupliziert das erste Zeichen in einem Wert vom Typ String, Char oder Object so oft, wie in einem übergebenen Parameter angegeben. Darum wird bei Übergabe des Strings »Hallo Welt« und fünffacher Wiederholung der String »HHHHH« zurückgegeben.

Syntax

StrDup(Number **As Integer**, Character **As Object**)

Parameter

▸ **Number** Erforderlich. Anzahl der Wiederholungen des übergebenen Zeichens. Bestimmt die Länge des zurückgegebenen Strings.

▸ **Character** Erforderlich. Wert vom Datentyp Char, String oder Object, der das zu duplizierende Zeichen enthält.

Rückgabewert Wert vom Typ String.

Programmbeispiel

```
Console.WriteLine(StrDup(10, "D"))
Console.WriteLine(StrDup(5, "Teufelskerl"))
```

Siehe auch StrReverse

StrReverse (Methode)

Kehrt den übergebenen String um.
Dreht einen String Zeichen für Zeichen um und gibt den umgekehrten String zurück. Ist der an die Funktion übergebene String leer, wird ein String der Länge 0 zurückgegeben.

Syntax
StrReverse(str)

Parameter
▸ str   Erforderlich.

Rückgabewert   Wert vom Typ String.

Programmbeispiel
Console.WriteLine(StrReverse("Hallo Welt"))

Siehe auch   StrConv

Structure...End Structure (Anweisung)

Erstellt einen benutzerdefinierten Variablentyp.
Benutzerdefinierte Typen sind ideal, wenn man einen Satz von Informationen in eine einzige Struktur formatieren muss, wie z.B. Informationen über ein Rechteck, Datensätze usw.

Syntax
```
[<attrlist>]
[Public | Protected | Friend | Protected Friend | Private]
Structure name
  [variabledeclarations]
  [statements]
End Structure
```

Parameter

‣ name   Erforderlich. Beliebiger gültiger Name.

Rückgabewert   Nicht vorhanden.

Programmbeispiel

```
Structure Kontakt
  Public KontaktName As String
  Dim Adresse As String
  Public Postleitzahl As Long
  Private Alter As Integer
End Structure
```

Siehe auch   CType, Dim, Private, Public, ReDim

Sub...End Sub (Anweisung)

Erzeugt eine Subroutine in einem Modul oder Formular.
Dieser Befehl ermöglicht die Definition einer Subroutine, die die
möglichen Parametertypen enthält, die bei einem Aufruf der Routine empfangen werden.

Syntax

```
[<attrlist>]
[Overloads | Overrides | Overridable | NotOverridable
  | MustOverride | Shadows | Shared]
[Public | Protected | Friend | Protected Friend | Private]
Sub sub-name[(arguments)]
  [Static var [, var]...] [Dim var [, var]...]
  [ReDim var [, var]...] [statements] [Exit Static]
    [statements]
End Sub
```

Parameter

- **arguments** Erforderlich. Beliebige Argumente, die von der Methode empfangen werden können.

Rückgabewert Nicht vorhanden.

Programmbeispiel

```
Sub mysub()
  Console.WriteLine("Sub_Rout_Ine")
End Sub
```

Siehe auch Call, Class...End Class, End, Exit, Function...End Function

Switch (Methode)

Vergleicht einen übergebenen Wert mit einer Werteliste und gibt den Ausdruck zurück, der mit dem ersten übereinstimmenden Wert verbunden ist.

Die Funktion Switch kann verwendet werden, um eine Reihe von verwandten Vergleichen schnell durchzuführen. Das Programmbeispiel zeigt die Konvertierung einer Abkürzung in einen vollständigen String. Die Funktion Switch befindet sich im Namensbereich Microsoft.VisualBasic. Darum muss sie mit der Referenz des kompletten Pfadnamens aufgerufen werden (Microsoft.VisualBasic.Switch).

Syntax

```
Switch(expression1, value [, expression2, value 2
  [,...expression7, value7]])
```

Parameter

- **expression** Wert vom Typ Boolean. Kann ein bewerteter Ausdruck sein.
- **value** Beliebige gültige Variable vom Typ Object.

Rückgabewert Wert vom Typ Object.

Programmbeispiel

```
Dim a$ = "CA"
Console.WriteLine(Switch( _
  a$="WI", "Wisconsin", a$ = "OR", "Oregon", _
  a$="CA", "Kalifornien"))
```

Siehe auch   Choose, IIf, Select Case

SYD (Methode)

Gibt die arithmetisch-degressive Abschreibung eines Vermögenswertes zurück.

Die Abschreibung wird arithmetisch-degressiv für einen Vermögenswert über einen angegebenen Zeitraum bestimmt.

Syntax

```
SYD(Cost, Salvage, Life, Period)
```

Parameter

- **Cost**   Erforderlich. Anschaffungskosten eines Vermögenswertes
  als Wert vom Typ Double.
- **Salvage**   Erforderlich. Vermögenswert am Ende der Nutzungs-
  dauer als Wert vom Typ Double.
- **Life**   Erforderlich. Länge der Nutzungsdauer als Wert vom Typ
  Double.
- **Period**   Erforderlich. Zeitraum, für den die Abschreibung berech-
  net wird, als Wert vom Typ Double.

Rückgabewert   Wert vom Typ Double.

Programmbeispiel

```
Console.WriteLine(SYD(10000, 500, 24, 12))
```

Siehe auch   DDB, FV, IPmt, IRR, MIRR, NPer, NPV, Pmt, PPmt, PV,
Rate, SLN

SyncLock...End SyncLock (Anweisung)

Synchronisiert einen Block von Anweisungen, um sie als einzelnen Ausdruck auszuführen.

Diese Anweisung wird verwendet, um nicht teilbare Ausführungs-einheiten zu erzeugen, die verhindern, dass individuelle Operationen (Programmzeilen) der Einheit über mehrere Threads verteilt und möglicherweise gleichzeitig ausgeführt werden.

Syntax

```
SyncLock expression
  statementlines
End Lock
```

Parameter

- **expression** Erforderlich. Mehrere Ausdrücke, die ein einzelnes Ergebnis liefern. Der Ausdruck muss eine Klasse, ein Modul, ein Interface, ein Array oder ein Delegat sein.

Rückgabewert Nicht vorhanden.

Programmbeispiel

```
Public Class Class1
  Public Shared Sub Add(ByVal myObj As Object)
    SyncLock GetType(Class1)
    End SyncLock
  End Sub
  Public Shared Sub Remove(ByVal myObj As Object)
    SyncLock GetType(Class1)
    End SyncLock
  End Sub
End Class
```

Siehe auch Lock...Unlock

Tab (Methode)

Fügt einen Tabulator zur Formatierung in eine Print- oder Print-Line-Anweisung ein.

Die Anweisung Tab kann verwendet werden, um Spalten für die Ausgabe in einer Datei geeignet zu formatieren. Wurde die in der Spalte angegebene Position schon übergeben, werden die Zeichen automatisch an der nächsten Spaltenposition ausgerichtet.

Syntax

Tab([column])

Parameter

▸ **column** Optional. Integerwert, der die Spalte angibt, zu der gesprungen wird.

Rückgabewert Nicht vorhanden.

Programmbeispiel

```
FileOpen(1, "C:\test.txt", OpenAccess.Write)
Print(1, TAB(), "Hallo", TAB(5), "Hallo2")
FileClose(1)
```

Siehe auch ?-Operator, Print, PrintLine, Spc

Tan (Methode)

Gibt den Tangens eines Winkels angegeben in Bogenmaß zurück.

Für diesen Befehl muss der Winkel in Bogenmaß übergeben werden. Die Formel *Bogenmaß = (Grad * pi) / 180* kann verwendet werden, um das Bogenmaß aus einer Gradzahl zu bestimmen. Diese Funktion befindet sich im Namensbereich System.Math.

Syntax

Tan(angle)

Parameter

‣ angle Erforderlich. Beliebiger numerischer Ausdruck, der einen Bogenmaßwert enthält.

Rückgabewert Wert vom Typ Double.

Programmbeispiel

```
Console.WriteLine(System.Math.Tan(3.14159))
Console.WriteLine(System.Math.Tan((90 * 3.14159) / 180))
```

Siehe auch Atan, Cos, Sin, Sqrt

Throw (Anweisung)

Generiert eine Ausnahme, die von einer **Try...Catch**-Struktur abgefangen werden kann.
Diese Funktion erzeugt (wirft) einen Fehler, indem sie eine Instanz einer Klasse, die von der Klasse System.Exception abgeleitet wurde, während der Laufzeit generiert.

Syntax

Throw [Expression]

Parameter

‣ Expression Erforderlich. Gültiges Exception-Objekt oder Objekt einer von System.Exception abgeleiteten Klasse.

Rückgabewert Nicht vorhanden.

Programmbeispiel

Throw New Exception("6")

Siehe auch Error, RaiseEvent

TimeOfDay (Methode)

Liest oder setzt die aktuelle Systemzeit.
Diese Eigenschaft setzt die aktuelle Systemzeit, seien Sie also bei der
Verwendung vorsichtig.

Syntax

```
TimeOfDay = timeSetting
```

Parameter

> **timesetting** Erforderlich. Wert vom Typ DateTime, der eine gül-
tige Zeitangabe enthält. Das Datum wird dabei ignoriert.

Rückgabewert Nicht vorhanden.

Programmbeispiel

```
TimeOfDay = "02:40"
Console.WriteLine(TimeOfDay)
```

Siehe auch Now, TimeValue, Today

Timer (Methode)

Gibt die Anzahl der Sekunden an, die seit Mitternacht vergangen
sind.
Diese Funktion, sowohl in VBA als auch in VBScript vorhanden, kann
zur Nachverfolgung von Zeitwerten verwendet werden, wenn keine
Timer-Komponenten zur Verfügung stehen. Die Methode Timer befindet sich im Namensbereich Microsoft.VisualBasic. Darum kann
sie mit der vollständigen Pfadnamensreferenz (Microsoft.Visual-
Basic.Timer()) aufgerufen werden.

Syntax

```
Timer
```

Parameter
Nicht vorhanden.

Rückgabewert Wert vom Typ Single.

Programmbeispiel
```
Console.WriteLine(Timer)
Dim curTimer = Timer
Console.WriteLine(Timer - curTimer)
```

Siehe auch Randomize

TimeSerial (Methode)

Gibt eine Zeit basierend auf den seriellen, übergebenen Parametern zurück.
Diese Routine erlaubt die schnelle Erzeugung eines DateTime-Wertes aus drei Integerwerten.

Syntax
```
TimeSerial(hour, minute, second)
```

Parameter
▸ **hour, minute, second** Erforderlich. Integerwerte, die die Stunden, Minuten und Sekunden der gewünschten Zeit angeben.

Rückgabewert Wert vom Typ DateTime.

Programmbeispiel
```
Console.WriteLine(TimeSerial(14, 34, 15))
```

Siehe auch CDate, DateSerial, DateValue, Day, Format, Month, Now, TimeOfDay, TimeValue, Today, Year

TimeValue (Methode)

Erstellt einen Wert vom Typ DateTime, der die angegebene Zeit enthält.

Diese Funktion kann verwendet werden, um einen Datums- und Zeitwert aus einem String zu erstellen, der eine Zeichenfolge mit einer Zeit enthält.

Syntax

```
TimeValue(StringTime)
```

Parameter

‣ StringTime   Erforderlich. Beliebige gültige Zeichenfolge, die einen Zeitwert enthält.

Rückgabewert   Wert vom Typ DateTime.

Programmbeispiel

```
Console.WriteLine(TimeValue("14:15:23"))
```

Siehe auch   Now, TimeSerial

Today (Methode)

Setzt oder liest das aktuelle Datum als Wert vom Typ DateTime.

Diese Routine kann das aktuelle Systemdatum zurückgeben oder ein neues Datum setzen. Das Format des Datums richtet sich nach dem Format in der Systemsteuerung. Das Standardformat stellt das Datum in folgender Weise dar: »6/28/01«. Die Methode Today kann verwendet werden, um das aktuelle Systemdatum zu setzen, also seien Sie mit der Verwendung vorsichtig.

Syntax

```
Today
```

Parameter

Nicht vorhanden.

Rückgabewert   Wert vom Typ DateTime.

Programmbeispiel

```
Console.WriteLine(Today)
```

Siehe auch   CDate, DateAdd, DateDiff, DatePart, DateSerial, Date-Value, Day, Format, IsDate, Month, Now, TimeOfDay, WeekDay

Trim (Methode)

Gibt einen String zurück, bei dem sowohl führende als auch angehängte Leerzeichen entfernt wurden.
So wie der Befehl LTrim führende und der Befehl RTrim angehängte Leerzeichen entfernt, entfernt Trim beides.

Syntax

```
Trim(Expression)
```

Parameter

▸ Expression   Erforderlich. Beliebiger gültiger String.

Rückgabewert   Wert vom Typ String.

Programmbeispiel

```
Console.WriteLine(Trim("  Hallo  "))
```

Siehe auch   LTrim, RTrim

True (Konstante)

Logisches True.
Diese Konstante kann in den meisten Ausdrücken, bitweisen Operationen und Vergleichen verwendet werden.

Syntax
True

Parameter
Nicht vorhanden.

Rückgabewert   Nicht vorhanden.

Programmbeispiel
```
Console.WriteLine((2=2) = True)
```

Siehe auch   And, False, Or, XOR

Try...Catch...Finally (Anweisung)

Konditionale Ausführung für strukturierte Ausnahmebehandlung.

Mit der Try-Struktur können Fehlerereignisse ausgewertet werden, um den Fluss des Programms dann entsprechend zu ändern. Programmblöcke kann man in der Struktur kapseln und es können konditionale Fehlerbehandlungsroutinen aktiviert werden, wenn Ausnahmen innerhalb des Codes auftreten. Der Codeblock im Finally-Abschnitt der Struktur wird ausgeführt, unabhängig davon, ob ein Fehler aufgetreten ist oder nicht. Dieser Abschnitt wird oft zu Aufräumarbeiten verwendet, wie z.B. zum Schließen von Dateien oder zum Leeren von Puffern.

Syntax
```
Try
  [actions1]
Catch [filter]
  [errorHandler]
Finally
  [finallyActions]
End Try
```

Parameter

‣ **filter** Optional. Eine Instanz eines Kindes einer Ausnahmeklasse kann den zu filternden Fehlertyp angeben und die passenden Informationen empfangen.

Rückgabewert Nicht vorhanden.

Programmbeispiel

```
Dim myStr As String = "Hallo Welt"
Try
  FileOpen(1, "C:\test.txt", OpenMode.Output)
  FilePut(1, myStr)
Catch fileException As Exception
  MsgBox("Datei kann nicht geöffnet werden!")
Finally
  FileClose(1)
End Try
```

Siehe auch Throw

TypeName (Methode)

Gibt den String des Variablentyps zurück, der an die Funktion übergeben wird.
Diese Funktion empfängt einen Variablennamen und gibt den Datentyp zurück, der durch den Variablennamen angegeben wird. Datentypen, wie z.B. Double, Date, Null und andere werden als String zurückgegeben.

Syntax

TypeName(varName)

Parameter

‣ **varName** Erforderlich. Die Variable, deren Datentyp bestimmt wird.

Rückgabewert Wert vom Typ String.

Programmbeispiel
```
Dim a = CStr("Hallo") , b = CInt(53)
Console.WriteLine(TypeName(a))
Console.WriteLine(TypeName(b))
```

Siehe auch #, %, Dim

UBound (Methode)

Gibt den höchsten verfügbaren Index in einem Arrays an.
Diese Funktion kann verwendet werden, um die obere Schranke eines Arrays zu bestimmen. Ist das Array multidimensional, verwenden Sie den Parameter Rank, um die gewünschte obere Schranke zu bestimmen, die zurückgegeben werden soll.

Syntax
```
UBound(Array [, Rank])
```

Parameter
- **Array** Erforderlich. Der Name des erforderlichen Arrays, dessen Grenze bestimmt werden soll.
- **Rank** Optional. Der Index der gewünschten Dimension eines multidimensionalen Arrays.

Rückgabewert Wert vom Typ Long.

Programmbeispiel
```
Dim myArray() As Integer = {6, 4, 2, 5, 2, 4, 6}
Console.WriteLine(UBound(myArray))
```

Siehe auch {...}, Dim, LBound

UCase (Methode)

Liefert einen vollständig großgeschriebenen `String` zurück.
Diese Funktion konvertiert sämtliche Zeichen in dem übergebenen
`String` in Großbuchstaben.

Syntax
`UCase(expression)`

Parameter
‣ **expression**   Erforderlich. Beliebiger gültiger `String`.

Rückgabewert   Wert vom Typ `String`.

Programmbeispiel
`Console.WriteLine(UCase("hAllO"))`

Siehe auch   LCase

Val (Methode)

Gibt den in einem `String` enthaltenen Wert zurück.
Diese Funktion konvertiert den in einem `String` enthaltenen Wert
in einen numerischen Ausdruck. Ist in dem String kein numerischer
Wert enthalten, wird null zurückgegeben.

Syntax
`Val(Expression)`

Parameter
‣ **Expression**   Erforderlich. Beliebiger `String`, der einen numerischen Wert enthält.

Rückgabewert   Wert vom Typ `Object`.

Programmbeispiel
```
Console.WriteLine(Val("100"))
Console.WriteLine(Val("54.55"))
```
Siehe auch &-Operator, &=-Operator, Format, Str

Value (Eigenschaft)

Enthält den Wert für eine bestimmte Eigenschaft einer Komponente.
Die Value-Eigenschaft ist die häufigste Eigenschaft, die für Objekte verfügbar ist. Sie enthält typischerweise die zentralen Daten des Steuerelementes. Bei einer Scrollbar-Komponente z.B. enthält die Value-Eigenschaft die aktuelle Position des Schiebereglers.

Syntax
```
object.Value [=value]
```
Parameter
‣ value Abhängig vom Typ des Objektes.

Rückgabewert Nicht vorhanden.

Programmbeispiel
```
Console.WriteLine(myScroll1.Value)
```
Siehe auch Collection, With...End With

VarType (Methode)

Gibt den Typ einer Variablen an, die in der übergebenen Referenz gespeichert ist.
Diese Funktion kann verwendet werden, um den Typ einer Variablen zu bestimmen. Die zurückgegebene Typnummer indiziert den Datentyp, wie z.B.: Integer (3), Long (20), Single (4), Double (5), Date (7), String (8), Object (9), Boolean (11), Decimal (14) oder Byte (17).

Syntax

```
VarType(Object)
```

Parameter

▸ **Object**   Erforderlich. Wert, der ausgewertet wird.

Rückgabewert   Wert vom Typ Integer.

Programmbeispiel

```
Dim a As String = "Hallo"
Console.WriteLine(VarType(a))
Dim b As Long = 15
Console.WriteLine((VarType(b)).ToString())
```

Siehe auch   CByte, CDbl, CInt, CStr, Dim

WeekDay (Methode)

Liefert den Wochentag des übergebenen Wertes vom Typ **Date** zurück.

Diese Funktion gibt einen Integerwert zwischen 1 (Sonntag) und 7 (Samstag) zurück, der den Wochentag des übergebenen Datums repräsentiert.

Syntax

```
WeekDay(DateValue)
```

Parameter

▸ **DateValue**   Ein gültiges Datum, dessen Wochentag bestimmt wird.

Rückgabewert   Wert vom Typ Integer.

Programmbeispiel

```
Console.WriteLine(WeekDay(Now))
```

Siehe auch   DateSerial, DateValue, Day, Format, Month, Now, WeekdayName, Year

WeekdayName (Methode)

Gibt einen String mit dem Namen des Wochentages zurück.
Dieser Befehl gibt einen String mit dem angegebenen Wochentag und im angegebenen Format zurück. Die Parameter WeekDay und FirstDayOfWeekValue können folgende Werte annehmen: vbUse-System (0), vbSunday (1), vbMonday (2), vbTuesday (3), vbWednesday (4), vbThursday (5), vbFriday (6) oder vbSaturday (7).

Syntax

```
WeekdayName(WeekDay [, Abbreviate
  [,FirstDayOfWeekValue]])
```

Parameter

- **WeekDay** Erforderlich. Numerische Konstante des Wochentages, der als String zurückgegeben werden soll.
- **Abbreviate** Optional. Boolescher Wert, der angibt, ob der String als Abkürzung zurückgegeben werden soll.
- **FirstDayOfWeekValue** Optional. Numerische Konstante, die den ersten Tag der Woche angibt.

Rückgabewert Wert vom Typ String.

Programmbeispiel

```
Console.WriteLine(WeekdayName(1))
Console.WriteLine(WeekdayName(1, True))
```

Siehe auch Day, Format, WeekDay

While...End While (Anweisung)

Durchläuft eine Schleife, bis die notwendige Bedingung erfüllt ist.
Die While...End While-Struktur wird durchlaufen, solange eine Bedingung den Wert True hat. Beachten Sie, dass in VB.NET das Schlüsselwort Wend nicht mehr existiert. Verwenden Sie stattdessen End While.

Syntax

While condition : [statements] : **End While**

Parameter

‣ condition   Erforderlich. Boolescher Wert.

Rückgabewert   Nicht vorhanden.

Programmbeispiel

```
Dim i As Integer = 0
While i < 5 : Console.Write(i) : i += 1 : End While
```

Siehe auch   Do...Loop, For Each...Next, For...Next

With...End With (Anweisung)

Wird für eine Folge von Objektreferenzen verwendet.

Mit der With...End With-Struktur kann eine darin enthaltene Anweisung das aktuelle Objekt mit einem einfachen Punkt-Befehl (.) referenzieren. Eine Zahl z.B., die in der Value-Eigenschaft einer Excel-Zelle enthalten ist, kann innerhalb der With-Struktur mit Verwendung des Befehls Value = 3 geändert werden.

Syntax

With object [statements] **End With**

Parameter

‣ object   Erforderlich. Beliebige gültige Objektreferenz.

Rückgabewert   Nicht vorhanden.

Programmbeispiel

```
Dim myWithStr As String = "Hallo Welt"
With myWithStr
  Console.WriteLine(.Length())
  Console.WriteLine(.ToString())
End With
```

Siehe auch   CreateObject, GetObject

Write, WriteLine (Methode)

Schreibt Daten in eine angegebene geöffnete Datei, die sequenziell ist.

Im Gegensatz zu den Befehlen Print und PrintLine können Write und WriteLine formatierte Daten in eine Datei schreiben. Diese Befehle verwenden Kommas, um Datenfelder abzuteilen, und schließen Stringwerte in Anführungszeichen ein. WriteLine funktioniert genauso wie Write, nur dass es zusätzlich ein Zeilenschaltzeichen (Chr(13) + Chr(10)) am Ende jeder Zeile anfügt.

Syntax

```
Write(FileNumber As Integer,
  ParamArray Output() As Object)
WriteLine(FileNumber As Integer,
  ParamArray Output() As Object)
```

Parameter

‣ **FileNumber**   Erforderlich. Beliebige gültige Nummer einer geöffneten Datei.

‣ **Output**   Erforderlich. Beliebige Anzahl von Einträgen, die in der Ausgabeliste enthalten ist, wie z.B. Strings, Leerzeichen, Tabulatoren oder Ausdrücke.

Rückgabewert   Nicht vorhanden.

Programmbeispiel

```
Dim a As String = "Hallo"
Dim b As Single = 20.5
FileOpen(1, "C:\test.txt", OpenMode.Output)
Write(1, a, a, a, a)
WriteLine(1)
WriteLine(1, a, b)
FileClose(1)
```

Siehe auch   FileClose, FileOpen, FilePut, Print, PrintLine

XOR (Operator)

Exklusives Oder.

Dieser Operator kann verwendet werden, um zwei Zahlen mit logischer Exklusion zu verbinden. Sind zwei Bits an derselben Position gleich, wird eine 0 an dieser Position zurückgegeben, ansonsten wird eine 1 zurückgeliefert.

Syntax

a **Xor** b

Parameter

▸ **a, b**   Erforderlich. Beliebige gültige Zahlenausdrücke.

Rückgabewert   Wert vom Typ Object.

Programmbeispiel

```
Console.WriteLine(255 Xor 8)
```

Siehe auch   And, False, Not, Or, True

Year (Methode)

Liefert das Jahr des übergebenen Wertes vom Typ **Date** zurück.
Diese Funktion gibt einen Wert vom Typ Integer zwischen 0 und 9999 zurück, der das Jahr des übergebenen Datums repräsentiert.

Syntax

```
Year(DateValue)
```

Parameter

- **DateValue** Ein gültiger Wert vom Typ DateTime, dessen Jahreszahl zurückgegeben wird.

Rückgabewert Wert vom Typ Integer.

Programmbeispiel

```
Console.WriteLine(Year(Now))
```

Siehe auch #, CDate, DateSerial, DateValue, Day, Format, Month, Now, WeekDay

5 Wie mache ich das? Beispielprogramme

Dieses Kapitel stellt ein paar Beispiellösungen für Probleme zur Verfügung, mit denen ein Entwickler immer wieder konfrontiert wird. Indem Sie sich ein vereinfachtes, aber vollständiges Beispiel für eine allgemeine Funktion anschauen, werden Sie in der Lage sein, schnell den Code zu programmieren, den Sie benötigen.

Die folgenden Beispiele sind so allgemein wie möglich gehalten, so dass Sie diese für Ihre speziellen Bedürfnisse verändern können. Um die Beispiele kurz zu halten, enthält der Programmtext keine langatmigen Kommentare oder Bemerkungen. Ebenso sind die sonst so langen und lästigen Ereignisdeklarationen (z.B. `Private Sub cmdReadFile_Click (ByVal sender As System.Object, ByVal e As System.EventArgs) Handles cmdReadFile.Click`) verkürzt worden (z.B. `Sub cmdReadFile_Click()`). Verkürzen Sie die Deklarationsköpfe nicht, um sie dem Beispielcode anzupassen, sondern verwenden Sie lieber die von VB automatisch erzeugten langen Köpfe.

Folgende Beispiele finden Sie in diesem Kapitel:

- Auslesen einer Datei in ein Array
- Hinzufügen von Daten aus einer Datenbank zu einem Array
- Füllen einer Combobox aus einem Array
- Zeichnen einer analogen Uhr
- Änderung der Hintergrundfarbe eines Formulars durch Benutzereinstellungen
- Erstellung eines DATEI ÖFFNEN-Dialogfeldes und Überprüfung, ob die Datei existiert
- Verwendung der .NET Bibliothek, um auf einem Bild zu zeichnen

- Verwendung des DirectSound-Systems, um eine Sounddatei abzuspielen
- Versenden einer E-Mail über Outlook
- Empfangen von Parametern, die von einer Anwendung weitergegeben wurden
- Anzeigen einer Liste von Schriftarten in einer Combobox

Auslesen einer Datei in ein Array

Eine weit verbreitete Programmieraufgabe ist es, Dateien verschiedener Formate einzulesen. VB besitzt die integrierte Fähigkeit, Textdateien Zeile für Zeile auszulesen. Nachdem eine Zeile gelesen wurde, kann die Split()-Funktion dazu verwendet werden, den Text auf Grundlage von angegebenen Begrenzungszeichen (z.B. Kommas oder Tabulatoren) zu parsen. Die meisten Tabellenkalkulationen können Dokumente im weit verbreitete CSV (Comma Separated Values) ausgeben. In diesem Format wird das Komma als Begrenzungszeichen benutzt.

1. Verwenden Sie einen Texteditor, wie z.B. Notepad, um den folgenden Text einzugeben und als Datei mit dem Namen VBR1.CSV im Stammverzeichnis zu speichern.

```
Joe,Girsh,10
John,Smith,11
Phil,Stewart,12
Dirk,Lumper,13
```

2. Erstellen Sie eine neue Windows-Anwendung unter Visual Basic.

3. Fügen Sie einen Button zu dem Formular hinzu und ändern Sie die Eigenschaft Name des Knopfes auf CMDREADFILE.

4. Geben Sie den folgenden Code beim Click-Ereignis des Buttons ein:

```
Sub cmdReadFile_Click()
    ' Einen Dateistream für die Zieldatei öffnen
    Dim myFS As New IO.FileStream("C:\vbr1.csv", _
    IO.FileMode.Open, IO.FileAccess.Read)
    ' StreamReader für die Eingabe öffnen
    Dim r As New IO.StreamReader (myFS)
    Dim i As Integer
    Dim myLine, tempStr As String
    ' Array definieren, um die Textzeile und die Daten
    ' entgegenzunehmen
    Dim myLineStr() As String, a$(100), b$(100)
    Dim c(100) As Integer
    i = 0
    myLine = r.ReadLine
    Do While Not (myLine Is Nothing)
        myLineStr = myLine.Split(",")
        a(i) = myLineStr(0) : b(i) = myLineStr(1)
        c(i) = Val(myLineStr(2))
        Console.WriteLine(CStr(a(i))+ "," + CStr(b(i)) , _
        + "," + CStr(c(i)))
        myLine = r.ReadLine
        i += 1
    Loop
End Sub
```

5. Führen Sie die Anwendung aus.

Während der Ausführung lädt der Code die Informationen aus der Textdatei in die drei Arrays. Das Beispielprogramm macht eigentlich nichts mit den Daten, da die Verwendung der Daten von Projekt zu Projekt unterschiedlich ist. Beachten Sie, dass bei der dritten Variablen c die Val()-Funktion verwendet wird, um den Wert der dritten Spalte in eine Integer-Variable zu laden.

Hinzufügen von Daten aus einer Datenbank zu einem Array

Ein mächtiges Werkzeug unter Visual Basic.NET stellt der direkte Zugriff auf Daten innerhalb einer Datenbank mit Hilfe von datengebundenen Steuerelementen dar. Trotzdem ist es häufig der Fall, wenn man mit einer kleinen Datenmenge arbeitet, dass die Daten einfacher zu handhaben sind, wenn man diese in ein einfaches Speicherarray ausliest. Dieses Beispiel stellt ein sich selbst erweiterndes Array bereit, das ADO.NET-Objekte verwendet, um Informationen aus der Beispieldatenbank Nordwind zu laden.

Die Bezeichnung Ihrer Nordwind-Datenbank kann anders sein, je nachdem, welche Anwendungen Sie installiert haben. In diesem Beispiel wird die Datenbank verwendet, die mit Access mitgeliefert wird (Nordwind.mdb). Wenn Sie nicht wissen, wo sich Ihre Nordwind-Datenbank befindet oder wie sie heißt (normalerweise Nordwind.mdb), versuchen Sie, nach *.mdb zu suchen, um sie ausfindig zu machen.

1. Erstellen Sie ein neues Windows-Anwendungs-Projekt unter Visual Basic.

2. Über dem Deklarationskopf des Standardformulars geben Sie bitte Folgendes ein:

   ```
   Imports System.Data.OleDb
   ```

3. Fügen Sie dem Formular einen Button hinzu und setzen Sie die Eigenschaft Name des Knopfes auf CMDREADDB.

4. Geben Sie den folgenden Code in das Click-Ereignis des Knopfes ein:

   ```
   Sub cmdReadDB_Click()
     Dim myConn As OleDbConnection
     Dim myCmd As OleDbCommand
   ```

```
    Dim myReader As OleDbDataReader
    Dim myConnStr As String
    Dim myArray (0) As String
    Dim i As Integer

    myConnStr = "Provider=" & _
      "Microsoft.Jet.OLEDB.4.0;Password=;" & _
      "User ID=Admin;Data Source=" & _
      "C:\Programme\Microsoft Office\Office\" & _
      "Samples\Nordwind.mdb;" & _
      "Mode=Share Deny None;"
    myConn = New OleDbConnection (myConnStr)
    myCmd = New OleDbCommand()
    myCmd.CommandType = CommandType.Text
    myCmd.CommandText = "Select * from Kunden"
    myCmd.Connection = myConn
    myConn.Open()
    myReader = myCmd.ExecuteReader()
    Do While myReader.Read()
      myArray(i) = myReader!Kontaktperson
      ReDim Preserve myArray(UBound(myArray)+1)
      i += 1
    Loop
    MsgBox(i & " Datensätze gefunden!")
    myConn.Close()
End Sub
```

5. Führen Sie das Programm aus.

Füllen einer Combobox aus einem Array

Arrays werden oft dazu verwendet, um eine Reihe von Informationen aufzunehmen, insbesondere auch ganze Listen von Elementen. VB-Programmierer müssen oft Arraydaten in Steuerelemente, wie z.B. die Combobox, übertragen. Das folgende Projekt generiert zufällige Texteinträge und platziert diese in einem Array. Diese Arraydaten werden dann in eine Combobox übertragen.

1. Erstellen Sie eine neue Windows-Anwendung unter Visual Basic.
2. Fügen Sie dem Formular eine ComboBox-Komponente hinzu und ändern Sie deren Eigenschaft Name auf cboMyCombo.
3. Setzen Sie einen Button auf das Formular und belegen Sie die Eigenschaft Name mit dem Wert cmdMakeCombo.
4. Geben Sie folgenden Code im Click-Ereignis des Knopfes ein:

```
Sub cmdErstelleCombo_Click()
  Dim myArray(10) As String
  Dim i As Integer

  For i = 0 To 9
    myArray(i) = "ID: " & Rnd()*100
  Next

  For i = 0 To UBound(myArray) - 1
    cboMyCombo.Items.Add(myArray(i))
  Next
End Sub
```

5. Führen Sie das Programm aus.

Zeichnen einer analogen Uhr

Das Steuerelement PictureBox enthält eine vollständige Zeichenumgebung, die für grafische Ausgaben verwendet werden kann. Wenn Sie diese in Verbindung mit den grafischen Fähigkeiten von .NET benutzen, können Sie fast jede grafische Zeichenoperation implementieren. Dieses Uhrenbeispiel zeigt, wie man grafische Anweisungen unter Verwendung des Timers, trigonometrischer Funktionen und Konvertierung von Stunden, Minuten und Sekunden in grafische Koordinaten programmiert. Beachten Sie, dass die Uhr nicht richtig funktioniert, wenn Ihr System so konfiguriert ist, dass die Zeit im 24-Stunden-Modus (statt a.m. und p.m.) angezeigt wird.

1. Erstellen Sie eine neue Windows-Anwendung unter Visual Basic.
2. Fügen Sie zu dem Formular eine Timer-Komponente hinzu.
3. Setzen Sie einen Button auf das Formular und ändern Sie die Eigenschaft Name auf CMDCLOCK.
4. Fügen Sie eine PictureBox-Komponente zu dem Formular hinzu und setzen Sie die Eigenschaft Name auf PBXCLOCK.
5. Erstellen Sie eine neue Prozedur ZEICHNEZEIGER für das Formular und fügen Sie den folgenden Code dort ein:

```
Sub ZeichneZeiger(ByVal myGraphics As Graphics, _
  ByVal myPen As Pen, ByVal cx As Integer, _
  ByVal cy As Integer, ByVal num As Integer, _
  ByVal rad As Integer)
  Dim x, y As Integer

  x = rad * Math.Sin((num * Math.PI) / 30)
  y = rad * Math.Cos((num * Math.PI) / 30)
  myGraphics.DrawLine(myPen, cx, cy, cx + x, cy-y)
End Sub
```

6. Geben Sie den folgenden Code in die Definition des Tick-Ereignisses der Timer-Komponente ein:

```
Sub Timer1_Tick()
  Dim cx, cy, rad As Integer
  cx = 100 : cy = 100 : rad = 80
  Dim myGraphics As System.Drawing.Graphics
  myGraphics = pbxClock.CreateGraphics()
  myGraphics.FillEllipse(Brushes.White, _
```

```
        cx - rad, cy - rad, rad * 2, rad * 2)
    myGraphics.DrawEllipse(Pens.Yellow, _
        cx - rad, cy - rad, rad * 2, rad * 2)
    ZeichneZeiger(myGraphics, Pens.Red, cx, cy, _
        Hour(Now) * 5, rad * 0.6)
    ZeichneZeiger(myGraphics, Pens.Green, cx, cy, _
        Minute(Now), rad * 0.9)
    ZeichneZeiger(myGraphics, Pens.Blue, cx, cy, _
        Second(Now), rad)
    myGraphics.Dispose()
End Sub
```

7. Fügen Sie den folgenden Code zu dem Click-Ereignis des Buttons hinzu:

```
Sub cmdClock_Click()
    Timer1.Enabled = True
End Sub
```

8. Setzen Sie die Eigenschaft Intervall der Timer-Komponente auf 1000 (so wird das Tick-Ereignis jede Sekunde ausgeführt).

9. Belegen Sie die Eigenschaft Enabled mit dem Wert False.

10. Führen Sie die Anwendung aus.

Änderung der Hintergrundfarbe eines Formulars durch Benutzereinstellungen

Die in Visual Basic enthaltenen, herkömmlichen Dialogboxen stellen eine ganze Reihe von oft verwendeten Funktionen zur Verfügung, inklusive Farbauswahl, Datei Öffnen und Speichern, Drucken und Schriftauswahl. Die Farbdialogbox stellt eine vollständige Schnittstelle für die Farbauswahl bereit, um eine Farbe im ausgewählten RGB-Format zurückzugeben. Dieses Beispiel ermöglicht dem Benutzer, eine Farbe für den Hintergrund des Formulars auszuwählen.

1. Erstellen Sie ein neues Windows-Anwendungs-Projekt unter Visual Basic.
2. Fügen Sie dem Formular einen Knopf hinzu und ändern Sie die Eigenschaft Name auf cmdSELECTCOLOR.
3. Fügen Sie den folgenden Programmtext im Click-Ereignis des Knopfes ein:

```
Sub cmdSelectColor_Click()
  Dim myColorDlog As New ColorDialog()
  Dim result As DialogResult
  `Benutzerdefinierte Farbeinstellung zulassen
  myColorDlog.AllowFullOpen = True
  myColorDlog.Color = System.Drawing.Color.Blue
  result = myColorDlog.ShowDialog()
  If result = DialogResult.OK Then
    Form1.ActiveForm.BackColor = myColorDlog.Color
  End If
End Sub
```

4. Führen Sie das Programm aus und klicken Sie auf den Knopf.

Nachdem sich der Anwender eine Farbe ausgesucht hat und den OK-Button angeklickt hat, ändert sich die Hintergrundfarbe des Formulars. Beachten Sie, dass die Steuerelemente auf dem Formular auch die ausgewählte Hintergrundfarbe annehmen, da sie dem Formular untergeordnet sind.

Erstellen einer »Datei Öffnen«-Dialogbox

Die normale Dialogboxklasse besitzt erweiterte Klassen, mit denen man Dateien zum Öffnen oder Speichern auswählen kann. Dieses Beispiel verwendet die DATEI ÖFFNEN-Dialogbox, um dem Anwender die Möglichkeit zu geben, eine Datei auszuwählen, wenn alle Dateitypen angezeigt werden und wenn nur Dateien mit der DAT-Endung angezeigt werden. Als mitgelieferte Eigenschaft der DATEI ÖFFNEN-Dialogbox darf der Benutzer den Dateinamen auch von Hand eingeben.

Nachdem der Benutzer eine Datei ausgewählt hat und auf den OK-Button geklickt hat, überprüft der Programmcode, ob die Datei tatsächlich existiert und zeigt eine Dialogbox an, um den Benutzer zu benachrichtigen.

1. Erstellen Sie ein neues Windows-Applikations-Projekt.

2. Setzen Sie einen Button auf das Formular und ändern Sie die Eigenschaft Name in CMDBROWSE.

3. Geben Sie den folgenden Code in das Click-Ereignis des Buttons ein:

```
Sub cmdBrowse_Click()
  Dim myFileDlog As New OpenFileDialog()

  myFileDlog.InitialDirectory = "C:\"
  myFileDlog.Filter = "Alle Dateien (*.*)|*.*" & _
    "|Datendatei (*.dat)|*.dat"
  myFileDlog.FilterIndex = 2
  myFileDlog.RestoreDirectory = True

  If myFileDlog.ShowDialog() = _
    DialogResult.OK Then
    If Dir (myFileDlog.FileName) <> "" Then
      MsgBox("Datei ist vorhanden: " & _
        myFileDlog.FileName, MsgBoxStyle.Information)
    End If
  Else
    MsgBox("Datei nicht gefunden", MsgBoxStyle.Critical)
  End If
End Sub
```

4. Führen Sie das Programm aus.

Die herkömmlichen Dialogboxen können dazu verwendet werden, genau die Dateitypen anzugeben, die gefiltert und zur Auswahl zugelassen werden sollen. Es gibt zusätzliche Flags und Parametereinstellungen, über die das Verhalten und das Aussehen der Dialogboxen angepasst werden können. Diese sind in der VB-Dokumentation aufgelistet.

Verwenden der .NET-Grafikfunktionen mit Bildern

Das Beispiel benutzt ein Image-Objekt, um eine Bitmap zu laden, sie um 180 Grad zu drehen und die veränderte Bitmap als anderen Dateityp zu speichern. Das Beispiel zeigt, dass die Erstellung eines Tools, das eine Grafikdatei verändert, ein ziemlich simpler Prozess ist.

1. Erstellen Sie ein neues Windows-Anwendungs-Projekt unter Visual Basic.

2. Fügen Sie einen Button zu dem Formular hinzu und setzen Sie die Eigenschaft Name auf CMDSIMPLEBITMAP.

3. Setzen Sie eine PictureBox-Komponente auf das Formular und ändern Sie die Eigenschaft Name auf PBXIMAGE.

4. Geben Sie den folgenden Code in das Click-Ereignis des Knopfes ein:

```
Sub cmdSimpleBitmap_Click()
  Dim myImage As Image
  Dim myGraphics As System.Drawing.Graphics

  myGraphics = pbxImage.CreateGraphics()
  myImage = Image.FromFile("C:\boticelli.jpg")
  myImage.RotateFlip(RotateFlipType.Rotate180FlipNone)
```

```
    myGraphics.DrawImage(myImage, 0, 0)
    myImage.Save("C:\boticelli.bmp")
End Sub
```

5. Führen Sie die Anwendung aus.

Für dieses Beispiel wird erwartet, dass es eine Bitmap-Datei namens boticelli.jpg im Stammverzeichnis gibt. Sie können diesen Verweis durch irgendeinen geeigneten Pfad einer Bitmap-, GIF- oder JPEG-Datei ersetzen. Das Beispiel speichert das veränderte Bild als Bitmap mit dem Namen boticelli.bmp in das Stammverzeichnis.

Verwenden der Windows-API, um einen Sound abzuspielen

Als Rückmeldung für den Benutzer oder als allgemeine Hintergrundmusik kann das Abspielen einer Sounddatei (WAV) sehr nützlich sein. Das .NET Framework unterstützt direkt nur die Beep()-Funktion. Trotzdem hat eine Anwendung durch die Schnittstelle der COM-Bibliothek vollen Zugang zum DirectSound-Audiosystem. DirectSound ist nur eine von vielen DirectX-Technologien, die fortgeschrittenen Multimedia-Anwendungen und Computerspielen zur Verfügung stehen. Die DirectX-Bereiche bestehen aus:

- **DirectDraw**   Schneller Zugang zur Video-Hardware für Spiele, Multimedia und Animationen.
- **Direct3D**   Optimierte Routinen, die die Vorteile verfügbarer 3D-Hardware-Beschleunigung nutzen oder Software verwenden, um Funktionen nachzubilden, die dieselben Fähigkeiten zur Verfügung stellen.
- **DirectSound**   Spielt synchrone und asynchrone Sounddateien ab, besitzt die Fähigkeit, mehrere Tonkanäle zu mixen und digitale Effekte hinzuzufügen (Hall, Mehrstimmigkeit etc.).

- **DirectMusic**   Erweiterte Unterstützung von MIDI- und WAV-Quellen in Verbindung mit Akkordprogressionen, Styles und anderen allgemeinen Musikstrukturdaten, um die Klangerzeugung dynamisch zu gestalten.
- **DirectShow**   Unterstützt Multimedia-Datenströme (Media Streaming), wie z.B. die Darstellung von ASF-Medien (Advanced Streaming Format) oder das Abspielen einer DVD.
- **DirectPlay**   Netzwerkbasierte Routinen, die das Erstellen von Multiplayer-Applikationen ermöglichen, einschließlich Spielen, die über LAN, Modem oder das Internet gespielt werden können.
- **DirectInput**   Stellt eine allgemeine Schnittstelle für Eingabegeräte, wie z.B. Joysticks, aber auch spezielle Implementationen für Geräte, wie Force-Feedback-Sticks, zur Verfügung.

Das folgende Beispiel verwendet das DirectSound-System, um eine WAV-Datei mit dem Standard-Audiosystem abzuspielen. Es wird Ihnen auffallen, dass der Programmcode die Sounddatei in den sekundären Buffer anstatt in den primären Buffer (der selten direkt verwendet wird) lädt. Der primäre Buffer ist der Mischkanal, der für die Endausgabe benutzt wird. Während es nur einen primären Buffer gibt, können so viele sekundäre Buffer erstellt werden, wie der verfügbare Speicher und die Prozessorleistung es zulassen. Diese Buffer können dann für die Ausgabe auf dem primären Kanal frei miteinander vermischt werden.

Beachten Sie, dass mit jeder neuen Version von DirectX die Verwendung vieler Aspekte der Schnittstelle von Microsoft erheblich verändert wurden. Die Funktionsfähigkeit dieses Beispiels wurde mit DirectX 8 getestet und deshalb könnte es sein, dass es unter anderen Versionen von DirectX nicht richtig funktioniert.

1. Erstellen Sie eine neue Windows-Anwendung unter Visual Basic.
2. Wählen Sie im Menü PROJEKT den Punkt VERWEIS HINZUFÜGEN aus

3. In dem Verweisdialogfenster wählen Sie die Karteikarte COM aus und fügen das Element DIRECTX 8 FOR VISUAL BASIC TYPE LIBRARY zu dem Projekt hinzu. Wenn dies das erste Mal ist, dass Sie diese Bibliothek öffnen, wird ein Dialogfenster erscheinen und Sie fragen, ob ein Wrapper für diese Bibliothek erstellt werden soll. Klicken Sie auf JA, um einen .NET-to-COM-Wrapper zu erzeugen.

4. In dem Bereich DEKLARATIONEN des Hauptformulars geben Sie bitte den folgenden Code ein:

   Imports DxVBLibA

5. Fügen Sie einen Button zu dem Formular hinzu und ändern Sie die Eigenschaft Name auf cmdPlaySound.

6. Geben Sie den folgenden Programmtext in das Click-Ereignis des Buttons ein:

```
Private Sub cmdPlaySound_Click()
  Dim myDSound As DirectSound8
  Dim myBufDesc As New DSBUFFERDESC()
  Dim D8 As New DirectX8()
  Dim myBuffer As DirectSoundSecondaryBuffer8

  myBufDesc.guid3DAlgorithm = _
   AUDIOCONSTANTS.GUID_DS3DALG_DEFAULT
  myDSound = D8.DirectSoundCreate(vbNullString)
  myBuffer = myDSound.CreateSoundBufferFromFile( _
  "C:\WINNT\Media\Windows-Anmeldeklang.wav", myBufDesc)
  ' Das kooperative Level für das aktuelle Fenster muss
  ' gesetzt werden, bevor ein Sound abgespielt werden kann
  myDSound.SetCooperativeLevel( _
    Me.Handle.ToInt32, CONST_DSSCLFLAGS.DSSCL_NORMAL)
  myBuffer.Play(CONST_DSBPLAYFLAGS.DSBPLAY_DEFAULT)
End Sub
```

7. Führen Sie die Anwendung aus.

Da für dieses Programmbeispiel eine spezielle Sounddatei im Ordner MEDIA erwartet wird, müssen Sie den angegebenen Pfad vielleicht ändern, damit er auf eine verfügbare WAV-Datei auf Ihrem System zeigt.

Eine E-Mail über Outlook verschicken

Oft ist es sehr nützlich, eine E-Mail aus Visual Basic heraus verschicken zu können. Obwohl die Messaging-API (MAPI) Ihnen die Übertragung jeglichen Typs von Nachricht ermöglicht, ist die Programmierung doch ziemlich kompliziert. Eine E-Mail über Outlook zu verschicken, ist sehr einfach und die Nachrichten, die auf diesem Wege erstellt werden, können dem Postausgangsordner hinzugefügt werden, damit Sie verfolgen können, wie die E-Mail versendet wird.

1. Erstellen Sie eine neue Windows-Anwendung unter Visual Basic.

2. Wählen Sie in der Dialogbox VERWEIS HINZUFÜGEN auf der COM-Karteikarte den entsprechenden Eintrag aus, um die neueste Version des Microsoft-Outlook-Objektmodells zum Projekt hinzuzufügen.

3. Fügen Sie den folgenden Programmtext in den Deklarationskopf des Standardformulars des Projekts ein:

```
Imports Outlook
```

4. Setzen Sie einen Button auf das Formular und ändern Sie dessen Eigenschaft Name in cmdOutlookMail.

5. Geben Sie den folgenden Programmtext in das Click-Ereignis des Knopfes ein:

```
Sub cmdOutlookMail_Click()
  Dim objOutlook As New Outlook.Application()
  Dim objItem = objOutlook.CreateItem(_
    OlItemType.olMailItem)
```

```
With objItem
   .Subject = "VB.NET Prog Ref"
   .To = "danr@cvisual.com"
   .CC = "danr@coherentdata.com"
   .Body = "Ich fand dieses Buch sehr hilfreich!"
   .Attachments.Add("C:\autoexec.bat")
   .Send()
End With
MsgBox("Email wurde verschickt!")
End Sub
```

6. Führen Sie das Programm aus.

Dieses Beispiel besitzt kein Error-Handling und nimmt auch an, dass es eine Datei mit Namen autoexec.bat im Stammverzeichnis des Datenträgers C: gibt. Die Adressen in diesem Beispiel liegen im Format von SMTP-Adressen vor. Trotzdem können Sie auch Namen, wie z.B. »John Doe« aus Ihrem Adressbuch verwenden wie beim manuellen Versenden von E-Mails aus Outlook heraus.

Empfangen von Parametern, die an eine Anwendung weitergegeben wurden

Wenn Programme aus der Windows-Umgebung gestartet werden, können diese Befehlszeilenparameter oder Namen von Dateien enthalten, die auf das Icon des Programms gezogen wurden. Das Auslesen dieses übergebenen Strings ermöglicht es Ihnen, Benutzereingaben für die Anwendung zugänglich zu machen, bevor die Ausführung des Programms vollständig begonnen hat. Die Funktion Command() gibt einen String von Parametern zurück, die an die EXE gesendet wurden. Der folgende Programmtext verwendet die Funktion Split(), um die Befehle in ein Array zu parsen, und zeigt dann eine Messagebox mit der Anzahl der empfangenen Elemente an.

1. Erstellen Sie eine neue Windows-Anwendung unter Visual Basic.
2. Geben Sie den folgenden Code in das Load-Ereignis des Hauptformulars ein:

```
Private Sub Form1_Load()
  Dim fieldDelim As String = " "
  Dim myCommands As String
  Dim myArgs() As String
  myCommands = Microsoft.VisualBasic.Command()
  myArgs = myCommands.Split(fieldDelim.ToCharArray)
  MsgBox("Es wurden " & UBound(myArgs) & _
    " Element(e) an die EXE weitergegeben!")
End Sub
```

3. Verwenden Sie den Menüpunkt PROJEKTMAPPE ERSTELLEN im Menü ERSTELLEN, um ein ausführbares Programm zu erstellen.
4. Ziehen Sie jetzt von Windows aus eine Datei auf die EXE.

Wenn die Ausführung beginnt, überprüft das Programm, ob Parameter an die Anwendung übergeben wurden. Sind Parameter vorhanden, wird die Anzahl dieser Parameter in einer Messagebox angezeigt.

Verfügbare Schriftarten anzeigen

Es ist möglich, zu bestimmen, welche Schriftarten für ein Anzeigegerät verfügbar sind, indem man die Eigenschaft InstalledFontCollection abfragt. In diesem Beispiel werden die Schriftarten des Screens erkannt und zur Auswahl als Elemente zu einer Combobox hinzugefügt.

1. Erstellen Sie ein neues Windows-Applikations-Projekt unter Visual Basic.
2. Setzen Sie eine Combobox-Komponente auf das Formular und

ändern Sie dessen Eigenschaft Name auf CBOMYCOMBO.

3. Fügen Sie dem Formular eine Schaltfläche hinzu und setzen Sie die Eigenschaft Name der Schaltfläche auf CMDLISTFONTS.

4. Geben Sie folgenden Code in das Click-Ereignis der Schaltfläche ein:

```
Sub cmdListFonts_Click()
  Dim myInstalledFonts As New _
    System.Drawing.Text.InstalledFontCollection()
  Dim i As Integer

  For i = 0 To _
    myInstalledFonts.Families.Length - 1
  cboMyCombo.Items.Add( _
    myInstalledFonts.Families(i).GetName(1))
  Next
End Sub
```

5. Führen Sie das Programm aus.

6 XML (Extensible Markup Language)

Extensible Markup Language (XML) ist eine Auszeichnungsmetasprache, mit der man eine Syntax zur Definition anderer Auszeichnungssprachen (wie z.B. HTML) beschreiben kann. Dieser Standard wurde vom World Wide Web Consortium (W3C) erstellt, um einfachen Informationsaustausch zu ermöglichen. Microsoft hat XML in fast allen Bereichen der Visual-Studio-Entwicklung eingeschlossen. Die neue ADO.NET-Technologie z.B. verwendet XML als Middleware-Format, um Datensätze zwischen einem Datenprovider und einem »Datenkonsumenten« auszutauschen. XML ist auch das Speicherformat für Offline-Datensätze und jede XML-Datenquelle kann als Datenprovider verwendet werden.

Für den Visual-Basic-Entwickler ist die Integration von XML eine wunderbare Sache. Mit der im Microsoft-XML-Parser enthaltenen Funktionalität kann eine von Menschen lesbare, hierarchische Datendatei einfach ausgelesen, geschrieben oder verändert werden. Dies bedeutet, dass jede Anwendung eine XML-basierte Datei für ein Standardspeicherformat für Dokumente verwenden kann, anstatt eine unhandliche proprietäre Binär- oder Textdatei zu übernehmen.

Da XML wie auch HTML von Menschen lesbar ist, können Sie die Dateien mit einem normalen Texteditor anschauen und bearbeiten. Dieses Kapitel gibt Ihnen einen Überblick über das Format XML, so dass für Sie der Text einer XML-Datei verständlicher wird. Die allgemeinen XML-Konventionen werden hier auch beschrieben, damit Sie sie zur direkten Umsetzung eines Konzeptes als Ausgangspunkt für die Erstellung einer formatierten Datei verwenden können.

Dies ist ein Beispiel für ein sehr simples XML-Dokument:

```
<?xml version="1.0"?>
<Team>
  <Spieler Name="Kurt Trout" Position="LB">
    <Spitzname>Eyes and Ears</Spitzname>
    <Spielernummer>52</Spielernummer>
  </Spieler>
  <Spieler Name="George Zip" Position="QB">
    <Spitzname>Zippy</Spitzname>
    <Spielernummer>7</Spielernummer>
  </Spieler>
</Team>
```

Die erste Zeile identifiziert diese Datei als XML-Dokument und gibt die Version des verwendeten Standards an, mit dem es erstellt wird. Daraufhin folgt das erste Element, das die Wurzel des gesamten Dokuments repräsentiert. In diesem Element sind zwei weitere Elemente enthalten, die die Daten für die einzelnen Spieler enthalten. Wie Sie sehen können, ähnelt diese Datei in etwa einer HTML-Datei.

In diesem Kapitel wird vorausgesetzt, dass Sie schon mit dem aktuellen HTML-Standard gearbeitet haben. Da XML und HTML sehr eng miteinander verwandt sind, können viele Konzepte, die ein Entwickler schon gelernt hat (allgemeine Struktur, Layout, Elementdefinition usw.), einfach übertragen und auf ein XML-Dokument angewendet werden.

Unterschiede zwischen XML und HTML

In XML-Dateien werden viele der Konventionen verwendet, die auch in HTML-Dateien benutzt werden. Trotz ihrer Ähnlichkeit unterscheidet sich eine XML- von einer HTML-Datei in folgenden wesentlichen Punkten:

- **Jedes geöffnete Tag muss ein schließendes Tag besitzen** Manche HTML-Tags, wie z.B. <P> müssen nicht explizit mit einem Endtag geschlossen werden (nämlich </P>). In XML muss jedes Tag explizit geöffnet und geschlossen werden.
- **Es muss ein Dokumentenkopf vorhanden sein** In XML sollte der Dokumentenkopf am Anfang des Dokuments auftreten, um das Schema festzulegen, das für die in der Datei enthaltenen Daten verwendet wird. Dieser Kopf kann eine Dokumententyp-Deklaration enthalten, die wiederum eine Dokumententyp-Definition (DTD) beinhalten oder auf diese verweisen muss.
- **Alle Parameter müssen in Anführungsstriche eingeschlossen werden** In HTML ist das Einfassen von Parameterwerten in Anführungsstriche optional (z.B. IMG SRC=MyPict.GIF), ganz im Gegensatz zu XML, wo diese Anführungsstriche unbedingt notwendig sind (z.B. IMG SRC = "MyPict.GIF").
- **Externe Ressourcen müssen als Entitäten referenziert werden** In HTML können externe Ressourcen (wie z.B. das Tag IMG SRC für eine GIF-Datei) irgendwo im Dokument enthalten sein. In XML wird gefordert, dass Dateiverweise als einzelne Entitäten zu Anfang des Dokuments deklariert werden. Wird diese externe Ressource später im Dokument gebraucht, wird anstelle des URL (wie in HTML) der Referenzname für die Entität verwendet.

Anmerkung: Obwohl jedes Tag eine Marke zum Öffnen und Schließen braucht, gibt es eine spezielle Tag-Form, die einen Leerinhalt eines Feldes anzeigt, wobei sie den Speicherplatz des Elements minimiert. Der Name dieser Marke wird von einem Slash-Zeichen (/) gefolgt, wie z.B.: <Name/>. Dies zeigt an, dass das Element »Name« zwar vorhanden, aber leer ist.

XML-Funktionen

Trotz der Ähnlichkeit mit HTML verfolgt XML doch ein völlig anderes Ziel. Obwohl fast jedes HTML-Dokument zur Anzeige gedacht ist (als eine Webseite oder einem Konstrukt aus Frames), können mit XML z.B. auch Daten in einer Datei strukturiert werden. Diese Datendatei kann entweder auf benutzerdefinierte Weise angezeigt oder als Datenprovider verwendet werden.

Als Austauschformat für Daten besitzt XML folgende Vorteile:

‣ **Gemeinsames Protokoll mit HTML**   XML-Dateien werden standardmäßig über dasselbe HTTP-Protokoll, das auch für Standard-HTML-Dateien verwendet wird, gesendet und empfangen. Die Verwendung des HTTP-Protokolles erlaubt dem XML-Datenaustausch, Daten auf einfache Weise durch ein Firewall-geschütztes Netzwerk zu transferieren.

‣ **Partielles Laden von Funktionen basierend auf einer Zielnotation**   In HTML wird ein Ziel mit dem Lattenkreuz (#) gekennzeichnet, um direkt zu einer Stelle in einem größeren Dokument zu springen. Unabhängig davon, wie groß das angestrebte Ziel ist, muss das ganze HTML-Dokument geladen werden. In XML kann man einen selektiven Ladevorgang anfordern, der nur den gewünschten Teil der Datei sendet.

‣ **Kostenloser XML Parser**   Der Microsoft XML-Parser steht Ihnen durch das .NET Framework zur Verfügung und ist auch als separate ActiveX-Komponente vorhanden. Die Verwendung dieses Parsers macht die Implementierung des Zugriffs auf XML-Dateien innerhalb fast jeden Programms zu einem sehr einfachen Verfahren.

- **Wird in ADO.NET unterstützt** Zusätzlich zu den anderen XML-Features stellt ADO.NET eine Funktion zur Verfügung, die jede Form von Daten in eine formatierte XML-Datei umsetzt.
- **XML Style Sheets** XML unterstützt eine neue Art von Style Sheet, die XS genannt wird. XS ist sehr viel mächtiger als der HTML-Standard, der als Cascading Style Sheets, level1 oder CSS1 bekannt ist.
- **Unicode als Standard für XML** Obwohl XML immer noch das 8-Bit-ASCII-Dateiformat für Dokumente unterstützt, ist das Unicode-Format doch der empfohlene Standard. Durch die Verwendung von Unicode können XML-Dateien für Programme benutzt werden, die Daten mit internationalen Zeichensätzen speichern müssen.
- **Strukturierte Datenabfrage** Da das gesamte Dokument durch strukturierte Daten organisiert ist, können Filter basierend auf Feld- oder Datentypkriterien angewendet werden. Eine Suche kann gefiltert werden, um sich nur Daten mit den angegebenen Eigenschaften ausgeben zu lassen.

XML-Dokumentstruktur

XML-Dokumente können als einer der folgenden drei Dateitypen gespeichert werden: Unicode-Textdatei (Standard), ASCII-Textdatei oder Binärdatei. Binärdateien werden hauptsächlich zum Speichern von binären Daten, wie z.B. Bildern, proprietären Daten oder unstrukturierten Informationen verwendet. Die eigentliche Struktur eines XML-Dokuments kann in drei Abschnitte unterteilt werden:

- **Dokumentenkopf** Der Dokumentenkopf gibt an, dass das Dokument eine XML-Datei ist, und enthält die Version der XML-Kompatibilität.

▸ **Dokumentenelement** Es gibt nur ein Wurzelelement, das *Dokumentenelement* genannt wird. Dieses Element ist wie die anderen Elemente formatiert (mit Anfangs- und Endmarken), wird aber dazu verwendet, alle anderen Datenelemente im Dokument zu kapseln.

▸ **Body-Elemente** Die Body-Elemente umfassen die Substanz des eigentlichen Dokuments. Die Body-Elemente enthalten die gesamten Daten der XML-Datei.

Der XML-Dokumentenkopf gibt den Typ und die Kompatibilität des Dokuments zu dem jeweiligen Standard an. Verwendet das Dokument die XML Standardformatierung, kann folgender Kopf am Anfang der Datei platziert werden:

```
<?xml version="1.0"?>
```

XML unterteilt ein Dokument in eine Reihe von *Elementen*. Zum Beispiel könnte ein Element, das einen Spitznamen repräsentiert, so aussehen:

```
<Spitzname>Eyes and Ears</Spitzname>
```

Ein XML-Dokument kann nur ein Wurzelelement enthalten. Deshalb ist diese einfache XML-Datei **nicht** richtig:

```
<?xml version="1.0"?>
<Node>Mein erster Dokumentenkopf.</Node>
<Node>Mein zweiter Dokumentenkopf.</Node>
```

Aber eine Datei kann eine unbegrenzte Zahl von Knoten unterhalb des Wurzelelementes haben. Im folgenden Fall werden beide Kopfknoten in einem primären Wurzelelement zusammengefasst:

```
<?xml version="1.0"?>
<Node>
<Node>Mein erster Dokumentenkopf.</Node>
<Node>Mein weiterer Dokumentenkopf.</Node>
</Node>
```

Sie sind vielleicht schon von HTML-Dokumenten mit dieser Formatierungskonvention für Wurzelelemente vertraut. Der gesamte Inhalt einer Standardwebdatei muss von einem, und nur einem, Satz von <HTML></HTML>-Tags umschlossen werden.

Zusätzlich zu Elementen, die Datenfelder beschreiben, gibt es eine Reihe von Tags und Eigenschaften, die der XML-Standard für besondere Aufgaben innerhalb eines XML-Dokuments definiert.

Character Data Tags

Ein CDATA (Character Data Tag) kann verwendet werden, um einen Abschnitt von Daten direkt und ohne Weiterverarbeitung durch den Parser einzubinden. Diese Daten können Zeichen enthalten, wie z.B. Anführungsstriche, ohne dass die spezifischen XML-Escapezeichen erforderlich sind. Zum Beispiel:

```
<![CDATA[<p>Testen des "Character Data"-Systems. ]]>
```

Das xml:space-Attribut

Leerzeichen können ausdrücklich mit dem space-Attribut dargestellt werden. Bekommt das Attribut den Wert Preserve zugewiesen, werden Leerzeichen im Enddokument miteinbezogen. Folgendes Beispiel demonstriert, wie man die Leerzeichen mit einbezieht:

```
<?xml version="1.0"?>
<xsl:stylesheet     xmlns:xsl="http://www.w3.org/1999/XSL/
Transform"
version="1.0" xml:space="preserve">
<xsl:template match="exgr">
  <p>
   <xsl:apply-templates/>
  </p>
 </xsl:template>
```

```
<xsl:template match="exname">
  <p>
  <xsl:apply-templates/>
  </p>
</xsl:template>
</xsl:stylesheet>
```

`xml:space="preserve"` ist keine Anweisung an den Parser, um Leerzeichen zu berücksichtigen. Der Parser muss die Leerzeichen sowieso mit einbeziehen (abgesehen von der Umwandlung von Zeilenenden in Zeilenvorschubzeichen). Diese Anweisung ist nur ein Hinweis für die Anwendung (d.h. das Programm, das den Parser verwendet), dass es die Leerzeichen berücksichtigen soll.

XML-Link-Tags

Die Link-Funktionen von XML sind im Gegensatz zu vergleichbaren Funktionen in HTML viel robuster. Zusätzlich zur normalen Hyperlink-Funktionalität kann ein XML-Link für Zwei-Wege-Links (die in jede Richtung verfolgt werden können) oder multidirektionale Links (die zwei oder mehr Ziele miteinander verbindet) verwendet werden.

In XML kann man Links in zwei verschiedene Typen unterteilen:

▸ **Einfach** Einfache Verknüpfungen werden als Standard-HTML-Hyperlinks verwendet.

▸ **Erweitert** Die erweiterte Verknüpfung ist sehr viel leistungsfähiger, da sie mehrere Ziele, mehrere Quellen und Linkverbindungen, die außerhalb des Quelldokuments liegen können, zulässt. Indem die Links in eine separate Datei geschrieben werden, wird die Handhabung von Linklisten, wie z.B. Linksammlungen, erleichtert

Ein einfacher Link kann genauso wie ein herkömmlicher HTML-Link verwendet werden:

```
<A xml-link="simple"
  href="http://www.w3c.org/XML">meinLink</A>
```

Der gleiche Link kann stattdessen auch mit einem vorher deklarierten Attribut verwendet werden:

```
<A link="Simple"
  href ="http://www.w3c.org/XML">meinLink</A>
```

Ein erweiterter Link kann den Link selbst von dem Ort innerhalb des Dokuments separieren. Zum Beispiel kann ein Link zu zwei Absätzen einem anderen Link erlauben, einen der beiden Wege nachzuverfolgen.

```
<A Link="extended" role="sibling"
<LOCATOR href="#firstPara" Title="Number1" />
<LOCATOR href="#secPara" Title="Number2" />
</A>
```

Im eigentlichen Körper des XML-Dokuments würden diese Ziele dann mit Verwendung des ID-Attributs identifiziert:

```
<P ID="ersterPara">Hier ist der Anfang.</P>
<P ID="zweiterPara">Hier ist das Ende.</P>
```

Kommentar-Tags

Kommentare werden in XML genauso verwendet wie in HTML auch. Seien Sie trotzdem vorsichtig damit, Kommentare zu verwenden, anstatt einfach die gleichen Informationen in einem Datenfeld zu verpacken, das ignoriert wird. Kommentare werden als Informationen, die von den meisten XML-Parsern ignoriert werden, nicht benötigt. Deshalb gehen die Kommentare wahrscheinlich verloren, wenn eine XML-Datei gelesen, von einem Programm analysiert und dann an anderer Stelle gespeichert wird. Dies ist ein Beispiel für die Verwendung eines Kommentars:

```
<!--Dies ist mein Kommentar. -->
```

Dokumententypdefinition (DTD)

In HTML sind die Regeln für das Format eines Dokuments im vom W3C erstellten HTML-Standard festgelegt. In XML müssen die Definitionen für die Erstellung und Übernahme einer größeren Spannweite von möglichen Anwendungen zur Verfügung stehen. Aus diesem Grund können die Regeln für Struktur, Syntax, Variablentypen und andere Eigenschaften innerhalb der Datei selbst definiert werden oder verweisen auf eine externe Definitionsdatei.

Die Regeln für einen bestimmten Dateityp werden in einer DTD festgehalten. Eine DTD setzt Konventionen auf, nach denen eine XML-Datei auf Formatkompatibilität geprüft wird. Die DTD-Formatierung kann in der XML-Datei selbst enthalten sein oder XML verweist auf eine externe Definitionsdatei.

Es gibt zwei grundlegende Kompatibilitätsstufen, die mit dem XML-Standard verträglich sind:

- **Wohlgeformte Dokumente**   Diese Dokumente sind geeignet strukturiert (mit passenden Anfangs- und Endtags usw.). Trotzdem kann ein wohlgeformtes Dokument zwar korrekt aussehen, verletzt aber Attributeinstellungen oder Bedingungen von Eigenschaften, die in einer DTD gespeichert sind.
- **Gültige Dokumente**   Dieser Dokumententyp entspricht der DTD. Wenn eine Datei vollständig mit den Regeln übereinstimmt, die in der DTD definiert sind, wird es ein *gültiges Dokument* genannt. Diese Gültigkeitsprüfung nennt man auch *Validierung*. Nicht jeder Parser überprüft ein Dokument auf Gültigkeit (wie z.B. IE5 oder Mozilla).

Anmerkung: Die Deklarationen einer DTD sind in einer Sprache vorhanden, die einer Programmiersprache namens Scheme, die von MIT in den Siebzigerjahren erfunden wurde, sehr ähnlich sieht. Obwohl

Scheme nicht den Benutzerstamm oder die Popularität von Sprachen, wie z.B. VB oder C++, hat, ist es doch ein Lisp-Dialekt, der kurzen, sauberen Code liefert. Dies macht ihn zu einem perfekten Codetyp, der Logik für Datendateien zur Verfügung stellt.

Die XML-Datei kann so verfasst werden, dass sie eine spezielle DTD mit dem Element DOCTYPE verwendet. Das folgende einfache Beispiel zeigt, wie man eine interne DTD erstellt, die Zeichendaten in einem Elementfeld eines Knotens aufnimmt:

```
<?xml version="1.0"?>
<!DOCTYPE Node [<!ELEMENT Node (#PCDATA)> ]>
<Node>Mein erster Dokumentenkopf.</Node>
```

Auf XML mit dem .NET Framework zugreifen

Microsoft hat einen vollständigen Namensbereich innerhalb des .NET Frameworks der XML-Funktionalität gewidmet. Alle XML-Klassen finden Sie in dem Pfad SYSTEM.XML wieder. Die Hauptklassen von XML, die Sie wahrscheinlich verwenden werden, sind:

- **XmlDeclaration-Klasse** Beinhaltet den XML-Deklarationsknoten, der am Anfang jedes XML-Dokuments in der Form <?xml version="1.0"?> auftreten muss, gefolgt von beliebigen, spezifizierten Eigenschaften.
- **XmlDocument-Klasse** Stellt die Grundlage eines XML-Dokuments dar. Ein paar der am häufigsten verwendeten Methoden, die in dieser Klasse bereitgestellt werden, sind: CreateComment(data **As String**), CreateAttribute(name **As String**), CreateNode(nodeTypestring **As String**, name **As String**, namespaceURI **As String**), CreateTextNode(text **As String**); Load(filename **As String**), LoadXml(xml **As String**) und Save(filename **As String**).

- **XmlElement-Klasse**   Stellt Vertreter von XML-Elementen zur Verfügung.
- **XmlEntity-Klasse**   Stellt Vertreter einer Entität bereit, die durch die XML-Syntax `<!ENTITY Name>` erzeugt wird. Eine Entität kann ein Bild (z.B. `<!ENTITY meinBild SYSTEM "meinBild.GIF" NDATA BMP>`), eine Textdatei (z.B. `<!ENTITY meinDok SYSTEM "meinDokument.txt">`) oder eine andere Quelle sein, die in dem XML-Dokument verwendet wird. Die Entität wird in XML mit dem Namen referenziert, der ihr in der Deklaration zugewiesen wurde.
- **XmlText-Klasse**   Stellt einen Vertreter für den Text zur Verfügung, der in einem Element oder einer Eigenschaft enthalten ist.
- **XmlTextReader-Klasse**   Stellt eine Klasse für schnellen forward-only und schreibgeschützten Zugriff auf eine XML-Datei zur Verfügung. Diese Klasse erzwingt wohlgeformte XML-Regeln (z.B. passende Anfangs- und Endtags) für das Dokument, die `DocumentType`-Knoten und die Entitätsdeklarationen. Diese Klasse stellt keine Datenvalidation zur Verfügung und erweitert auch nicht die Standardeigenschaften. Für vollständige Datenprüfung verwenden Sie bitte die Klasse `XmlValidatingReader`.
- **XmlTextWriter-Klasse**   Stellt eine Klasse für schnellen forward-only Schreibzugriff für eine XML-Datei zur Verfügung, die mit der W3C-XML-Spezifikation übereinstimmt. Beachten Sie, dass die Datei im ASCII UTF-8 Format gespeichert wird, wenn der Parameter für die Verschlüsselung an den Konstruktor als Referenz auf null (`Nothing` in VB) übergeben worden ist.
- **XmlValidatingReader-Klasse**   Stellt eine Klasse zur Verfügung, die XML-Daten liest und gleichzeitig überprüft, ob diese mit der DTD, dem XDR-, XDS-Schema und den wohlgeformten Konventionen eines XML-Dokuments übereinstimmen. Diese Klasse erzwingt auch die wohlgeformten XML-Regeln (wie z.B. passende Anfangs- und Endtags) für das Dokument, die DocumentType-

Knoten und die Entitätsdeklarationen. Geben Sie die Schemadateien mit der Eigenschaft `Schemas` an, um ein Schema aus der `XmlSchemaCollection` zu verwenden. Geben Sie den Überprüfungstyp mit der Eigenschaft `ValidationType` an.

Eine XML-Datei schreiben

Die Klasse `XmlTextWriter` enthält alle nötigen Routinen, um XML-formatierte Dateien einfach zu schreiben. Diese Klasse übernimmt die gesamte notwendige Organisation, um zu gewährleisten, dass die geschriebene Datei ein wohlgeformtes XML-Dokument ist.

Um die Klasse `XMLTextWriter` zu verwenden, führen Sie diese fünf Schritte durch:

1. Erstellen Sie einen neuen XML-Stream und verwenden Sie die Methode `WriteStartDocument()`. Diese Methode schreibt die richtige XML-Deklaration in die Datei.
2. Schreiben Sie das Stammdatenelement mit der Methode `WriteStartElement()`.
3. Schreiben Sie zusätzliche Elemente in die Datei.
4. Schließen Sie das Endelement mit der Methode `WriteEndElement()`.
5. Schließen Sie die XML-Daten mit der `WriteEndDocument()`-Methode ab. Es ist sehr wichtig, dass diese Methode aufgerufen wird, da sie alle Elemente oder Strukturen, die noch nicht richtig geschlossen wurden, schließt. Dies stellt sicher, dass das Dokument richtig formatiert ist, so dass kein Parser beim Lesen der Datei einen Fehler verursacht.

Durch die Verwendung verschachtelter Aufrufe der Methode `WriteStartElement()` kann eine hierarchische Datendatei erstellt werden.

Anmerkung: In Kapitel 8 gibt es zwei Beispiele, die zeigen, wie zwischen XML-Datendateien und ADO eine Verbindung hergestellt wird. Schauen Sie sich bei dem Eintrag WriteXML ein Beispiel an, wie man einen Datensatz in eine Datei schreibt. Der GetXML-Eintrag zeigt, wie man Daten aus einer XML-Datei in einen Datensatz einliest.

Um ein einfaches Beispielprojekt zu erstellen, das eine XML-Datei schreibt, starten Sie bitte zunächst ein neues Windows-Applikations-Projekt. Fügen Sie diesen Dokumentenkopf ganz am Anfang jeder Formulardatei ein:

Imports System.Xml

Geben Sie nun den folgenden Programmtext in das Click-Ereignis einer Schaltfläche ein:

```
Sub cmdXMLWrite_Click()
  ' Um das Ergebnis zu testen, können Sie stattdessen
  ' diese Zeile verwenden:
  ' Dim myTW As New XmlTextWriter(Console.Out)
  Dim myTW As New XmlTextWriter("myTeam.xml", _
  Nothing)
  ' Setzen Sie den <?xml> Versionskopf ein
  myTW.WriteStartDocument()
  myTW.Formatting = Formatting.Indented
  ' Öffnen Sie den Wurzelknoten
  myTW.WriteStartElement("Team")
  ' Öffnen Sie einen Datenknoten
  myTW.WriteStartElement("Spieler")
  myTW.WriteAttributeString("Name", "George Zip")
  myTW.WriteAttributeString("Position", "QB")
  myTW.WriteElementString("Spitzname", "Zippy")
  myTW.WriteElementString("Spielernummer", _
    XmlConvert.ToString(7))
```

```
    ' Schließen Sie den Datenknoten
    myTW.WriteEndElement()
    ' Schließen Sie den Wurzelknoten
    myTW.WriteEndElement()
    myTW.WriteEndDocument()
    myTW.Close()
End Sub
```

Die einfachste XML-Datei sollte einen XML-Kopf und einen einzelnen Wurzelknoten haben, der alle anderen Daten umgibt. Wenn Sie die Anwendung ausführen und auf die Schaltfläche klicken, wird die Struktur des wohlgeformten XML-Dateibeispiels ausgegeben, das wir am Anfang dieses Kapitels schon hatten.

Auslesen einer XML-Datei

Das Lesen aus einer XML-Datei ist genauso einfach wie das Schreiben einer solchen Datei. Der Parser übergibt automatisch die XML-Einträge und entscheidet, welche Art von Element oder welcher Teil des Dokuments adressiert wird. Im folgenden einfachen Beispiel wird eine XML-Datei Element für Element ausgelesen und im Ausgabefenster der Visual-Basic-IDE angezeigt.

Geben Sie den folgenden Code bei einer anderen Schaltfläche auf dem Formular des gerade angelegten Projektes ein. Dieser Programmtext verwendet die Klasse XmlTextReader, um die Inhalte der XML-Datei myTeam einzulesen, und zeigt jedes Element im Ausgabefenster an:

```
Sub cmdXMLRead_Click()
  Dim myTR As New XmlTextReader("C:\myTeam.xml")
  Dim myAttr As String
  While myTR.Read()
    If myTR.NodeType = XmlNodeType.Element Then
```

```
      Console.Write(myTR.Name & " ")
      ' Nach Eigenschaften suchen
      myAttr = "<"
      While myTR.MoveToNextAttribute()
        myAttr = myAttr & " " & myTR.Name & _
        "='" & myTR.Value & "'"
      End While
      ' Wenn es Attribute gibt, werden diese angezeigt
      If myAttr.Length > 1 Then
        Console.WriteLine(myAttr & "> ")
      Else
        Console.WriteLine (" ")
      End If
      If myTR.IsEmptyElement = True Then
        Console.Write(" Leeres Element --")
      End If
    ElseIf myTR.NodeType = XmlNodeType.Text Then
      Console.WriteLine (" " & myTR.Value)
    End If
  End While
End Sub
```

7 COM und .NET

Component Object Model (COM) von Microsoft ist seit Jahren einer der Eckpfeiler der Objektintegration der Windows-Plattform. Das .NET Framework verdrängt nun die COM-Technologie in vielen Bereichen, wie z.B. bei den wiederverwendbaren Komponenten. Da .NET Namensbereiche und starke Namen für die hierarchische Identifikation verwendet, müssen Komponenten und Programme nicht mit einem zentralen Katalog (wie z.B. die COM-Registrierung) registriert werden, um sie benutzen zu können. Viele .NET-Komponenten und Programme kann man aktivieren, indem man sie auf eine Client-Festplatte kopiert, ohne dass ein Registrierungsprozess erforderlich ist.

Trotz der Vorteile der .NET-Komponenten bleibt COM in den nächsten Jahren noch in vielen Bereichen sehr wichtig, wie z.B. bei den netzwerkverteilten Komponenten. Microsoft hat die nötige Infrastruktur geschaffen, so dass Objekte in COM und .NET kommunizieren und nahtlos ineinander übergreifen können.

Zugriff auf COM mit Visual Basic.NET

In jede Richtung – COM nach .NET oder .NET nach COM – sind Objekt-Wrappers notwendig, um ein erkennbares Interface zu der Zielinfrastruktur zu präsentieren. COM-Objekte werden in .NET als nicht verwaltete Entitäten behandelt. Das bedeutet, dass Speicheroperationen, die innerhalb der COM-Komponente auftreten, nicht Teil des vereinheitlichten Verwaltungssystems von .NET sind, obwohl die Instanz der Komponente selbst vom Speicher und der Speicherbereinigungsfunktionalität des .NET Frameworks verwaltet wird.

In COM verwendet jede Klasse einen Global Unique Identifier (GUID) für die unabhängige, eindeutige Identifikation. Das .NET Framework hat diesen Identitätstyp mit der Verwendung starker Namen verdrängt. Ein starker Name kann den Kontext für das Assembly innerhalb der Namensbereichshierarchie bereitstellen, zu der das Assembly gehört. Starke Namen haben einen deutlichen Vorteil gegenüber dem GUID-System: Änderungen am Objektinterface können übernommen werden, nachdem ein anfänglicher, starker Name generiert wurde. Für Änderungen an einem COM-Interface muss ein neuer GUID generiert werden.

Damit die beiden verschiedenen Systeme zusammenarbeiten können, wird die Automation benötigt, die in .NET enthalten ist. Eine COM-Komponente muss in einem Namensbereich platziert werden, damit ein Wrapper einer existierenden COM-Komponente generiert wird und .NET den Zugriff auf das Steuerelement erlaubt. Die Unterbringung in einem Namensbereich geschieht durch einen starken Namen, der auf dem Komponentennamen und anderen Informationen basiert. Diese Informationen werden von der im OCX-Header (benutzerdefinierte OLE-Komponente), der TLB-Datei oder der OLB-Datei enthaltenen COM-Registrierungsinformation geliefert. Der .NET-Komponente wird ebenso auch eine GUID zugeteilt, die im COM-System veröffentlicht wird.

Zugriff auf COM-Objekte mit .NET

Mit den bedeutenden Investitionen in die COM-Technologie von verschiedenen Unternehmen über Jahre hinweg, ist es bedeutsam, dass .NET in der Lage ist, die in COM erzeugten Objekte effektiv zu adressieren. Der Wrapper für ein COM-Objekt besteht aus einem Satz von Metadatenelementen, der in der Assembly-Datei enthalten ist. Diese Metadaten beschreiben die Komponente und bewirken, dass .NET dessen Member erkennt (d.h. Methoden, Eigenschaften, Ereignisse usw.).

Es gibt vier Arten, diese Metadaten zu erstellen:

- **Visual Studio**   Mit der Dialogbox VERWEIS HINZUFÜGEN kann auf alle COM-Objekte des aktuellen Systems zugegriffen werden.
- **Type Library Importer**   Ein Importwerkzeug, das in dem .NET SDK (software development kit) enthalten ist. Es kann eine bestimmte Typbibliothek lesen und die erforderlichen Metadaten für den .NET-Zugriff generieren.
- **Die Klasse TypeLibConverter**   Besitzt die vollständige Funktionalität des Type Library Importers, ist aber als zugreifbare Klasse verfügbar. Durch die Programmierung der TypeLibConverter-Klasse kann der .NET-Zugriff auf eine COM-Typbibliothek automatisiert werden.
- **Benutzerdefinierter Wrapper**   Ein manuell erstellter, benutzerdefinierter Wrapper stellt eine Verbindung zwischen einem COM-Objekt und dem .NET-System zur Verfügung. Diese Option ist kompliziert und wird selten verwendet.

Visual Studio

Visual Studio erstellt transparent die nötigen Metadaten, die für den Zugriff auf beliebige COM-Komponenten-Dateien erforderlich sind. Abbildung 7.1 zeigt die neue Dialogbox VERWEIS HINZUFÜGEN, die man über den Menüpunkt PROJEKT|VERWEIS HINZUFÜGEN aufrufen kann. Auf der COM-Registerkarte werden alle COM-Komponenten angezeigt, die aktuell in dem System registriert sind, und so wird es ermöglicht, nach Komponenten in unregistrierten Dateien zu suchen.

Anmerkung: Wenn Sie Änderungen an der COM-Komponente vornehmen (Methoden hinzufügen, Eigenschaften löschen o.Ä.), müssen Sie die Klassenbibliothek mit einem Tool wie z.B. dem Type Library Importer noch einmal selbst neu erstellen, um auf die Änderungen zugreifen zu können.

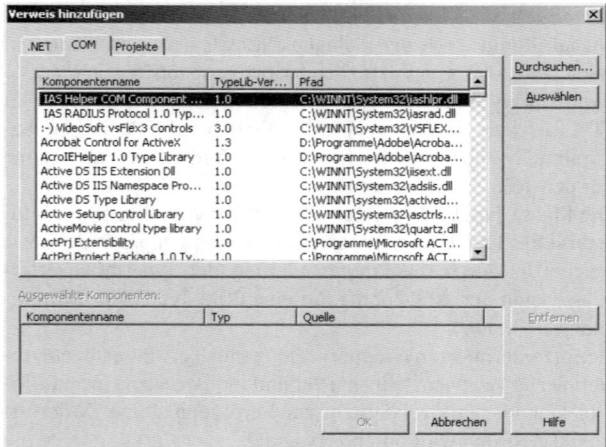

Abbildung 7.1: Mit der Dialogbox VERWEIS HINZUFÜGEN kann man COM-Komponenten in ein .NET-Projekt einfügen.

Type Library Importer

Damit Sie Ihre eigene Wrapper-Datei mit Metadaten für ein COM-Objekt erstellen können, wurde der Type Library Importer in das .NET SDK hinzugefügt. Die Anwendung, TLBIMP.exe, wird aus der Kommandozeile ausgeführt. Das Standardverzeichnis des Programms ist normalerweise:

```
C:\Programme\Microsoft Visual Studio .NET\FrameworkSDK\
Bin\TlbImp.exe
```

Um die Metadaten-Datei zu generieren, führen Sie einfach den Type Library Importer mit dem Namen der ursprünglichen COM-Komponente aus:

`TlbImp.exe myComponent.dll`

Diese Metadaten-Datei wird dann für alle Klassen und Interfaces in der Komponenten-Datei der Dynamic Link Library (DLL) generiert. Tabelle 7.1 listet die verfügbaren Optionen auf, mit denen man den Kompilierungsprozess der Metadaten steuern kann.

Wird ein Modul importiert, das mehrere Typbibliotheken enthält, kann eine Ressourcen-ID an den Bibliotheksnamen angehängt werden, um die gewünschte Bibliothek anzugeben. Zum Beispiel:

`TlbImp.exe MyModule.dll\1`

Hat ein Assembly mehrere Typbibliotheken, können diese mit mehrmaliger Verwendung der `/reference`-Option für den Import angegeben werden.

Option	Beschreibung
/? oder /help	Zeigt die Hilfeinformationen an.
/asmversion:Version	Setzt die Versionsnummer für das generierte Assembly. Die Versionsnummer sollte in folgendem Format angegeben werden: Major.Minor.Build.Revision
/delaysign	Verzögerte Signierung von Assemblies mit starken Namen.
/keycontainer:FileName	Gibt die Container-Datei an, die ein Schlüsselpaar für die Signierung eines Assemblys mit einem starken Namen enthält.
/namespace:Namespace	Setzt den Namensbereich des zu erstellenden Assemblys.
/nologo	Unterdrückt die Anzeige des Importerlogos.
/out:FileName	Name der Ausgabedatei, die die Metadaten enthält.

Tabelle 7.1: Befehlszeilenoptionen des Type Library Importers

Option	Beschreibung
/primary	Generiert ein primäres Interop-Assembly.
/publickey:FileName	Gibt die Datei an, die den öffentlichen Schlüssel zum Signieren des zu erzeugenden Assemblys enthält.
/reference:FileName	Löst Verweise mit Hilfe der angegebenen Datei auf.
/silent	Deaktiviert die Anzeige von Informationen, mit Ausnahme von Fehlermeldungen.
/strictref	Verwenden Sie nur die Assemblies, die über die Option /reference angegeben werden.
/sysarray	Importiert das SafeArray als Typ einer System.Array-Klasse.
/unsafe	Deaktiviert die .NET-Framework-Sicherheitsüberprüfungen und erstellt die Datei.
/verbose	Zeigt die Extrainformationen an, die während der Kompilierung generiert werden.

Tabelle 7.1: Befehlszeilenoptionen des Type Library Importers (Forts.)

Die TypeLibConverter-Klasse und benutzerdefinierte Wrapper

Auch mit der TypeLibConverter-Klasse ist es möglich, die Erzeugung von COM-Wrappers für das .NET-System zu automatisieren. Diese Klasse erstellt dieselben Metadateninformationen wie das Utility TlbImp.exe. Die TypeLibConverter-Klasse befindet sich im Namensbereich System.Runtime.InteropServices.TypeLibConverter. Der Konvertierungsprozess konvertiert jede im Speicher vorhandene Typbibliothek, um diese für Programme während der .NET-Laufzeit verfügbar zu machen. Die Klasse kann auch dazu verwendet werden, einen Wrapper für eine COM-Typbibliothek für ein .NET-Assembly zu erstellen.

Zugriff mit COM auf eine .NET-Klasse

Eine öffentliche Klasse kann mit anderen Programmen innerhalb des .NET-Systems mit wenig zusätzlichem Aufwand aufgerufen werden. Wenn die Klasse ordnungsgemäß erstellt wurde, ist die Veröffentlichung im COM-System sehr einfach. Um auf eine Klasse oder Bibliothek zuzugreifen, die unter .NET mit Hilfe der COM-Technologie erstellt wurde, muss ein Assembly erzeugt werden.

Ein Assembly kann entweder als ausführbares Programm (exe) oder als DLL-Datei erstellt werden. Nachdem das Assembly kompiliert wurde, kann es automatisch im COM-Katalog auf dem aktuellen Betriebssystem registriert werden Wahlweise gibt es zwei im .NET Framework SDK enthaltene Utilities, die die Metadaten des Assemblys (auch Assemblymanifest genannt) aufnehmen und einen Eintrag für das Assembly in der Registrierung erstellen. Ist das Assembly erst einmal registriert, kann es wie jede andere COM-Komponente adressiert werden. Das Beispiel im nächsten Abschnitt erzeugt eine öffentliche Klasse, die in einem Assembly gespeichert wird, das Assembly wird mit dem COM-System registriert und von Microsoft Excel instanziiert.

Eine öffentliche Klasse in VB.NET erstellen

Eine einfache Komponente stellt eine nützliche Referenz dar, um zu zeigen, wie die Erstellung und Registrierung im COM-System funktioniert. In diesem Beispiel besitzt die Komponente ein paar Eigenschaften und es wird eine Methode erstellt, die in einem Assembly gespeichert wird. Neben dieser Klasse muss zusätzlich eine Klassenschnittstelle erstellt werden, da COM-Clients (wie z.B. Office) nicht direkt auf die Methoden und Eigenschaften der Klasse zugreifen können. Nachdem die ordnungsgemäßen Einstellungen vorgenommen wurden, wird das Assembly automatisch im COM-System registriert.

Anmerkung: In vielen Beispielen in diesem Buch ist den Elementen das Präfix »my« vorangestellt (z.B. myVar oder myString), um deutlich zu machen, dass diese neu definiert wurden und keine Datentypen des Systems oder Schlüsselwörter sind. In VB.NET ist der Name myClass ein Schlüsselwort, das wie das Schlüsselwort this in C# oder das Schlüsselwort Me in einem VB-Formular benutzt wird. Aus diesem Grund verwendet das folgende Beispiel den Namen »myNewClass« für die erzeugte Klasse.

Um eine einfache COM-Komponente zu erstellen, wenden Sie folgendes Verfahren an:

1. Legen Sie ein neues Visual-Basic-Projekt an, nennen Sie es testAssembly und wählen Sie als Vorlage KLASSENBIBLIOTHEK aus.
2. Klicken Sie im Projektmappen-Explorer mit rechts auf die Standardklasse Class1.vb und wählen Sie dann die Option EIGEN-SCHAFTEN aus.
3. Benennen Sie die Klasse in myNewClass.vb um.
4. Schreiben Sie den folgenden Programmtext in das Codefenster der Klasse:

```
Public Class myNewClass
    ' Lese-/Schreibzugriff für alle
    Public myCounter As Integer
    ' Schreibgeschützt
    Public ReadOnly myGreeting As String
    ' Nur für Methoden innerhalb der Klasse zugreifbar
    Private myPrivate As Long = 0

    Public Sub New()
        ' Eine schreibgeschützte Variable, die nur im
        ' Konstruktor der Klasse gesetzt werden kann.
        myGreeting = "Hallo Welt"
```

```
    myCounter = 0
End Sub

Public Function AddCounter() As String
    myCounter += 1
    AddCounter = myCounter.ToString()
End Function
End Class
```

5. Fügen Sie dann eine neue Klasse zu dem Assembly hinzu, indem Sie auf den Menüeintrag PROJEKT|NEUES ELEMENT HINZUFÜGEN klicken, als Name »myClassInterface« eingeben und die Vorlage Klasse auswählen.

6. Löschen Sie den Kopf der Klasse und fügen Sie stattdessen folgenden Text ein:

```
Imports System.Runtime.InteropServices
<ClassInterface(ClassInterfaceType.AutoDual)> _
Public Class myClassInterface
    Inherits myNewClass
```

7. Wählen Sie im Ordner KONFIGURATIONSEIGENSCHAFTEN den Eintrag ERSTELLEN aus.

8. Aktivieren Sie die Checkbox FÜR COM-INTEROP REGISTRIEREN (wie in Abbildung 7.2 dargestellt) aus.

9. Klicken Sie auf den OK-Button.

10. Wählen Sie TESTASSEMBLY ERSTELLEN aus dem Menü ERSTELLEN aus.

Wenn Sie sich nun das Ausgabefenster von Visual Studio anschauen, sollte die letzte Zeile des Erstellungsprozesses lauten »Die Projektausgaben für COM-Interop werden registriert...«. Dies zeigt an, dass die Registrierung ordnungsgemäß durchgeführt wurde.

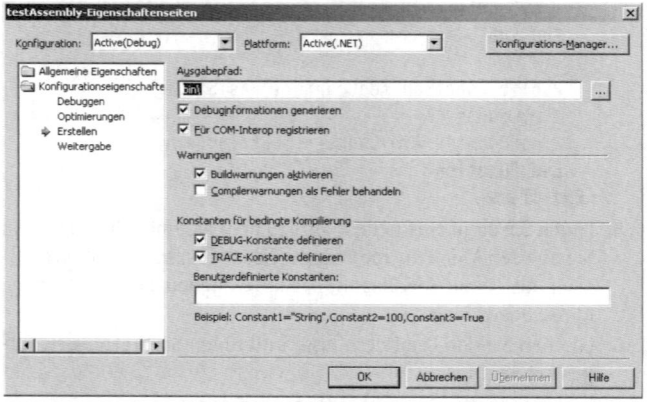

Abbildung 7.2: Mit dem Aktivieren der Interop-Checkbox wird die Komponente beim späteren Erstellen im COM-System registriert.

Die Klasse aus Excel aufrufen

Nachdem nun die einfache Komponente erstellt und veröffentlicht wurde, kann darauf aus jeder COM-kompatiblen Umgebung zugegriffen werden. Da sie in allen Microsoft-Office-Programmen erreichbar ist, stellt die VBA-Entwicklungsumgebung den perfekten Ort dar, um die Ausführung der gerade von Ihnen erstellten Komponente zu testen.

Mit folgenden Schritten kann man eine Instanz der neuen Klasse erstellen und verwenden:

1. Starten Sie Microsoft Excel.
2. Öffnen Sie die Visual-Basic-Umgebung mit EXTRAS|MAKROS|VISUAL BASIC EDITOR oder drücken Sie [Alt]+[F11].

3. Wählen Sie die Option VERWEISE im Menü EXTRAS aus, um eine alphabetische Liste der verfügbaren COM-Bibliotheken anzuzeigen.

4. Scrollen Sie nach unten, bis Sie den Eintrag myAssembly erreicht haben, aktivieren Sie die Box links davon und klicken Sie auf den OK-Button.

5. Drücken Sie [F2], um den Objektkatalog anzuzeigen.

6. Wählen Sie in der Combobox in der oberen linken Ecke des Katalogs die Bibliothek TESTASSEMBLY aus.

7. Klicken Sie den Eintrag MYCLASSINTERFACE links im Objektbereich an und alle verfügbaren Methoden und Eigenschaften werden, wie in Abbildung 7.3, angezeigt. Die angezeigten Methoden und Eigenschaften wurden von den Elternklassen an »myNewInterfaceClass« vererbt.

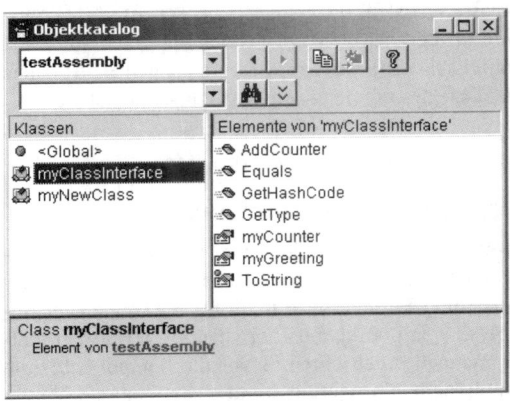

Abbildung 7.3: Im Objektbrowser werden die Methoden und Eigenschaften von myClassInterface angezeigt.

8. Um die verschiedenen Funktionen der Klassenkomponente zu demonstrieren, geben Sie bitte folgende Befehle in das Direktfenster ein (immer nur eine Zeile auf einmal):

```
Set myInst1 = New myClassInterface
? myInst1.myGreeting
? myInst1.myCounter
myInst1.AddCounter
? myInst1.myCounter
Set myInst2 = New myClassInterface
? myInst2.myCounter
? myInst1.AddCounter
? myInst2.AddCounter
? myInst1.myCounter
? myInst2.myCounter
```

In der VBA-Umgebung kann man auf zwei verschiedene Arten eine Instanz einer Klasse erstellen. Die erste Möglichkeit ist, das Schlüsselwort New, wie im Beispiel oben, zu verwenden. Auch wenn die Klasse im Dialogfeld VERWEISE nicht aktiviert ist, können Sie trotzdem eine Instanz des Objektes mit der zweiten Möglichkeit erstellen:

```
Set myObj = _
  CreateObject("testAssembly.myClassInterface")
```

Manuelle Registrierung von Komponenten

Das VB.NET-Komponentenbeispiel zeigt Ihnen, wie man ein paar Einstellungsänderungen vornimmt, so dass Visual Studio die Verarbeitung und Registrierung automatisch durchführt. Sie können den Registrierungsprozess, wenn nötig, mit Tools, die im .NET SDK enthalten sind, auch manuell durchführen. Bevor die Komponente zum globalen Assemblycache hinzugefügt werden kann, muss dafür ein Schlüsselpaar generiert werden.

Ein Schlüsselpaar manuell generieren

Auch wenn VB.NET mit der COM-Interop-Registrierung ein Schlüsselpaar mit einem öffentlichen und privaten Schlüssel automatisch erstellt, können Sie dies auch manuell tun. Um manuell ein Schlüsselpaar zu erstellen, verwenden Sie das Tool sn.exe, indem Sie Folgendes in die Eingabeaufforderung eingeben:

```
sn.exe -k myNewClass.snk
```

Das Tool sn.exe befindet sich in folgendem Ordner:

```
C:\Programme\Microsoft Visual Studio .NET\
FrameworkSDK\Bin
```

Natürlich muss für die Datei der vollständige Pfad des Bin-Ordners ihres Projektes mit dem Namen der Schlüsseldatei angegeben werden. Um das Assembly dann mit einem starken Namen zu signieren, müssen Sie die Schlüsseldatei mit dem entsprechenden Pfad folgendermaßen in den Kopf einer Ihrer Klassen des Assemblys einbinden:

```
Imports System.Reflection
<Assembly: AssemblyKeyFileAttribute("C:\Eigene " & _
"Dateien\VBProjekte\testAssembly\bin\myNewClass.snk")>
```

Manuelle Registrierung im globalen Assemblycache (GAC)

Um ein Assembly für jede Anwendung auf dem aktuellen Betriebssystem verfügbar zu machen, kann es im globalen Assemblycache installiert werden. Es gibt fünf Hauptgründe, warum ein Assembly in das globale Assembly installiert werden sollte:

- **Geteilter Zugriff** Nachdem ein Assembly im globalen Cache installiert wurde, kann es von jedem Programm auf dem Rechner aufgerufen werden, so dass nicht jedes Programm eine separate Kopie davon benötigt.

- **COM-Zugriff** Das Assembly sollte im globalen Assembly registriert sein, damit es als COM-Komponente auf dem gesamten System zugänglich ist.

- **Dateisicherheit** Nach der ersten Installation kann das Assembly nur von einem Administrator aus dem globalen Cache wieder gelöscht werden.
- **Mehrere Versionen** Es können mehrere Versionen eines Assemblys im globalen Cache vorhanden sein, die denselben Namen, aber unterschiedliche Versionen besitzen.
- **Vorrang bei der Suche** Im Suchbaum externer Assemblies sucht .NET zuerst nach globalen Assemblies. Wenn dort keine Referenz gefunden wird, wird die lokale Codebase verwendet.

Um ein Assembly im globalen Assemblycache zu registrieren, wird meistens das Global Assembly Cache-Tool (gacutil.exe) auf folgende Weise in der Eingabeaufforderung verwendet:

```
gacutil.exe /i testAssembly.dll
```

Das Tool gacutil.exe befindet sich in folgendem Ordner:

```
C:\Programme\Microsoft Visual Studio .NET\
FrameworkSDK\Bin
```

Dieser Befehl installiert das Assembly im globalen Assemblycache.

In der Eingabeaufforderung müssen Sie zum Ordner Bin des Projektes wechseln, um die Registrierung auszuführen. Es kann sehr ermüdend werden, den ganzen Pfad einzutippen, um zu diesem Ordner zu gelangen. Öffnen Sie den Ordner auf dem Desktop, klicken Sie mit rechts darauf und wählen Sie EIGENSCHAFTEN aus. Im Eigenschaftenfenster zeigt der Eintrag ORT den vollständigen Pfad an. Markieren Sie den Pfad und verwenden Sie [Strg]+[C], um den Pfad in die Zwischenablage zu kopieren. Nun können Sie in der Eingabeaufforderung rechtsklicken, um den Pfad an der aktuellen Cursorposition einzufügen. Sie müssen aber die Laufwerksangabe am Anfang des Pfadstrings löschen, damit der cd-Befehl richtig funktioniert.

Manuelle Registrierung für COM-Interop

Für den letzten noch fehlenden Schritt, damit das Assembly für das System verfügbar wird, muss der passende Eintrag in die Registrierung geschrieben werden. Verwenden Sie dafür das Tool regasm.exe in der Eingabeaufforderung auf folgende Weise:

```
regasm.exe testAssembly.dll
```

Das Tool Regasm befindet sich im Ordner:

```
C:\WINNT\Microsoft.NET\Framework\v1.0.3705
```

Regasm.exe bestätigt die erfolgreiche Registrierung mit der Meldung »Die Typen wurden registriert.«. Nachdem das Objekt registriert ist, kann eine Instanz der Komponente von einem COM-kompatiblen Entwicklungssystem erzeugt werden.

8 ADO.NET

ADO.NET (ActiveX Data Objects.NET) ist im Vergleich zu ADO (ActiveX Data Objects) umfangreich weiterentwickelt worden, um die Veränderungen in der Datenbankwelt widerzuspiegeln. Durch den weit verbreiteten Zugang zum Internet kann die preiswerte WAN-Konnektivität nahezu von jedem genutzt werden. Um die neuen Möglichkeiten, die durch das Wachstum des Internets entstanden sind, voll auszuschöpfen und die Web-bezogenen Datenbankinteraktionen zu maximieren, hat Microsoft ADO angepasst, um mit den wachsenden Stärken der Webinfrastruktur Schritt zu halten.

Die Restrukturierung von ADO macht sich sowohl auf der Oberfläche als auch intern bemerkbar. XML ist nun unter ADO.NET das Standardformat für den Datenaustausch. Fast der gesamte Austausch von Daten zwischen Clients und Servern findet durch XML-kompatible Dateien und Streams statt. Dies ermöglicht effizientere Interaktionen in einer Umgebung ohne Kommunikationssteuerschicht, wie z.B. dem Internet. Wird ein nicht kontinuierlicher Zugriff auf eine Datenbank als Standard übernommen, kann das System auch besser eingeschätzt werden.

Ein Überblick über ADO.NET

Von außen betrachtet sind die meisten ADO-Objekte, an die Sie schon gewöhnt sind (Command, Connection, Parameter usw.), beibehalten worden. Das neue DataSet-Objekt ersetzt das Recordset, das das zentrale Verwaltungsobjekt für Daten in dem alten System war.

Noch fundamentaler ist das Hinzukommen eines neuen Objektes, dem `DataAdapter`-Objekt, das die Grundlage für die Kommunikation zwischen einer Datenquelle und den Objekten herstellt, die die Datenverarbeitung übernehmen.

Das DataAdapter-Objekt

Das `DataAdapter`-Objekt stellt die grundlegende Art der Kommunikation zwischen einem `DataSet` und einer Datenquelle zur Verfügung. Anfragen an den Adapter laden Daten aus einer Datenbank in das speicherresistente `DataSet` und veränderte Daten können auch wieder in die Datenbank zurückgeschrieben werden. Datenadapter werden verwendet, um ein `DataSet` aus jeder Art von Datenquelle füllen zu können, wie z.B. aus SQL-Server-Datenbanken oder Microsoft Exchange Stores. Ein Datenadapter kann Reihen aus einer Datenquelle abfragen und in einem `DataSet` oder `DataReader`-Objekt speichern. Wird die Verbindung zur Datenbank dann geschlossen, arbeitet der Benutzer lokal mit den Daten. Der Datenadapter kümmert sich auch darum, dass alle Änderungen, die an den Reihen eines `DataSets` vorgenommen wurden, in die Datenbank zurückgeschrieben werden.

ADO.NET stellt zwei verschiedene Datenadapter zur Verfügung:

- ▸ **SqlDataAdapter** Wurde speziell für die Integrierung mit Microsoft SQL Server 7 oder höher erstellt. Dieser Datenadapter liefert den besten Durchsatz.
- ▸ **OleDbDataAdapter** Stellt die Konnektivität zu allen unterstützten OLE-DB-Datenquellen zur Verfügung.

Abbildung 8.1 zeigt, dass die Objekte der SQL- und OLE-DB-Adapter fast identisch aufgebaut sind. Die Objekte wurden so benannt, dass sie den Typ ihrer Datenquelle (SQL oder OLE DB) widerspiegeln, dennoch haben sie nahezu identische Methoden, Eigenschaften und Ereignisse. Die Konvertierung von Code zwischen den beiden Objekten dauert mit dem Umbenennen der Objekte normalerweise länger, als wenn man den aktuellen Code noch einmal neu schreiben würde.

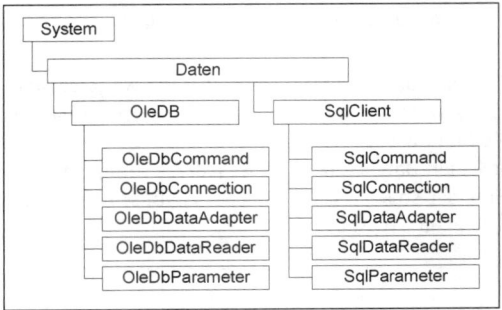

Abbildung 8.1: Die Objektlayouts eines SqlDataAdapters und eines OleDbDataAdapters sind fast gleich.

Anmerkung: Bei schreibgeschützten Daten kann ein Datenadapter verwendet werden, um Daten schnell in eine Array-ähnliche Speicherstruktur zu schreiben, ohne es in ein DataSet zu laden. Diese Möglichkeit ist besonders dann nützlich, wenn Sie schnellen Zugriff zum Referenzieren oder Anschauen von Daten brauchen. Diese Funktionalität wird durch die DataReader-Objekte (OleDbDataReader und SqlDataReader) zur Verfügung gestellt. Diese Objekte werden für forward-only und schreibgeschützte Abfragen verwendet. Ein Beispiel für die Verwendung eines DataReaders finden Sie unter der Eigenschaft CommandText.

Für eine Standard-Datenbankoperation mit mehreren Tabellen empfiehlt Microsoft, für jede Tabelle einen separaten Datenadapter anzulegen (s. Abbildung 8.2). In ADO.NET ist dies eine effizientere Methode, als einen einzelnen Datenadapter mit einem multiplen Join zu erstellen. In Abbildung 8.2 ist ein verallgemeinerter Aufbau mit einer SQL-Server-Datenquelle und drei Datenadaptern dargestellt. Jeder Adapter ist mit einem `DataTable`-Objekt des `DataSets` verbunden und das `Relations`-Objekt stellt die Verbindung zwischen zwei Tabellen her.

Die Methode `Fill` des Datenadapters wird normalerweise verwendet, um Daten aus einer Datenquelle zu lesen und diese im DataSet zu speichern. Die Methode `Update` schreibt Änderungen am `DataSet` in die Datenquelle. Ein Datenadapter bildet jeden Eintrag einer Datenquelle mit Hilfe der Kollektion `TableMappings` auf seinen äquivalenten Eintrag in einem `DataSet` ab.

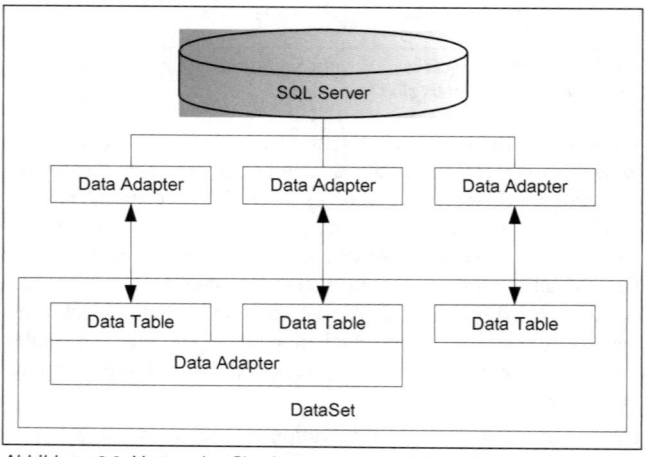

Abbildung 8.2: Verwenden Sie einen separaten Datenadapter für jedes DataTable-Objekt

Das Connection-Objekt

ADO.NET verwendet Connection-Objekte, um die eigentliche Verbindung zwischen dem Datenadapter und der Datenquelle herzustellen. Das Connection-Objekt hat sich dennoch in dem neuen ADO.NET sehr gegenüber älteren Versionen von ADO verändert. Jedes Connection-Objekt hat vier Referenzen, die direkt mit den SQL-Funktionen Select, Update, Insert und Delete verbunden sind. Ein Connection-Objekt repräsentiert eine Verbindung der Kommunikationssteuerschicht mit der Datenbank. Die Login-Informationen (Servername, Passwort, User-ID usw.) werden in jedem Connection-Objekt zusammen mit der Transaktionsfunktionalität des Datenadapters gespeichert.

Das DataSet-Objekt

Das DataSet-Objekt stellt ein speicherresidentes Abbild der Daten und Datenverbindungen, sowohl für kontinuierliche (basierend auf der Kommunikationssteuerschicht) als auch für nicht kontinuierliche Szenarien, zur Verfügung. Jedes DataSet-Objekt enthält Referenzen für die Relationen, Tabellen und erweiterten Eigenschaften, um das Schema einer Datenbank (s. Abbildung 8.3) zu replizieren. Ein DataSet-Objekt enthält oft Daten, die aus mehr als einem Datenadapter abgefragt werden.

Ein DataSet-Objekt kann manuell aus einer Datenquelle oder aus einer XML-Datei (mit der Methode ReadXML) gefüllt werden. Unabhängig davon, welche Option verwendet wird, benutzt das DataSet-Objekt das XML-Format für die interne Strukturierung. Dadurch können beliebige Daten in einem DataSet gespeichert und anschließend mit der Methode WriteXML in eine XML-Datei geschrieben werden.

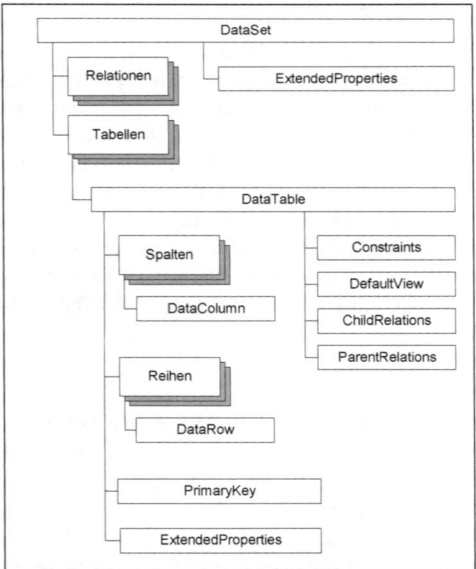

Abbildung 8.3: Das DataSet-Objekt enthält alle nötigen Strukturen, um ein Datenbankschema zu repräsentieren.

Anmerkung: Wird die Methode ReadXML verwendet, um Daten in ein DataSet-Objekt zu laden und werden diese Daten anschließend mit der Methode WriteXML() in die Datei zurückgeschrieben, kann ein erheblicher Unterschied zwischen der Originaldatei und der aktualisierten Datei bestehen. Bei der Erstellung eines DataSet-Objektes mit der Methode ReadXML geht ein großer Anteil der Formatierung verloren, wie z.B. Kommentare, die Elementreihenfolge, Leerzeichen und andere Daten, die beim Lesen des Schemas nicht berücksichtigt werden.

Wenn Sie eine existierende XML-Datei vollständig erhalten möchten, sollten Sie das `XMLDataDocument`-Objekt verwenden. Dieses Objekt erstellt eine speicherresidente Verknüpfung zu der XML-Datei und kann ähnlich wie eine Datenbank in diese schreiben und sie auslesen, aber das Objekt lässt alle Formatierungen und Daten intakt.

Informationen, die in einem `DataSet`-Objekt enthalten sind, können auf einen Datenträger zum Export, Backup oder zur Serialisierung geschrieben werden. Ein Beispiel für das Schreiben von XML-Daten auf die Festplatte finden Sie in diesem Kapitel unter der Beschreibung der Methode `WriteXML()`. Ein beliebiges `DataSet`-Objekt kann als XML-Datei (die die Daten des `DataSet`-Objektes enthält) oder XSD-Datei (die die Struktur oder das Schema des `DataSet`-Objektes enthält) geschrieben werden. Zusätzlich kann eine einzelne XML-Datei erstellt werden, die das Schema (in XSD-Form) enthält, gefolgt von den Daten des `DataSet`-Objektes.

Ein `DataSet`-Objekt kann so eingestellt werden, dass es sich mit einem `XMLDataDocument` synchronisiert, um ein Update in Echtzeit durchzuführen. Jede Änderung der Daten einer Quelle (das `DataSet`-Objekt oder die XML-Datei) hat eine unmittelbare Aktualisierung der anderen Quellen zur Folge. Wenn Sie ein existierendes `DataSet`-Objekt haben, können Sie diese Daten mit einem neuen `XMLDataDocument` synchronisieren. Die Synchronisation erzeugt die richtige XML-Datendatei und das Schema, um die existierenden Daten zu spiegeln.

In dem `DataSet`-Objekt werden Tabellen als Kollektion einer oder mehrerer `DataTable`-Objekte repräsentiert. Jedes `DataTable`-Objekt enthält die Reihen und Spalten (bzw. die `DataRow`- und `DataColumn`-Objekte) der Tabelle als auch die Elemente des Schemas, wie z.B. die Primärschlüssel der Tabelle. Für ADO.NET können alle primären Objekte eines Schemas getrennt erstellt und in der .NET-Framework-Hierarchie auf der gleichen Ebene angesiedelt werden (s. Abbildung 8.4).

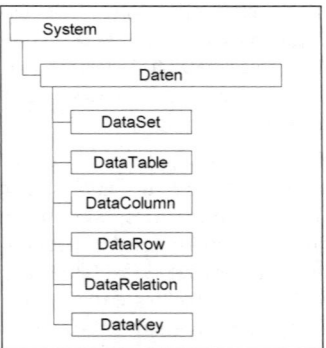

Abbildung 8.4: Die Datenobjekte von ADO.NET
können getrennt voneinander erstellt werden.

Für die Verbindung der Tabellen verwendet man ein DataRelation-Objekt, was einer so genannten Join-Beziehung entspricht. Jedes DataRelation-Objekt enthält die zu verbindenden Spalten (Spalten der Primär- und Fremdschlüssel) und die Definition des Typs der Relation zwischen zwei oder mehr Tabellen in dem DataSet-Objekt. Im DataRelation-Objekt können Sie ForeignKeyConstraints-Regeln für die verbundenen Tabellen festlegen, um sicherzustellen, dass jegliche Änderungen an den Datenreihen in beiden Tabellen die Datenintegrität nicht aufhebt.

Das DataSet-Objekt enthält zusätzlich auch eine Kollektion von ExtendedProperties, die konfigurieren, wie die Daten behandelt werden sollen. Diese Kollektion ist auch bei jedem DataRow- und DataColumn-Objekt vorhanden, obwohl sich die Eigenschaften jeder Kollektion von denen unterscheiden, die vom DataSet-Objekt verwendet werden. Bei den DataRow- und DataColumn-Objekten kann der Entwickler mit den ExtendedProperties benutzerdefinierte Informationen mit jedem Objekt speichern.

Referenz

BeginEdit (Methode)

Diese Methode aktiviert den Bearbeitungsmodus eines Datensatzes bzw. einer Reihe.

Diese Methode wird verwendet, um eine Reihe in einem DataTable-Objekt zu bearbeiten. Validierungsereignisse werden unterbrochen, bis die Methode EndEdit() oder die Methode CancelEdit() aufgerufen wird. EndEdit() wird implizit aufgerufen, wenn die Methoden AcceptChanges() oder RejectChanges() für das DataTable-Objekt selbst aufgerufen werden.

Klassenmitgliedschaft

- System.Data.DataRow.BeginEdit
- System.Data.DataRowView.BeginEdit

Syntax

```
myTable.BeginEdit()
```

Parameter

Nicht vorhanden.

Rückgabewert Nicht vorhanden.

Programmbeispiel

```
' Bearbeiten der Spalte "uniqueid"
myTable.Rows(0).BeginEdit()
myTable.Rows(0) ("uniqueid") = 100
myTable.Rows(0).EndEdit()
```

Siehe auch RowState

Clone (Methode)

Erstellt ein genaues Abbild des angegebenen **DataSet**- oder **Data-Table**-Objekts.

Diese Methode dupliziert das aktuelle DataSet- oder DataTable-Objekt inklusive aller Schemata, Relationen und Constraints der DataTable-Objekte. Wird eine Kopie eines Datensatzes benötigt, kann die Methode bei einem DataTable-Objekt die Verarbeitung um einiges beschleunigen, denn eine Kopie führt keine neue Abfrage aus.

Klassenmitgliedschaft

- System.Data.DataSet.Clone
- System.Data.DataTable.Clone

Syntax

```
myDS = datasetObject.Clone()
myDT = datasetObject.Clone()
```

Parameter

Nicht vorhanden.

Rückgabewert   DataSet- oder DataTable-Objekt.

Programmbeispiel

```
Dim oldDS As DataSet
Dim newDS As DataSet

newDS = oldDS.Clone
```

Siehe auch   Open, Parameters

CommandText (Eigenschaft)

Enthält den **String**, der die durchzuführende Aktion des **Command**-Objektes angibt.

Diese Eigenschaft enthält den Text des Befehls, der gesendet wird, wenn die Methoden ExecuteNonQuery(), ExecuteReader(), ExecuteScalar() oder ExecuteXMLReader() aufgerufen werden. Diese Eigenschaft enthält normalerweise einen SQL-Befehl. Wenn der Datenprovider mehrere Anweisungen oder gespeicherten Prozeduren in einem einzelnen Befehl unterstützt, sollten Sie das Semikolon (;) als Trennzeichen verwenden.

Klassenmitgliedschaft

▸ System.Data.OleDb.OleDbCommand.CommandText

▸ System.Data.SqlClient.SqlCommand.CommandText

▸ System.Data.IDbCommand.CommandText

Syntax

```
commandObject.CommandText = myStr
```

Parameter

▸ **myStr** Wert vom Typ String, der den Text enthält, der an den Datenprovider gesendet wird. Meistens hat er die Form eines SQL-Befehls.

Rückgabewert Nicht vorhanden.

Programmbeispiel

```
Imports System.Data.OLEDB
Private Sub Button1_Click(ByVal sender As _
  System.Object, ByVal e As System.EventArgs) Handles _
  Button1.Click
    Dim myConn As OleDbConnection, myCmd As OleDbCommand
    Dim myReader As OleDbDataReader, myConnStr As String

    ' Erstellen Sie einen Connection-String zu der
    ' Frontpage-Ausgabe der Nordwind-Datenbank, die mit
    ' Office installiert wird.
    myConnStr = "Provider=Microsoft.Jet.OLEDB.4.0;" & _
```

```
    "Password=; User ID=Admin;" & _
    "Data Source=C:\Programme\Microsoft Office\" & _
    "Office\Samples\Nordwind.mdb;" & _
    "Mode=Share Deny None;"
  myConn = New OleDbConnection(myConnStr)
  myCmd = New OleDbCommand()
  myCmd.CommandType = CommandType.Text
  myCmd.CommandText = "Select * from Personal"
  myCmd.Connection = myConn
  myConn.Open()
  ' Führen Sie eine forward-only-read-Version des
  ' Befehls aus
  myReader = myCmd.ExecuteReader()
  ' Durchlaufen Sie die Daten, indem Sie sie in der
  ' Konsole anzeigen lassen
  Do While myReader.Read()
    Console.WriteLine(myReader.GetInt32(0) & "," & _
      myReader.GetString(1))
  Loop
  myConn.Close()
End Sub
```

Siehe auch   CommandType, ConnectionString, Provider

CommandType (Eigenschaft)

Bestimmt den Typ des Command-Objektes.
Diese Eigenschaft gibt an, welche Art von Ausführung vom Command-Objekt erwartet wird und wie der Text der CommandText-Eigenschaft interpretiert wird. Die Eigenschaft kann folgende, konstante Werte annehmen: Text (1), StoredProcedure (4) und TableDirect (512). Standardwert ist Text.

Klassenmitgliedschaft

▸ System.Data.OleDb.OleDbCommand.CommandType
▸ System.Data.SqlClient.SqlCommand.CommandType
▸ System.Data.IDbCommand.CommandType

Syntax

```
commandObject.CommandType = myCommandType
```

Parameter

▸ **myCommandType**   Wert vom Typ Integer, der den Befehlstyp angibt.

Rückgabewert   Nicht vorhanden.

Programmbeispiel

```
Imports System.Data.SqlClient
Private Sub Button1_Click(ByVal sender As _
  System.Object, ByVal e As System.EventArgs) _
  Handles Button1.Click
    Dim myConn As SqlConnection, myCmd As SqlCommand
    Dim myReader As SqlDataReader, myConnStr As String
    myConnStr = "user id=sa;password=;" & _
      "initial catalog=northwind;" & _
      "data source=mySQLServer;Connect Timeout=30"
    myConn = New SqlConnection(myConnStr)
    myCmd = New SqlCommand()
    myCmd.CommandType = CommandType.Text
    myCmd.CommandText = "Select * from Personal"
    myCmd.Connection = myConn

    myConn.Open()
    myReader = myCmd.ExecuteReader()
    Do While myReader.Read()
```

```
      Console.WriteLine(myReader.GetInt32(0) & "," & _
        myReader.GetString(1))
    Loop
    myConn.Close()
End Sub
```

Siehe auch   CommandText

Commit (Methode)

Verändert beliebige Datensätze, die in der aktuellen Transaktion enthalten sind.

Eine Transaktion kann eine oder mehrere Änderungen an einem oder mehreren Datensätzen enthalten. Wird die Methode Commit() aufgerufen, werden entweder alle aktuellen Operationen, die in der Transaktion gespeichert sind, erfolgreich ausgeführt oder ein Fehler bricht die Aktualisierung ab. Eine Transaktion beginnt mit dem Aufruf der Methode Begin und kann entweder mit der Methode Commit oder der Methode RollBack enden.

Klassenmitgliedschaft
- System.Data.IDbTransaction.Commit
- System.Data.SqlClient.SqlTransaction.Commit
- System.Data.OleDb.OleDbTransaction.Commit

Syntax
```
transaction.Commit
```

Parameter
Nicht vorhanden.

Rückgabewert   Nicht vorhanden.

Programmbeispiel

```
Private Sub cmdTransCommit_Click( _
  ByVal sender As System.Object, _
  ByVal e As System.EventArgs) Handles _
  cmdTransCommit.Click
    Dim myCommand As New OleDbCommand()
    Dim myConnStr As String

    myConnStr = "Provider=Microsoft.Jet.OLEDB.4.0;" & _
      "Password=; User ID=Admin;" & _
      "Data Source=C:\Programme\Microsoft Office\"& _
      "Office\Samples\Nordwind.mdb;" & _
      "Mode=Share Deny None;"

    Dim myConnection As New OleDBConnection(myConnStr)
    myCommand.Connection = myConnection
    myCommand.Connection.Open()
    myCommand.Transaction = _
      myConnection.BeginTransaction()

    myCommand.CommandText = "Insert into Kunden" & _
      "([Kunden-Code], Firma) VALUES (100, " & _
        "'Pecos Bill')"
    ' Führt die Insert-Anweisung aus, um einen Datensatz
    ' hinzuzufügen
    myCommand.ExecuteNonQuery()
    myCommand.Transaction.Commit()
    myConnection.Close()
End Sub
```

Siehe auch CommandText, ConnectionString, Provider

ConnectionString (Eigenschaft)

Enthält einen **String**, der den Datenprovider angibt.

Der Text der Eigenschaft ConnectionString kann den Datenprovider, den Dateinamen der Verbindungsdaten sowie den Benutzernamen und das Passwort der Transmission enthalten, wenn die Verbindung geöffnet ist. Wenn Benutzername und Passwort der Quelle nicht mit der Eigenschaft ConnectionString mitgeliefert werden, werden sie mit den Parametern UserID und Password übergeben, um den Benutzer für das Login zu identifizieren.

Die folgenden, gültigen Parameter können Sie im String verwenden: Application Name, AttachDBFileName/Initial File Name, Connection Timeout/Connect Timeout, Connection Lifetime, Connection Reset, Current Language, Data Source/Server/Address/Addr/Network Address, Enlist, Initial Catalog/Database, Integrated Security/Trusted_Connection, Max Pool Size, Min Pool Size, Network Library/Net, Packet Size, Password/Pwd, Persist Security Info, Pooling, User ID/UID und Workstation ID.

Klassenmitgliedschaft

‣ System.Data.OleDbConnection.ConnectionString
‣ System.Data.SqlClient.SqlConnection.ConnectionString
‣ System.Data.IDbCommand.ConnectionString

Syntax

connectionObject.ConnectionString = myStr

Parameter

‣ **myStr**   Wert vom Typ String, der die Verbindungsparameter enthält.

Rückgabewert   Nicht vorhanden.

Programmbeispiel

```
' OLEDB-Verbindung zu MS Access
myConnStr = "Provider=Microsoft.Jet.OLEDB.4.0;" & _
  "Password=;User ID=Admin;Data Source=" & _
  " C:\Programme\Microsoft Office\"& _
  "Office\Samples\Nordwind.mdb;Mode=Share Deny None;"

' OLEDB-Verbindung zum SQL Server
myConnect.ConnectionString = "Provider=SQLOLEDB;" & _
  "Initial Catalog=Northwind;Integrated Security=SSPI;"

' SQL-Client-Verbindung zum SQL Server
myConnect.ConnectionString = "server=MarinerServ;" & _
uid=sa;pwd=;database=pubs"

' Eine andere SQLClient-Verbindung zum SQL Server
  myConnect.ConnectionString = "user id=sa;" & _
  "password=;initial catalog=northwind; data " & _
  "source=mySQLServer;Connect Timeout=30"
```

Siehe auch CommandText, CommandType, Provider

DataType (Eigenschaft)

Gibt den Datentyp einer Spalte in einem DataTable-Objekt an.
Enthält den Schematyp der Daten, die in einer bestimmten Spalte gespeichert werden. In dieser Eigenschaft können die Basisdatentypen angegeben werden. Die .NET-Framework-Datentypen sind: Boolean, Byte, Char, DateTime, Decimal, Double, Int16, Int32, Int64, SByte, Single, String, TimeSpan, UInt16, UInt32 und UInt64. Visual Basic unterstützt aber folgende Basisdatentypen nicht: UInt16, UInt32, UInt64 und TimeSpan.

Klassenmitgliedschaft

▸ System.Data.DataColumn.DataType

Syntax

```
myDataColumn.DataType = myDataType
```

Parameter

▸ **myDataType**   Enthält eine Referenz zu einem System.Type-Objekt.

Rückgabewert   Nicht vorhanden.

Programmbeispiel

```
Private Sub MakeNewTable()
  Dim myDataTable As DataTable = New DataTable()
  Dim myColumn As DataColumn, myRow As DataRow

  myColumn.DataType = System.Type.GetType _
    ("System.Int16")
  myColumn.ColumnName = "uniqueid"
  myDataTable.Columns.Add(myColumn)

  myRow = myDataTable.NewRow()
  myRow("uniqueid") = 1
  myDataTable.Rows.Add(myRow)
End Sub
```

Siehe auch   RowState

Delete (Methode)

Löscht eine Reihe aus der Kollektion **DataRows**.

Mit der Methode Delete können Sie eine Reihe aus der DataRows-Kollektion entfernen. Das Programmbeispiel entfernt den ersten Datensatz aus myDataTable. Der Löschvorgang ist noch nicht verarbei-

tet, solange die Methode AcceptChanges() oder RejectChanges()
für die Tabelle aufgerufen wird.

Klassenmitgliedschaft
‣ System.Data.DataRow
‣ System.Data.DataRowView

Syntax
myDataRow.Delete()

Parameter
Nicht vorhanden.

Rückgabewert Nicht vorhanden.

Programmbeispiel
```
' Löscht die erste Reihe in DataTable
myDataTable.Rows(0).Delete()
myDataTable.AcceptChanges()
```

Siehe auch BeginEdit, RowState

ExecuteNonQuery (Methode)

Diese Methode führt einen SQL-Befehl ohne Rückgabemenge für
das Connection-Objekt aus.
Diese Methode wird zum Senden von SQL-Code zur Datenquelle verwendet, um eine gespeicherte Prozedur auszuführen, ein Daten-
bank-Objekt zu erstellen usw. Nachdem die Ausführung erfolgt ist,
gibt sie die Anzahl der Datensätze zurück, die von dem Befehl verändert wurden. Wenn die Operation keine Datensätze beeinflusst
(z.B. bei Code, der eine gespeicherte Prozedur erzeugt), wird die Zahl
null zurückgegeben.

Klassenmitgliedschaft
- System.Data.IDbCommand.ExecuteNonQuery
- System.Data.SqlClient.SqlCommand.ExecuteNonQuery
- System.Data.OleDb.OleDbCommand.ExecuteNonQuery

Syntax
```
recordsAffected = commandObject.ExecuteNonQuery()
```

Parameter
Nicht vorhanden.

Rückgabewert Wert vom Typ Integer.

Programmbeispiel
```
myCommand.Connection.Open()
Console.WriteLine(CStr(myCommand.ExecuteNonQuery()))
```

Siehe auch Connectionstring, Open

Fill (Methode)

Füllt ein **DataSet**- oder **DataTable**-Objekt mit Informationen, die
aus dem angegebenen Datenadapter abgefragt werden.
Diese Methode passt den Select-Befehl des Datenadapters an, um
ein DataSet- oder DataTable-Objekt mit neuen Datensätzen erst-
mals oder wieder zu füllen. Wird diese Methode mit einem DataSet
verwendet, werden alle DataTable-Objekte, die zu diesem Zeitpunkt
in dem DataSet-Objekt noch nicht existieren, aber im Datenadapter
angegeben sind, erzeugt und automatisch gefüllt.

Klassenmitgliedschaft
- System.Data.IDataAdapter.Fill
- System.Data.Common.DataAdapter.Fill
- System.Data.Common.DbDataAdapter.Fill
- System.Data.OleDb.OleDbDataAdapter.Fill

Syntax

```
numRows = dataAdapter.Fill(myDataSet)
numRows = dataAdapter.Fill(myDataSet, sourceTable)
numRows = dataAdapter.Fill(myDataSet, _
  ADOrecordset, sourceTable)
numRows = dataAdapter.Fill(myDataTable, myIDataReader)
numRows = dataAdapter.Fill(myDataSet, startRecord, _
  maxRecords, sourceTable)
numRows = dataAdapter.Fill(myDataTable, myIDBCommand, _
  myCommandBehaviour)
numRows = dataAdapter.Fill(myDataTable, startRecord, _
  maxRecords, sourceTable, myIDBCommand, _
  myCommandBehaviour)
```

Parameter

- **myDataSet** DataSet-Objekt, das gefüllt werden soll.
- **myDataTable** DataTable-Objekt, das gefüllt werden soll.
- **myIDbCommand** Eine SQL-Select-Anweisung, die die Reihen aus der Quelle abfragt.
- **myCommandBehaviour** Integerwert, der das Aktualisierungs-verhalten angibt. Folgende Werte können angenommen werden: SingleRequest (1), SchemaOnly (2), KeyInfo (4), SingleRow (8), SequentialAccess (16) oder CloseConnection (32).
- **myIDataReader** Wird verwendet, um Namen in der Datenquelle mit dem zu aktualisierenden DataTable-Objekt zu vergleichen.
- **sourceTable** Die Tabelle, die in der Datenquelle ausgelesen wird.
- **startRecord** Anfangsdatensatznummer für das Update, wobei der erste Datensatz die Nummer null (0) hat.

> ‣ **maxRecords** Maximale Anzahl der abzufragenden Datensätze. Wird null übergeben, werden alle Datensätze abgefragt. Beachten Sie: Wenn die Select-Anweisung erstellt wurde, um mehrere Ergebnissätze abzufragen, wird dieser Parameter nur auf den ersten zurückgegebenen Ergebnissatz angewendet.

> ‣ **ADOrecordset** Ermöglicht das Kopieren eines ADO-Datensatzes in einen ADO.NET-Datensatz. Schlägt eine Brücke zwischen der alten und neuen Technologie.

Rückgabewert Wert vom Typ Integer.

Programmbeispiel

```
numrecords = myDataAdapter.Fill(myDataSet, "Kategorien")
```

Siehe auch BeginEdit, CommandText, DataType

GetXml (Methode)

Liefert einen **String** des angegebenen **DataSet**-Objektes im XML-Format zurück.

Wird diese Methode mit einem DataSet-Objekt ausgeführt, gibt sie einen String zurück, der die XML-Definitionen und Daten sämtlicher Reihen im DataSet-Objekt enthält. Die Methode GetXml hat im Wesentlichen dieselbe Funktionalität wie die Methode WriteXML, außer dass die XML-Daten in einem speicherresidenten String und nicht an einem angegebenen Speicherort gespeichert werden.

Klassenmitgliedschaft
‣ System.Data.DataSet.GetXml

Syntax

```
myXML = myDataSet.GetXml()
```

Parameter
Nicht vorhanden.

Rückgabewert   Wert vom Typ String.

Programmbeispiel

```
Private Sub cmdGetXml_Click(ByVal sender As _
  System.Object, ByVal e As System.EventArgs) _
  Handles cmdGetXml.Click
    Dim myDS As DataSet
    Dim myConn As OleDbConnection, myCmd As OleDbCommand
    Dim myConnStr As String
    Dim myDataAdapter As OleDbDataAdapter

    myConnStr = "Provider=Microsoft.Jet.OLEDB.4.0;" & _
      "Password=;User ID=Admin;Data Source=" & _
      "C:\Programme\Microsoft Office\Office\"& _
      "Samples\Nordwind.mdb"
    myDataAdapter = New OleDbDataAdapter()
    myConn = New OleDbConnection(myConnStr)
    myCmd = New OleDbCommand()
    myCmd.CommandType = CommandType.Text
    myCmd.CommandText = " Select Nachname, " & _
    "Vorname from Personal"
    myCmd.Connection = myConn
    myDataAdapter.TableMappings.Add("Table", _
    "Personal")
    myConn.Open()
    myDataAdapter.SelectCommand = myCmd
    myDS = New DataSet("myEmployees")
    myDataAdapter.Fill(myDS)
    myConn.Close()
    Console.WriteLine(myDS.GetXml())
End Sub
```

Siehe auch   WriteXml

NewRow (Methode)

Erstellt einen neuen Datensatz bzw. eine neue Reihe im `DataSet`-Objekt.

Wird diese Methode mit einem `DataTable`-Objekt verwendet, wird ein neuer Datensatz im aktuellen `DataSet`-Objekt erstellt. Nach Verwendung der Methode `NewRow` zeigt der Cursor auf den neuen Datensatz. Deshalb werden alle Änderungen an den aktuellen Spalten/Feldern in dem neuen Datensatz gespeichert.

Um einen neuen Datensatz zu erstellen, hängt die Methode `NewRow` einen Datensatz am Ende der Kollektion `DataRows` in dem `DataTable`-Objekt an. Das Programmbeispiel zeigt, wie ein Datensatz zu der Tabelle myDataTable hinzugefügt wird, die zwei Spalten enthält. Die zweite Spalte erhält den Namen »Joe« und die Reihe wird dann zu den existierenden Reihen hinzugefügt.

Klassenmitgliedschaft
‣ System.Data.DataTable

Syntax
```
myDataTable.NewRow()
```

Parameter
Nicht vorhanden.

Rückgabewert   Objekt vom Typ `DataRow`.

Programmbeispiel
```
myRow = myDataTable.NewRow()
myRow("id") = 4
myRow("name") = "Joe"
myDataTable.Rows.Add(myRow)
```

Siehe auch   Commit, RowState

Open (Methode)

Öffnet die angegebene Verbindung.

Ein Connection-Objekt kann mit der Methode Open eine Sitzung öffnen. Diese Methode verwendet die Eigenschaft ConnectionString, um die Zugriffsdetails der verwendeten Datenquelle zur Verfügung zu stellen.

Klassenmitgliedschaft
- System.Data.IDbConnection.Open
- System.Data.SqlClient.SqlConnection.Open
- System.Data.OleDb.OleDbConnection.Open

Syntax
connectionObject.Open()

Parameter
Nicht vorhanden.

Rückgabewert Nicht vorhanden.

Programmbeispiel
myConnection.Open()

Siehe auch ConnectionString, Provider

Parameters (Eigenschaft)

Die Eigenschaft Parameters enthält eine Referenz zu der Parameters-Kollektion.

Diese Eigenschaft enthält die Objektreferenz zu der Kollektion Sql-ParameterCollection, die die Variablen eines Befehlsobjektes zur Verfügung stellt. Parameter sind typischerweise Variablen, die an SQL-Abfragen übergeben werden, wie z.B. Substitutionsvariablen für eine SQL-Where-Klausel.

Klassenmitgliedschaft

- System.Data.IDbCommand.Parameters
- System.Data.SqlClient.SqlCommand.Parameters
- System.Data.OleDb.OleDbCommand.Parameters

Syntax

```
myParameter = commandObject.Parameters(myIndex)
```

Parameter

- **myIndex** Numerischer Ausdruck oder String, der das gewünschte Parameterelement auswählt.

Rückgabewert Objekt vom Typ Parameter.

Programmbeispiel

```
queryParm = "%Dan%"
' Verwendet einen Indexwert eines Parameters mit dem
Datenadapter
myOleDbDA.SelectCommand.Parameters(1).Value _
  = queryParm
' Verwendet einen benannten Parameter
myOleDbDA.SelectCommand.Parameters("Vorname").Value _
  = queryParm
```

Siehe auch CommandText, CommandType

ParentTable (Eigenschaft)

Die Eigenschaft **ParentTable** enthält eine Referenz auf die Elterntabelle eines **DataRelation**-Objektes.

Diese Eigenschaft enthält eine Objektreferenz auf das übergeordnete DataTable-Objekt eines angegebenen DataRelation-Objektes. Ein DataRelation-Objekt bildet eine Join-Relation zwischen zwei Tabellen einer Datenbank. Der Join besteht zwischen einer Spalte der einen Tabelle, die den Primärschlüssel angibt, und einer Spalte der anderen Tabelle, die den passenden Fremdschlüssel enthält. Die Tabelle mit dem Primärschlüssel wird als übergeordnete Tabelle bezeichnet und die Eigenschaft ParentTable des DataRelation-Objektes enthält die Referenz zu dieser Tabelle.

Klassenmitgliedschaft

- System.Data.DataRelation.ParentTable

Syntax

```
myParentTable = dataRelationObject.ParentTable
```

Parameter

- **dataRelationObject** Enthält die Join-Relation, die zwei Tabellen verbindet.

Rückgabewert Objekt vom Typ DataTable.

Programmbeispiel

```
Private Sub cmdGetParent_Click(ByVal sender As _
  System.Object, ByVal e As System.EventArgs) _
  Handles cmdGetParent.Click
  Dim myTable As DataTable, myRelation As DataRelation
  Dim myDS As DataSet, myConn As OleDbConnection
  Dim cmdSuppliers As OleDbCommand
  Dim cmdProducts As OleDbCommand
  Dim myConnStr As String
  Dim suppliersDA As OleDbDataAdapter
  Dim productsDA As OleDbDataAdapter
  Dim relCustOrder As DataRelation
  Dim parentCol As DataColumn, childCol As DataColumn

  myConnStr = "Provider=Microsoft.Jet.OLEDB.4.0;" & _
    "Password=;User ID=Admin;Data Source=" & _
    "C:\Programme\Microsoft Office\Office\Samples\" & _
```

```
  "Nordwind.mdb;Mode=Share Deny None;"
suppliersDA = New OleDbDataAdapter()
productsDA = New OleDbDataAdapter()
myConn = New OleDbConnection(myConnStr)
cmdProducts = New OleDbCommand()
cmdSuppliers = New OleDbCommand()
suppliersDA.TableMappings.Add("Table", _
  "Lieferanten")
cmdSuppliers.CommandType = CommandType.Text
cmdSuppliers.CommandText = "Select * from Lieferanten"
cmdSuppliers.Connection = myConn
suppliersDA.SelectCommand = cmdSuppliers

myConn.Open()
myDS = New DataSet("myProducts")
suppliersDA.Fill(myDS)

productsDA.TableMappings.Add("Table", "Artikel")
cmdProducts.CommandType = CommandType.Text
cmdProducts.CommandText = "Select * from Artikel"
cmdProducts.Connection = myConn
productsDA.SelectCommand = cmdProducts

productsDA.Fill(myDS)
myConn.Close()

parentCol = _
  myDS.Tables("Lieferanten").Columns("Lieferanten-Nr")
childCol = _
  myDS.Tables("Artikel").Columns("Lieferanten-Nr")
relCustOrder = _
  New DataRelation("SPJoin", parentCol, childCol)
```

```
myDS.Relations.Add(relCustOrder)

myRelation = myDS.Relations("SPJoin")
myTable = myRelation.ParentTable
Console.WriteLine("Übergeordente Tabelle = " & _
  myTable.TableName)
End Sub
```

Siehe auch DataType

Provider (Eigenschaft)

Im **Connection**-Objekt enthält die Eigenschaft **Provider** den Namen des OLE-DB-Providers.

Die Provider-Eigenschaft enthält den Namen des Providers für eine bestimmte Datenquelle. Wenn der Provider ein ODBC-Treiber ist oder wenn kein Provider angegeben wurde, wird der MSDASQL-Provider als Standard verwendet. Diese Eigenschaft enthält den gleichen Wert, der auch mit dem Parameter »Provider=« in der Eigenschaft ConnectionString festgelegt werden kann. Die zwei gebräuchlichsten Provider sind Microsoft.Jet.OLEDB.4.0 und SQLOLEDB.

Klassenmitgliedschaft

- System.Data.OleDb.OleDbConnection.Provider
- System.Data.OleDb.OleDbPermission.Provider
- System.Data.OleDb.OleDbPermissionAttribute.Provider

Syntax

connectionObject.Provider

Parameter

Nicht vorhanden.

Rückgabewert Nicht vorhanden.

Programmbeispiel

MsgBox myConnectObj.Provider

Siehe auch ConnectionString

RowState (Eigenschaft)

Gibt den aktuellen Status eines Datensatzes bzw. einer Reihe an.
Diese Eigenschaft gibt den Status der aktuellen Reihe in einem DataSet-Objekt an. Die Eigenschaft kann folgende Werte annehmen:
Detached (1), Unchanged (2), Added (4), Deleted (8) oder Modified
(16).

Klassenmitgliedschaft

‣ System.Data.DataRow.RowState

Syntax

currentState = myRow.RowState

Parameter
Nicht vorhanden.

Rückgabewert Wert vom Typ Integer.

Programmbeispiel

MsgBox myRow.RowState

Siehe auch BeginEdit, Commit

Table (Eigenschaft)

Enthält eine Referenz auf die Tabelle, die mit dem Objektschema
übereinstimmt.
Wenn ein Objekt, wie z.B. eine Reihe oder eine Spalte erzeugt wird,
wird es nicht automatisch zu der Tabelle hinzugefügt, von deren
Schema es abgeleitet wurde. Deshalb enthält die Eigenschaft Table

eine Referenz auf die Tabelle des Objekteigentümers, bis die Eigenschaft RowState auf den Wert Detached gesetzt wird.

Klassenmitgliedschaft
- System.Data.DataColumn.Table
- System.Data.DataRow.Table
- System.Data.DataView.Table
- System.Data.DataViewSetting.Table

Syntax
currentTable = myRow.Table

Parameter
Nicht vorhanden.

Rückgabewert   Objekt vom Typ DataTable.

Programmbeispiel
currentTable = myRow.Table

Siehe auch   DataType

WriteXml (Methode)

Schreibt das angegebene DataSet-Objekt in eine XML-Datei.
Wenn diese Methode ausgeführt wird, werden das Schema, alle Reihen und Spalten des angegebenen DataSet-Objektes in eine XML-Datei geschrieben. Die XML-Datei kann entweder mit dem TextWriter- oder dem XmlWriter-Objekt geschrieben werden.

Klassenmitgliedschaft
- System.Data.DataSet.WriteXml
- System.XML.Serialization.IXmlSerializable.WriteXml

Syntax

```
myDataSet.WriteXml (fileName)
myDataSet.WriteXml(fileName, mode)
myDataSet.WriteXml(stream)
myDataSet.WriteXml(textWriter)
myDataSet.WriteXml(textWriter, mode)
myDataSet.WriteXml(xmlWriter)
myDataSet.WriteXml(xmlWriter, mode)
```

Parameter

- **fileName** Der Dateiname und Pfad, in der die XML-Datei gespeichert wird.
- **stream** Ein Stream-Objekt, das die XML-Ausgabe der Methode entgegennimmt.
- **mode** XmlWriteMode ist ein Integerwert, der einen der folgenden Modi angibt: WriteSchema, IgnoreSchema und DiffGram. WriteSchema (0) ist der Standardwert, der die XSD-Daten zusätzlich zu den Daten in der Datei speichert. Mit der Option IgnoreSchema (1) schreibt die Methode das XSD-Datenschema nicht in die Datei, sondern nur die Daten selbst. DiffGram (2) schreibt das DataSet-Objekt sowohl mit den Originaldaten als auch den Wertänderungen, die noch nicht in der Datenquelle aktualisiert wurden, in die Datei.
- **textWriter** Ein TextWriter-Objekt, das die XML-Ausgabe dieser Methode entgegennimmt.
- **xmlWriter** Ein Objekt vom Typ xmlWriter, das die XML-Ausgabe dieser Methode entgegennimmt.

Rückgabewert Nicht vorhanden.

Programmbeispiel
```vbnet
Private Sub cmdWriteXML_Click(ByVal sender As _
  System.Object, ByVal e As System.EventArgs) _
  Handles cmdWriteXML.Click
    Dim myDS As DataSet
    Dim myConn As OleDbConnection
    Dim myCmd As OleDbCommand
    Dim myConnStr As String
    Dim myDataAdapter As OleDbDataAdapter

    ' Öffnen der Nordwind-Datenbank
    myConnStr = "Provider=Microsoft.Jet.OLEDB.4.0;" & _
    "Password=;User ID=Admin;Data Source=" & _
    "C:\Programme\Microsoft Office\Office\Samples\" & _
    "Nordwind.mdb;Mode=Share Deny None;"
    myDataAdapter = New OleDbDataAdapter()
    myConn = New OleDbConnection(myConnStr)
    myCmd = New OleDbCommand()

    myCmd.CommandType = CommandType.Text
    myCmd.CommandText = "Select * from Personal"
    myCmd.Connection = myConn
    myConn.Open()
    myDataAdapter.SelectCommand = myCmd
    myDS = New DataSet("myPersonal")
    ' Alle Daten des Personals abfragen
    myDataAdapter.Fill(myDS)
    myConn.Close()

    ' Einen Filestream erstellen
    Dim myFileStream As New _
      System.IO.FileStream("C:\Personal.xml", _
```

```
      System.IO.FileMode.Create)
    ' Erstellt ein XMLWriter-Objekt, um XML-Code an den
    ' Filestream zu schicken
    Dim myXmlWriter As New System.Xml.XmlTextWriter( _
      myFileStream, System.Text.Encoding.Unicode)
    ' Schreibt das DataSet-Objekt myDS in die XML-Datei
    myDS.WriteXml(myXmlWriter)
    myXmlWriter.Close()
End Sub
```

Siehe auch   GetXml

9 Excel-XP-Objektmodell-diagramme

Excel war die erste Anwendung, die VBA eingebunden hat, und stellt eine robuste Objektimplementation zur Verfügung. Die Tabellen sind sehr hierarchisch gegliedert, so dass das Excel-XP-Objektmodell eine logische und konsistente Erscheinungsform hat. Wenn Sie das Objektmodelldiagramm durchsuchen und die grundlegende Organisation verstehen, werden Sie in der Lage sein, schnell das Objekt zu finden, das Sie suchen.

Alle geöffneten Dateien werden als Workbook-Objekte in der Workbook-Kollektion gespeichert. Jedes Arbeitsblatt in einer Arbeitsmappe wird dann nacheinander in der Worksheet-Kollektion gespeichert. Auf Zellen kann einzeln oder als ausgewählte Gruppe zugegriffen werden. Das Range-Objekt kann auf alle Zellen zugreifen. Beachten Sie, dass es keine Kollektion von Range-Objekten gibt, sondern nur ein einziges. Deshalb muss jedes Range-Objekt einzeln gespeichert werden, wenn Sie auf verschiedene Bereiche gleichzeitig zugreifen möchten.

Obwohl alle Objekte des Modells in dem Objektdiagramm dieses Kapitels dargestellt sind, werden nur die nützlichsten Eigenschaften und Objekte im hinteren Abschnitt des Kapitels beschrieben. Um sich die kompletten Objekt- und Memberdeklarationen anzuschauen, können Sie das Modell selbst im Objektbrowser durchsuchen.

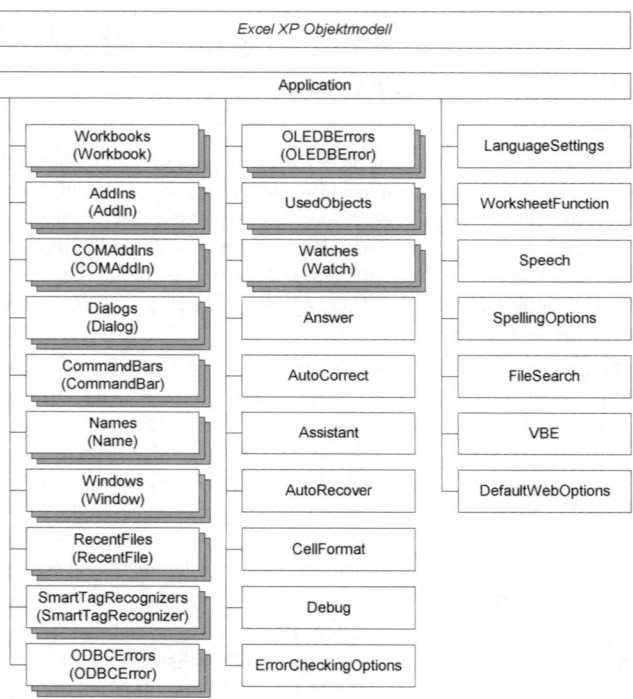

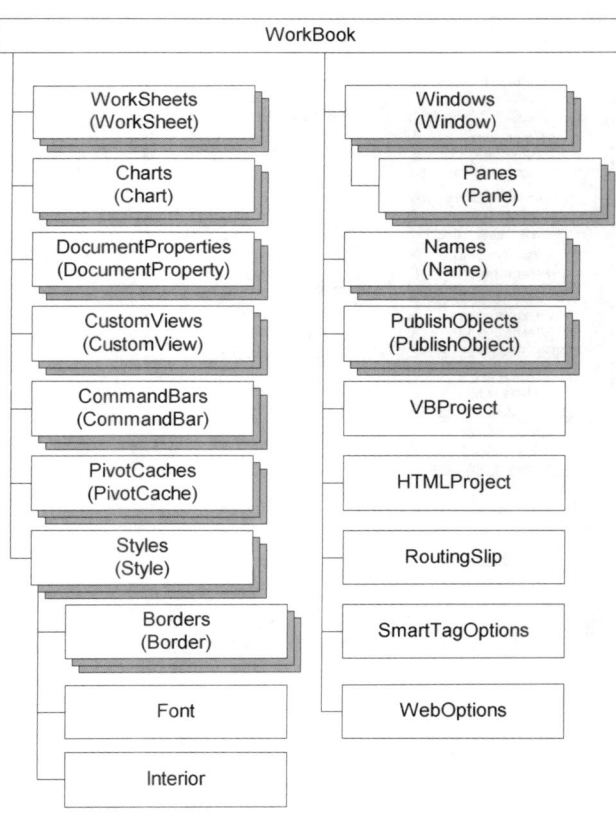

WorkBook

WorkSheets (WorkSheet)

Charts (Chart)

DocumentProperties (DocumentProperty)

CustomViews (CustomView)

CommandBars (CommandBar)

PivotCaches (PivotCache)

Styles (Style)

Borders (Border)

Font

Interior

Windows (Window)

Panes (Pane)

Names (Name)

PublishObjects (PublishObject)

VBProject

HTMLProject

RoutingSlip

SmartTagOptions

WebOptions

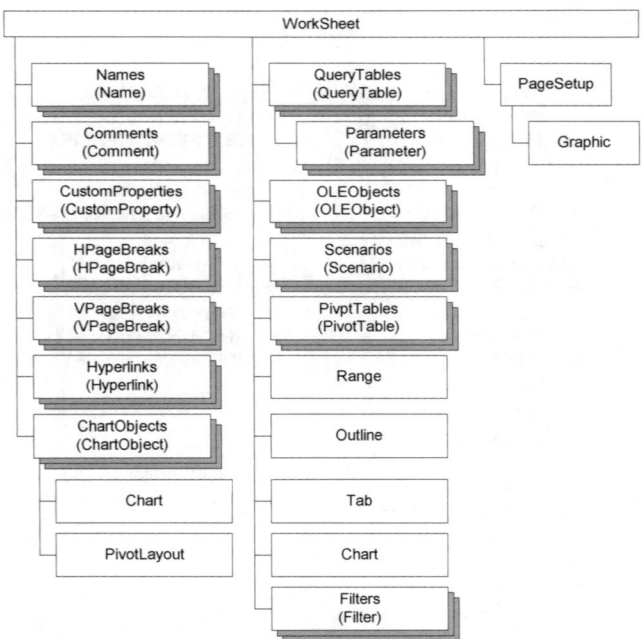

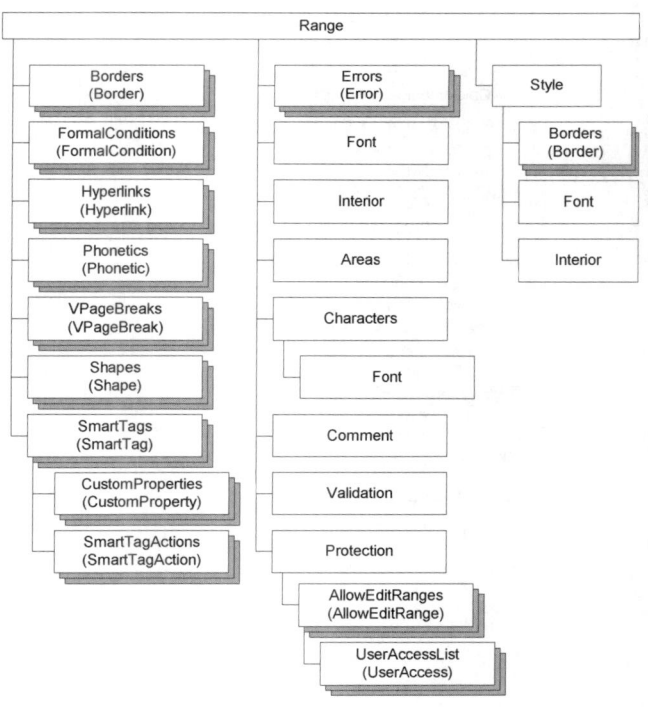

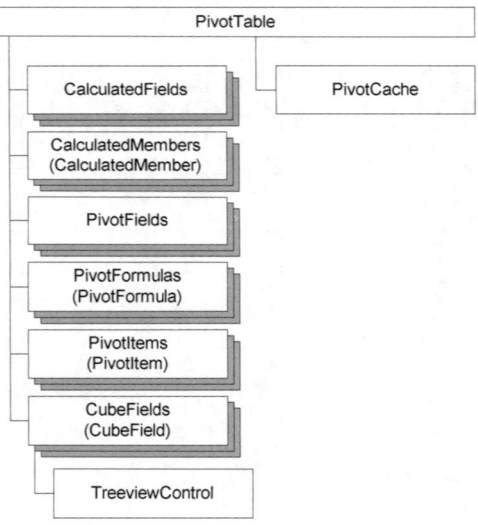

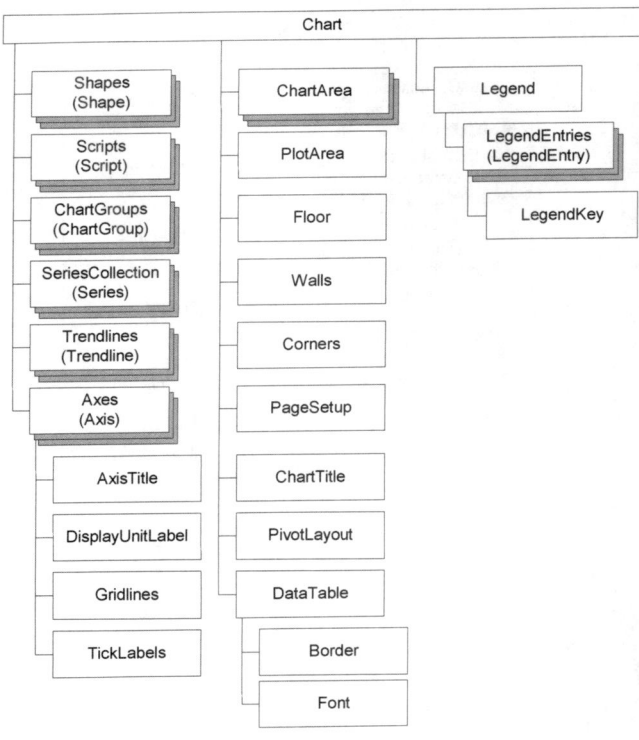

```
                              Chart
  ┌──────────────────┬───────────────────────┬──────────────────────┐
  │                  │                        │
  ┌──────────────┐   ┌──────────────┐         ┌──────────────────┐
  │ Shapes       │   │ ChartArea    │         │ Legend           │
  │ (Shape)      │   └──────────────┘         └──────────────────┘
  └──────────────┘                            ┌──────────────────┐
  ┌──────────────┐   ┌──────────────┐         │ LegendEntries    │
  │ Scripts      │   │ PlotArea     │         │ (LegendEntry)    │
  │ (Script)     │   └──────────────┘         └──────────────────┘
  └──────────────┘   ┌──────────────┐         ┌──────────────────┐
  ┌──────────────┐   │ Floor        │         │ LegendKey        │
  │ ChartGroups  │   └──────────────┘         └──────────────────┘
  │ (ChartGroup) │   ┌──────────────┐
  └──────────────┘   │ Walls        │
  ┌──────────────┐   └──────────────┘
  │SeriesCollection│ ┌──────────────┐
  │ (Series)     │   │ Corners      │
  └──────────────┘   └──────────────┘
  ┌──────────────┐   ┌──────────────┐
  │ Trendlines   │   │ PageSetup    │
  │ (Trendline)  │   └──────────────┘
  └──────────────┘   ┌──────────────┐
  ┌──────────────┐   │ ChartTitle   │
  │ Axes         │   └──────────────┘
  │ (Axis)       │   ┌──────────────┐
  └──────────────┘   │ PivotLayout  │
  ┌──────────────┐   └──────────────┘
  │ AxisTitle    │   ┌──────────────┐
  └──────────────┘   │ DataTable    │
  ┌──────────────┐   └──────────────┘
  │DisplayUnitLabel│ ┌──────────────┐
  └──────────────┘   │ Border       │
  ┌──────────────┐   └──────────────┘
  │ Gridlines    │   ┌──────────────┐
  └──────────────┘   │ Font         │
  ┌──────────────┐   └──────────────┘
  │ TickLabels   │
  └──────────────┘
```

357

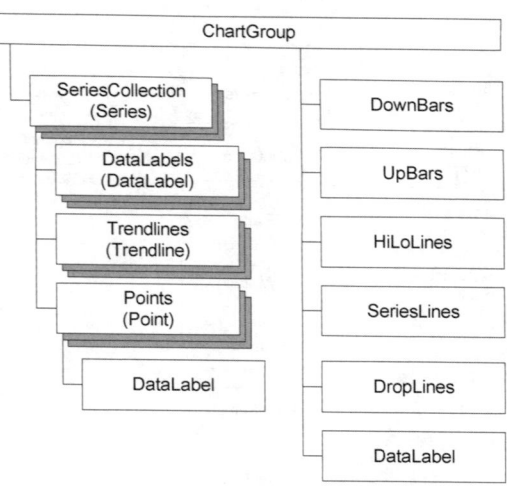

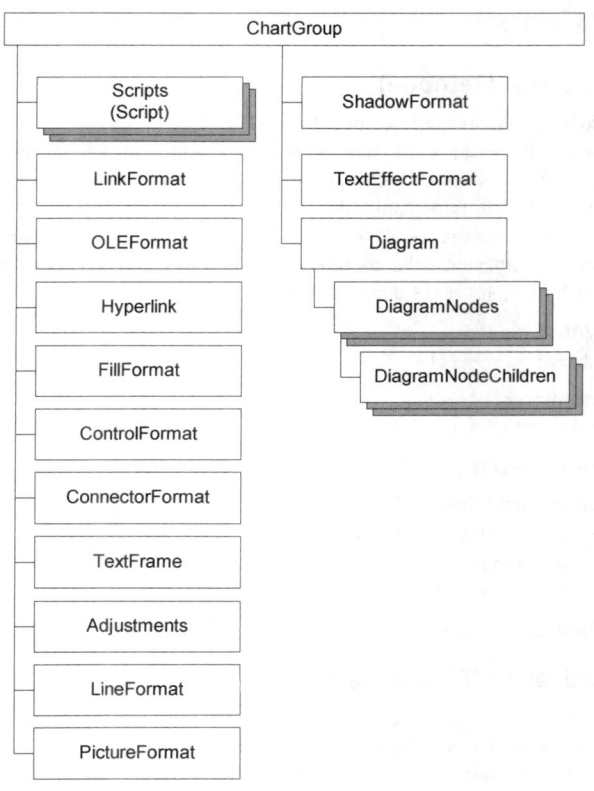

Referenz

Activate (Methode)

Aktiviert das aktuelle, angegebene Objekt.

Die Methode Activate kann verwendet werden, um ein Workbook-, Worksheet-, Chart-, Window-, Pane-, Range- oder OLE-Objekt zu aktivieren. Die Methode funktioniert im Wesentlichen wie die Methode Select für Workbook-, Worksheet-, Chart-, Range- und OLE-Objekte. Um eine einzelne Zelle zu aktivieren (mit dem Range-Objekt), wird empfohlen, Activate der Methode Select vorzuziehen.

Syntax

[object.] Activate

Parameter
Nicht vorhanden.

Rückgabewert   Nicht vorhanden.

Direktfensterbeispiel

```
WorkSheets("Tabelle2").Activate
' Eine Kurzversion desselben Befehls
Sheets("Tabelle2").Activate
```

Siehe auch   ActiveSheet, ActiveWorkbook, Select

ActiveCell (Eigenschaft)

Liefert eine Objektreferenz auf die aktuell aktive Zelle des aktiven Blattes der aktiven Arbeitsmappe zurück.

Die Eigenschaft ActiveCell kann verwendet werden, um schnell Informationen über die aktuelle Zelle abzurufen oder zu setzen. Der Wert der Zelle, die Formel und die Formatierung sind über diese Eigenschaft erreichbar.

Syntax

[Application.]ActiveCell

Parameter

Nicht vorhanden.

Rückgabewert   Objekt vom Typ Range.

Direktfensterbeispiel

? ActiveCell.Value

Siehe auch   ActiveSheet, ActiveWorkbook

ActiveSheet (Eigenschaft)

Gibt eine Objektreferenz auf das aktuell aktive Tabellenblatt der aktiven Arbeitsmappe zurück.

Diese Eigenschaft erteilt sofortigen Zugriff auf das aktuell ausgewählte Tabellenblatt. Sie ist besonders dann nützlich, wenn ein Knopf oder Makro verwendet wird, um ein vom Benutzer ausgewähltes Tabellenblatt zu verändern. Wenn kein Tabellenblatt ausgewählt wurde, erzeugt der Zugriff über ein ActiveSheet-Objekt einen Fehler.

Syntax

[Application.] ActiveSheet

Parameter

Nicht vorhanden.

Rückgabewert   Gibt ein Objekt zurück.

Direktfensterbeispiel

? ActiveSheet.Name

Siehe auch   ActiveCell, ActiveWorkbook

ActiveWorkbook (Eigenschaft)

Liefert eine Objektreferenz auf die aktuell aktive Arbeitsmappe zurück.

Diese schreibgeschützte Eigenschaft gewährt den Zugriff auf die aktuelle Arbeitsmappe, die im aktiven Fenster angezeigt wird. Wenn kein Fenster geöffnet ist oder nur das Fenster der Zwischenablage oder ein Informationsfenster angezeigt wird, enthält die Eigenschaft den Wert `Nothing`.

Syntax

`[Application.] ActiveWorkbook`

Parameter
Nicht vorhanden.

Rückgabewert   Objekt vom Typ `Workbook`.

Direktfensterbeispiel

`? ActiveWorkbook.Name`

Siehe auch   ActiveCell, ActiveSheet

Add (Methode)

Wird verwendet, um Tabellenblätter, Arbeitsmappen usw. zu der Objektkollektion hinzuzufügen.

Verwenden Sie diese Methode, um ein Objekt zu der aktuellen Objektkollektion hinzuzufügen. Das Direktfensterbeispiel demonstriert, wie eine Arbeitsmappe zu dem aktuellen Excel-Arbeitsbereich hinzugefügt und ein Tabellenblatt zu der aktuellen Arbeitsmappe hinzugefügt werden kann. Die Methode `Add` erstellt Instanzen dieser Objekte im Speicher, aber speichert sie nicht automatisch. Wenn Sie ein Makro erstellen, das für den Benutzer erkennbar ist, speichern oder schließen Sie die Dokumente, die Sie hinzugefügt oder verändert haben. Andernfalls hält das Programm die Ausführung an und wartet darauf, dass der Benutzer Informationen an die DATEI SPEICHERN-Dialogbox weitergibt.

Syntax

`Set myObject = object.Add`

Parameter
Nicht vorhanden.

Rückgabewert   Gibt ein Objekt zurück.

Direktfensterbeispiel

```
Application.Workbooks.Add
Set a = ActiveWorkbook.Sheets.Add
```

Siehe auch   ActiveSheet, ActiveWorkbook, DisplayAlerts

AutoFilter (Methode)

Schaltet mit der Einstellung AutoFilter das aktuelle Tabellenblatt oder die aktuelle Auswahl in den Filter-Modus um.

Die Verwendung der AutoFilter-Methode aus einem VBA-Programm heraus ist der schnellste Weg, um Abfragen mit mehreren Kriterien zu erstellen. AutoFilter kann verwendet werden, um Spalten mit Informationen auszuwählen, die bestimmten Kriterien entsprechen. Die Reihen, die mit diesen Kriterien übereinstimmen, können in die Zwischenablage kopiert und in ein anderes Tabellenblatt eingefügt werden. Verwenden Sie die Option MAKRO AUFZEICHNEN im Menü EXTRAS|MAKRO, um sich die Funktionsweise anzuschauen.

Eine Besonderheit der AutoFilter-Methode ist die Implikation der ersten Reihe. Wenn die erste physische Reihe des Tabellenblattes den Kriterien entspricht, wird diese die erste logische Reihe in AutoFilter. Wenn die erste physische Reihe jedoch nicht den Kriterien entspricht, beginnt die Gruppierung, die mit den Kriterien übereinstimmt, mit der zweiten logischen Reihe. Wenn Ihr Programm Auto-Filter verwendet, überprüfen Sie lieber manuell die erste Reihe, um zu bestimmen, wo der Kopiervorgang beginnt.

Syntax

```
range.AutoFilter ([Field], [Criteria1], [Operator],
  [Criteria2], [VisibleDropDown])
```

Parameter

- **range**   Range-Objekt, das die Methode AutoFilter anstößt.
- **Field**   Versatz des Feldes, auf dem der Filter basiert.
- **Criteria1, Criteria2**   Filterkriterien, mit denen die Reihen übereinstimmen sollen.
- **Operator**   Optional. Kann gesetzt werden, um zu bestimmen, wie die gefilterten Ergebnisse angezeigt werden. Lässt bei den Parametern Criteria1 und Criteria2 die logischen Operatoren AND und OR zu. Folgende Werte können angenommen werden: xlAnd, xlBottom10Items, xlBottom10Percent, xlOr, xlTop10Items oder xlTop10Percent.
- **VisibleDropDown**   Boolescher Wert, um zu bestimmen, ob die Dropdown-Combobox angezeigt werden soll.

Rückgabewert   Nicht vorhanden.

Direktfensterbeispiel

```
Selection.AutoFilter Field:=1, Criteria1:= "1/1/97"
Selection.AutoFilter    ' Schaltet den Autofilter aus.
```

Siehe auch   ActiveSheet, ActiveWorkbook

Calculation (Eigenschaft)

Gibt den Berechnungsmodus für offene Tabellen an.
Diese Eigenschaft bestimmt, wann Änderungen an einem Tabellenblatt die Neuberechnung aktivieren. Drei Modi können verwendet
werden: xlCalculationAutomatic, xlCalculationManual und xl-
CalculationSemiautomatic. Wenn Sie den Modus auf manuell setzen, kann dies die Eingabe von Werten beschleunigen.

Syntax
[Application.] Calculation

Parameter
Nicht vorhanden.

Rückgabewert Wert vom Typ Long.

Direktfensterbeispiel
Application.Calculation = xlCalculationManual

Siehe auch Formula

Cells (Eigenschaft)

**Ermöglicht den Zugriff mit Reihen- und Spaltennummern auf In-
formationen, die in einer bestimmten Zelle gespeichert sind.**
Diese Eigenschaft stellt einen schnellen Weg zur Verfügung, um auf
in einer Zelle gespeicherte Informationen mit den Indexwerten der
Zelle zuzugreifen. Wenn Sie ein Programm erstellen, um auf einzelne
Zellen zuzugreifen, ist die Verwendung dieser Methode oft sehr viel
schneller, als einen Bereich von Zellen auszuwählen und dann die
Werte abzufragen oder zu setzen. Das Direktfensterbeispiel gibt den
Wert aus, der in Reihe 10 und Spalte 8 gespeichert ist.

Syntax

```
sheetname.Cells(row, col)
```

Parameter

▸ **row**   Wert vom Typ Long, der die Reihennummer der gewünschten Zelle enthält.

▸ **col**   Wert vom Typ Long, der die Spaltennummer der gewünschten Zelle enthält.

Rückgabewert   Objekt vom Typ Range.

Direktfensterbeispiel

```
? ActiveSheet.Cells(10, 8).Value
```

Siehe auch   Value

Close (Methode)

Schließt ein Fenster oder eine Arbeitsmappe.

Die Methode Close wird verwendet, um ein Fenster (dies benötigt keine Parameter) oder eine Arbeitsmappe (hier können Speicher- und Weiterleitungsinformationen angegeben werden) zu schließen. Diese Methode kann auch benutzt werden, um alle aktuellen Arbeitsmappen zu schließen, indem man den Befehl mit der Workbooks-Kollektion ohne Parameter eingibt.

Syntax

```
[object.] Close ([savechanges, filename, routeworkbook])
```

Parameter

▸ **savechanges**   Wert vom Typ Boolean. Bestimmt, ob Änderungen in der aktuellen Datei oder in der Datei, die im Parameter »filename« angegeben wurde, gespeichert werden sollen. Wird der Parameter nicht übergeben, wird der Benutzer aufgefordert, die Änderungen zu speichern.

‣ **filename** Name der Datei, in der Änderungen gespeichert werden.

‣ **routworkbook** Wert vom Typ Boolean. Bestimmt, ob Änderungen weitergeleitet werden sollen. Wird der Parameter nicht übergeben, wird der Benutzer aufgefordert, Anweisungen für die Weiterleitung anzugeben.

Rückgabewert Nicht vorhanden.

Direktfensterbeispiel

```
ActiveWorkbook.Close True, "C:\Changes.xls"
Workbooks.Close
ActiveWindow.Close
```

Siehe auch ActiveSheet, ActiveWorkbook

ColorIndex (Eigenschaft)

Enthält die Farbe eines Rahmens, einer Schriftart oder des Innenraums einer Zelle oder einer Gruppe von Zellen.

Die Eigenschaft ColorIndex gibt eine Farbe basierend auf ihrer Position in der Excel-Palette an. Für eine Schriftart kann die Konstante xlColorIndexAutomatic verwendet werden, um die Schriftart in der Standardfarbe darzustellen. Für das Innere einer Zelle kann entweder die Konstante xlColorIndexAutomatic oder xlColorIndexNone verwendet werden, um die Füllfarbe zu bestimmen.

Für die Nummern der anderen Farbindexe können Sie in der Excel-VBA-Hilfe unter dem Eintrag ColorIndex nachschlagen. Einige Standardfarben in der Excel-Palette sind: Schwarz = 1, Weiß = 2, Rot = 3, Hellgrün = 4, Blau = 5, Gelb = 6, Lila = 7, Hellblau = 8, Dunkelrot = 9 und Grün = 10.

Syntax

```
[object.] ColorIndex = indexnum
```

Parameter

▸ indexnum   Indexwert in der Palette.

Rückgabewert   Wert vom Typ Variant.

Direktfensterbeispiel

```
Selection.Interior.ColorIndex = 6
```

Siehe auch   ActiveCell, Cells, Select, Value

Copy (Methode)

Kopiert die Inhalte des aktuellen Objektes in die Zwischenablage oder in einen anderen Teil des Tabellenblattes oder der Arbeitsmappe.

Diese Methode kann verwendet werden, um eine Auswahl oder ein Objekt in die Zwischenablage, in einen Bereich der Arbeitsmappe oder ein Tabellenblatt der Arbeitsmappe zu kopieren.

Syntax

```
object.Copy
object.Copy(destination)
object.Copy(before, after)
```

Parameter

▸ destination   Range-Objekt, in das die Auswahl kopiert wird.
▸ before   Tabellenblatt, das vor dem Arbeitsblatt kopiert wird. Wird hier ein Parameter angegeben, sollte after nicht übergeben werden.
▸ after   Tabellenblatt, das nach dem Arbeitsblatt kopiert wird. Wird hier ein Parameter angegeben, sollte before nicht übergeben werden.

Rückgabewert   Nicht vorhanden.

Direktfensterbeispiel
```
Selection.Copy
Selection.Copy(Cells(5, 5))
```

Siehe auch   ActiveSheet, ActiveWorkbook, AutoFilter

Delete (Methode)

Löscht ein Objekt oder einen Bereich.

Die Methode Delete kann verwendet werden, um ein bestimmtes Objekt oder Informationen in einem Zellenbereich zu löschen. Wird ein zu löschender Bereich angegeben, kann bestimmt werden, wohin die umgebenden Zellen verschoben werden sollen (nach oben oder nach links).

Syntax
```
[object.] Delete
[object.] Delete (shift)
```

Parameter
- **shift** Richtung, in die die verbleibenden Zellen verschoben werden, nachdem ein Bereich gelöscht wurde. Mögliche Werte sind xlShiftToLeft oder xlShiftUp.

Rückgabewert   Nicht vorhanden.

Direktfensterbeispiel
```
Cells(1, 1).Delete
Cells(1, 1).EntireRow.Delete
```

Siehe auch   Cells, Select

DisplayAlerts (Eigenschaft)

Eigenschaft, die bestimmt, ob Warnungsdialogfenster während der Ausführung angezeigt werden sollen.

Diese Eigenschaft kann auf False gesetzt werden, um Pausen für Benutzerrückmeldungen in einem sehr langen Prozess zu vermeiden. Wird die Eigenschaft auf False gesetzt, wird die angegebene Standardaktion für jedes Dialogfenster durchgeführt. Diese Eigenschaft wird nicht automatisch zurückgesetzt, wenn die Programmausführung beendet ist. Deshalb sollten Sie sie manuell wieder auf den Standardwert zurücksetzen.

Syntax

[Application.] DisplayAlerts = **True** | **False**

Parameter

Nicht vorhanden.

Rückgabewert   Wert vom Typ Boolean.

Direktfensterbeispiel

DisplayAlerts = **False**

Siehe auch   Close, ScreenUpdating

FontStyle (Eigenschaft)

Enthält die Stilattribute des Font-Objektes.

Mit Verwendung dieser Eigenschaft kann der Schnitt einer Schriftart gesetzt werden. Beachten Sie, dass die Eigenschaften Fett und Kursiv des Font-Objektes diese Eigenschaft beeinflussen und davon beeinflusst werden. Wird die Eigenschaft Fett auf True gesetzt, erscheint der String »Fett« in dem FontStyle-String.

Syntax

```
font.FontStyle = styleString
```

Parameter

‣ **styleString** String der verwendeten Schriftarten, die durch ein Leerzeichen getrennt werden.

Rückgabewert Wert vom Typ String.

Direktfensterbeispiel

```
? Selection.Font.FontStyle
Selection.Font.FontStyle = "Fett"
Selection.Font.FontStyle = "Fett Kursiv"
```

Siehe auch Select

Formula (Eigenschaft)

Mit dieser Eigenschaft können Sie Formeln angeben oder die Formel eines Bereichs abfragen.

In der Eigenschaft Formula kann eine beliebige Excel-Standardformel angegeben werden. Die Belegung der Formula-Eigenschaft mit einem bestimmten String ist mit der Eingabe des Gleichheitszeichens (=) vor einer Formel in einer Zelle gleichzusetzen.

Syntax

```
cell.Formula = formula
```

Parameter

‣ **formula** Gültiger Formelstring im Standardformat.

Rückgabewert Wert vom Typ String oder Variant (für Range-Objekte).

Direktfensterbeispiel

```
ActiveCell.Formula = "=A1+10"
```

Siehe auch   ActiveCell, FormulaR1C1

FomulaR1C1 (Eigenschaft)

Mit dieser Eigenschaft können Sie Formeln angeben oder die Formel eines Bereichs im Reihen- und Spaltenformat abfragen.
Mit dem Reihen- und Spaltenformat können Formeln einfach erstellt werden, die auf mit der Zelle, die die Formel enthält, benachbarte Zellen zugreifen. Im Direktfensterbeispiel wird eine Formel gezeigt, die einen Wert aus einer Spalte zu ihrer Linken abfragt und dann 10 zu dem gefundenen Wert addiert.

Syntax

```
range.FormulaR1C1 = formula
```

Parameter

‣ **formula**   Gültiger Formelstring im Reihen- und Spaltenformat.

Rückgabewert   Wert vom Typ String (für Series-Objekte) oder Variant (für Range-Objekte).

Direktfensterbeispiel

```
ActiveCell.FormulaR1C1 = "=RC[-1]+10"
```

Siehe auch   ActiveCell, Formula

HorizontalAlignment (Eigenschaft)

Bestimmt die horizontale Ausrichtung eines Objektes (meistens ein Bereich oder Style-Objekt).
Diese Eigenschaft kann verwendet werden, um die Ausrichtung eines Bereichs, eines Style-Objektes, Diagrammtitels, Bezeichnung usw. festzulegen. Die folgenden Konstanten bestimmen die Art der

Ausrichtung: xlHAlignCenter, xlHAlignDistributed, xlHAlignJustify, xlHAlignLeft oder xlHAlignRight. Für Range- und Style-Objekte können folgende Konstanten zusätzlich verwendet werden: xlHAlignCenterAcrossSelection, xlHAlignFill oder xlHAlignGeneral.

Syntax

object.HorizontalAlignment = alignVal

Parameter

‣ **alignVal** Ausrichtungskonstante, die folgende Werte annehmen kann: xlHAlignCenter, xlHAlignDistributed, xlHAlignJustify, xlHAlignLeft, xlHAlignRight, xlHAlignCenterAcrossSelection, xlHAlignFill oder xlHAlignGeneral.

Rückgabewert Wert vom Typ Variant.

Direktfensterbeispiel

Selection.HorizontalAlignment = xlHAlignLeft
Selection.HorizontalAlignment = xlHAlignRight

Siehe auch Select, VerticalAlignment

Insert (Methode)

Wird verwendet, um Zellen in ein Tabellenblatt oder Zeichen vor einem String einzufügen.

Die Verwendung dieser Methode mit einem Tabellenblatt verschiebt die Zellen in die angegebene Richtung. In einem String werden die Zeichen vor dem aktuellen String eingefügt.

Syntax

[object.] Insert (shift)
[object.] Insert(insertString)

Parameter

▸ **shift**   Richtung, in die die existierenden Zellen verschoben werden. Verwenden Sie die Konstanten xlShiftToRight oder xlShiftDown, um die Richtung anzugeben.

▸ **insertString**   Zeichenfolge, die vor dem aktuellen String eingefügt wird.

Rückgabewert   Nicht vorhanden.

Direktfensterbeispiel

```
Selection.Insert(xlShiftDown)
ActiveCell.EntireRow.Insert
```

Siehe auch   ActiveSheet, Delete, Select

LineStyle (Eigenschaft)

Legt den Linienstil für ein **Border**-Objekt fest.

Excel stellt viele verschiedene Linienarten zur Verfügung, die für die einzelnen Teile eines Rahmens einer Zelle festgelegt werden können. Mit Verwendung dieser Eigenschaft könnte einfach eine Subroutine programmiert werden, um die Erzeugung einer Linienform zur Wiederverwendung in Excel-Dokumenten zu automatisieren.

Syntax

```
border.LineStyle = borderType
```

Parameter

▸ **borderType**   Art des Rahmens für die ausgewählten Rahmenseiten. Verwenden Sie die folgenden Konstanten, um den Rahmenstil anzugeben: xlContinuous, xlDash, xlDashDot, xlDashDotDot, xlDot, xlDouble, xlSlantDashDot oder xlLineStyleNone.

Rückgabewert   Wert vom Typ Variant.

Direktfensterbeispiel

```
Selection.Borders(xlEdgeBottom).LineStyle = xlDouble
```

Siehe auch ActiveSheet, Select

Move (Methode)

Verschiebt ein Tabellenblatt innerhalb einer Arbeitsmappe.
Um ein Tabellenblatt mit dieser Methode zu verschieben, müssen Sie
das Tabellenblatt angeben, vor oder nach dem das ausgewählte Arbeitsblatt stehen soll. Wird der Parameter before übergeben, sollte
der Parameter »after« nicht angegeben werden, und umgekehrt genauso.

Syntax

```
sheet.Move(before, after)
```

Parameter
- **before** Objektreferenz auf ein Tabellenblatt, vor dem das ausgewählte Blatt platziert wird.
- **after** Objektreferenz auf ein Tabellenblatt, nach dem das ausgewählte Blatt platziert wird.

Rückgabewert Nicht vorhanden.

Direktfensterbeispiel

```
ActiveSheet.Move , Sheets("Tabelle3")
```

Siehe auch ActiveSheet, Close

Name (Eigenschaft)

**Enthält den Namen des Objektes, der verwendet werden kann, um
automatisch auf das Objekt zu referenzieren.**
Die Eigenschaft Name enthält den String des Namens, der für die Referenzierung eines Objektes verwendet wird. Anstatt einen numeri-

schen Index mit einer Kollektion zu verwenden, kann der Name zur
Bestimmung des Objektes genutzt werden.

Syntax

```
object.Name = string
```

Parameter

‣ **string** Beliebiger String, der den Standardnamenskonventionen entspricht.

Rückgabewert Wert vom Typ String.

Direktfensterbeispiel

```
? ActiveWorkbook.Name
Sheets("Tabelle1").Name = "MySheet"
ActiveSheet.Name = "MyActiveSheet"
```

Siehe auch ActiveSheet, Value

NumberFormat (Eigenschaft)

Bestimmt das Anzeigeformat für Bezeichnungen, Zellen und
Style-Objekte.
Diese Eigenschaft legt die Erscheinung eines Wertes in der Bezeich-
nung oder Zelle fest. Formatierungszeichen (# /, 0) und Wertzeichen
(m, d, y, hh, mm, ss) sind dieselben, die auch in der Dialogbox ZELLEN
FORMATIEREN verwendet werden.

Syntax

```
object.NumberFormat = stringVal
```

Parameter

‣ **stringVal** Formatierungsstring, der Formattext zur Anzeige des
Wertes enthält.

Rückgabewert   Wert vom Typ Variant (für Range-Objekte) oder String.

Direktfensterbeispiel

```
ActiveCell.Value = 12
ActiveCell.NumberFormat = "General"
ActiveCell.NumberFormat = "hh:mm:ss m/d/yy"
ActiveCell.NumberFormat = _
  "$###, ##0.00_); [Blue] ($###, ##0.00)"
```

Siehe auch   ActiveCell, Range

Range-Objekt

Wird verwendet, um auf eine oder mehrere Zellen zuzugreifen – das Objekt, das in der VBA-Programmierung am häufigsten verwendet wird.

Die meisten Programme in Excel verwenden das Range-Objekt, um auf die Werte, das Aussehen und die Funktion der Zelle zuzugreifen. Range-Objekte können mit Verwendung der Zellenbezeichnung, mit der Eigenschaft Cells oder durch beliebige benannte und zugewiesene Werte festgelegt werden.

Syntax
Nicht vorhanden.

Parameter
Nicht vorhanden.

Rückgabewert   Nicht vorhanden.

Direktfensterbeispiel

```
Range("A1").Value = 10
Range("A2") = 10
Range("A3") = "Hallo"
Range("A1:A8").Formula = "=Rand()"
```

Siehe auch   ActiveCell, Cells, DisplayAlerts

ScreenUpdating (Eigenschaft)

Schaltet ein/aus, ob Aktualisierungen auf dem Bildschirm angezeigt werden.

Die Anzeige von Aktualisierungen verbraucht sehr viel Prozessorzeit. Wenn die Aktualisierungen für die Dauer einer Makroausführung ausgeschaltet sind, kann damit die Ausführungszeit sehr vermindert werden. Schalten Sie die Aktualisierungen nach der Ausführung wieder ein, da Excel nicht automatisch zum normalen Anzeigemodus zurückkehrt.

Syntax

```
Application.ScreenUpdating = True | False
```

Parameter

Nicht vorhanden.

Rückgabewert   Wert vom Typ Boolean.

Direktfensterbeispiel

```
Application.ScreenUpdating = False
```

Siehe auch   DisplayAlerts

Select (Methode)

Wählt ein Objekt, wie z.B. eine Zelle, eine Arbeitsmappe, ein Diagramm oder ein Tabellenblatt aus.

Verwenden Sie die Methode Select, um ein Objekt, speziell einen Bereich von Zellen auszuwählen. Für eine einzelne Zelle sollten Sie lieber die Methode Activate benutzen. Die Methode Select kann auch mit dem Parameter replace genutzt werden, um festzulegen, dass das angegebene Objekt die aktuelle Auswahl ersetzt.

Syntax
```
object.Select([replace])
```

Parameter

▸ **replace** Optional. Wert vom Typ Boolean. Ist er mit True belegt, wird die aktuelle Auswahl vom angegebenen Objekt ersetzt.

Rückgabewert Nicht vorhanden.

Direktfensterbeispiel
```
Sheets("Tabelle3").Select
Range("A1:A8").Select
```

Siehe auch Activate, ActiveSheet, ActiveWorkbook

Value (Eigenschaft)

Enthält einen Wert für ein bestimmtes Objekt.
Die Eigenschaft Value wird oft innerhalb des Excel-Objektmodells verwendet und ist besonders nützlich für das Festlegen und Abfragen von Zellenwerten.

Syntax
```
object.Value = value
```

Parameter

▸ **value** Abhängig vom Objekt.

Rückgabewert Abhängig vom Objekt.

Direktfensterbeispiel
```
? ActiveCell.Value
```

Siehe auch Name, Range, Select

VerticalAlignment (Eigenschaft)

Bestimmt die vertikale Ausrichtung eines Objektes (meistens ein Bereich oder Style-Objekt).

Diese Eigenschaft kann verwendet werden, um die Ausrichtung eines Bereichs, Style-Objektes, Diagrammtitels, einer Bezeichnung usw. festzulegen. Die folgenden Konstanten bestimmen die Art der Ausrichtung: xlVAlignBottom, xlVAlignCenter, xlVAlignDistributed, xlVAlignJustify und xlVAlignTop.

Syntax

```
object.VerticalAlignment = alignVal
```

Parameter

▸ **alignVal** Ausrichtungskonstante, die die Werte xlVAlignBottom, xlVAlignCenter, xlVAlignDistributed, xlVAlignJustify und xlVAlignTop annehmen kann.

Rückgabewert Wert vom Typ Long.

Direktfensterbeispiel

```
Selection.VerticalAlignment = xlVAlignBottom
Selection.VerticalAlignment = xlVAlignCenter
```

Siehe auch HorizontalAlignment, Select

Weight (Eigenschaft)

Bestimmt die Stärke des Rahmens eines Bereichs.

Das Festlegen der Eigenschaft Weight für ein Border- oder LineFormat-Objekt bestimmt, wie die Zelle oder der Bereich von Zellen dargestellt wird.

Syntax

```
border.Weight = lineWeight
```

Parameter

▸ **lineWeight** Die Dicke des Rahmens kann durch eine dieser Konstanten bestimmt werden: `xlHairline`, `xlThin`, `xlMedium` oder `xlThick`.

Rückgabewert Wert vom Typ Long.

Direktfensterbeispiel

```
Selection.Borders.Weight = xlMedium
```

Siehe auch Range, Select

10 Word-XP-Objekt-modelldiagramme

In manchen Bereichen ist das Word-XP-Objektmodell nicht ganz so intuitiv zu verstehen wie bei anderen Office-Anwendungen. Um zu begreifen, wie Word am effektivsten von einem anderen Programm angesprochen wird, sollten Sie häufig Testmakros der zu automatisierenden Aufgaben aufnehmen. Sie werden besser verstehen, wie Word Operationen durchführt, wenn Sie sich den vom Recorder generierten Quellcode anschauen.

Word hat ein paar Performance-Probleme, wenn eine Kollektion mit vielen Objekten durchlaufen wird. In einer Kollektion von Paragraph-Objekten z.B. verlangsamt sich die Makroausführung erheblich, wenn ein längeres Dokument durchlaufen wird. Erscheint die Ausführung in den ersten zehn Absätzen vielleicht schnell, kann dies bei Erreichen des Absatzes 200 exponentiell länger dauern. Deshalb sollten Sie das Makro unter realistischen Bedingungen testen und bei Bedarf optimieren.

Word-Dateien werden in der Kollektion Documents als individuelle Objekte gespeichert. Auf den Text selbst kann mit der Paragraphs-Kollektion zugegriffen werden, es ist aber oft einfacher, die erforderlichen Änderungen im Dokument mit Markierungsfunktionen durchzuführen. Manche der Direktfensterbeispiele demonstrieren diese Funktionalität.

Obwohl alle Objekte im Modell im Objektdiagramm dieses Kapitels dargestellt sind, werden nur die nützlichsten Eigenschaften und Objekte im hinteren Abschnitt dieses Kapitels beschrieben. Die vollständigen Objekt- und Memberdeklarationen können Sie im Modell selbst im Objektbrowser nachschauen.

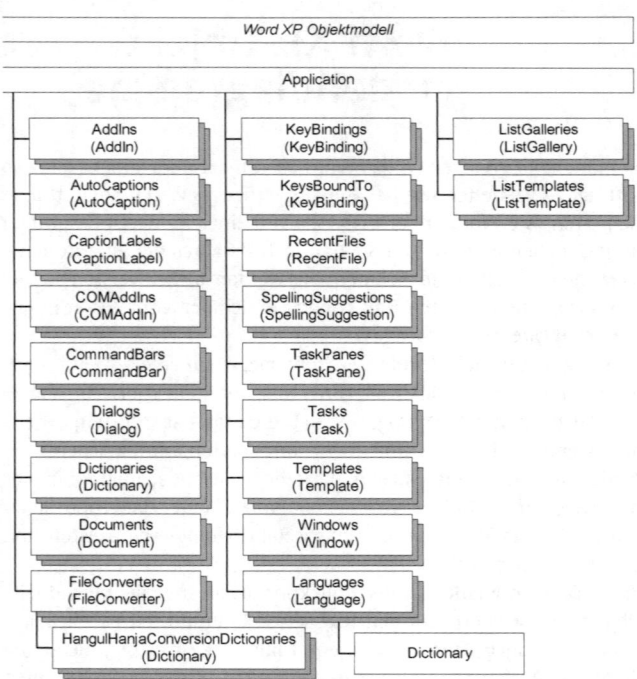

Word XP Objektmodell

Application

AddIns (AddIn)	KeyBindings (KeyBinding)	ListGalleries (ListGallery)
AutoCaptions (AutoCaption)	KeysBoundTo (KeyBinding)	ListTemplates (ListTemplate)
CaptionLabels (CaptionLabel)	RecentFiles (RecentFile)	
COMAddIns (COMAddIn)	SpellingSuggestions (SpellingSuggestion)	
CommandBars (CommandBar)	TaskPanes (TaskPane)	
Dialogs (Dialog)	Tasks (Task)	
Dictionaries (Dictionary)	Templates (Template)	
Documents (Document)	Windows (Window)	
FileConverters (FileConverter)	Languages (Language)	
HangulHanjaConversionDictionaries (Dictionary)	Dictionary	

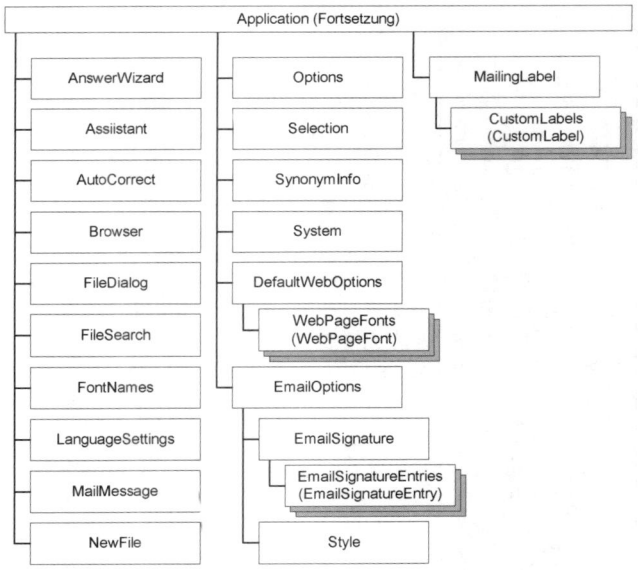

Application (Fortsetzung)		
AnswerWizard	Options	MailingLabel
Assiistant	Selection	CustomLabels (CustomLabel)
AutoCorrect	SynonymInfo	
Browser	System	
FileDialog	DefaultWebOptions	
FileSearch	WebPageFonts (WebPageFont)	
FontNames	EmailOptions	
LanguageSettings	EmailSignature	
MailMessage	EmailSignatureEntries (EmailSignatureEntry)	
NewFile	Style	

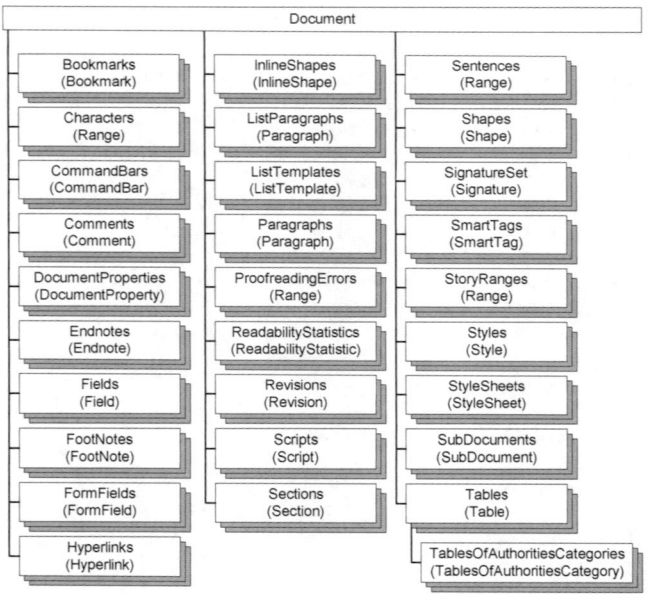

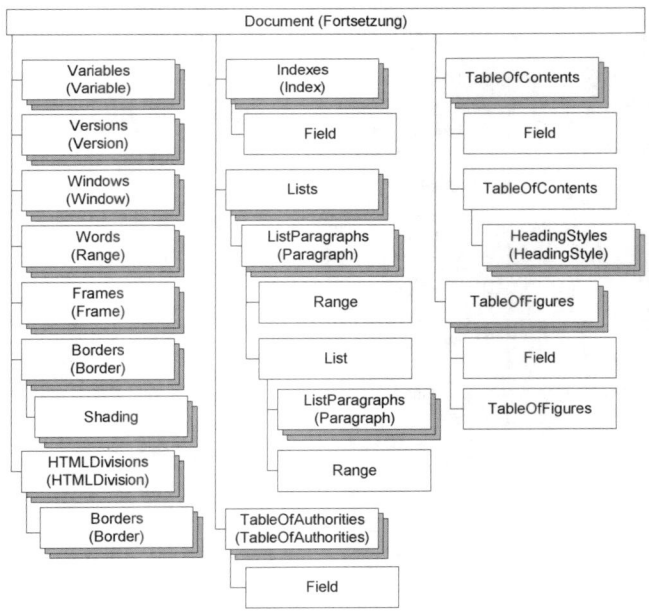

Document (Fortsetzung)

Variables (Variable)

Versions (Version)

Windows (Window)

Words (Range)

Frames (Frame)

Borders (Border)

Shading

HTMLDivisions (HTMLDivision)

Borders (Border)

Indexes (Index)

Field

Lists

ListParagraphs (Paragraph)

Range

List

ListParagraphs (Paragraph)

Range

TableOfAuthorities (TableOfAuthorities)

Field

TableOfContents

Field

TableOfContents

HeadingStyles (HeadingStyle)

TableOfFigures

Field

TableOfFigures

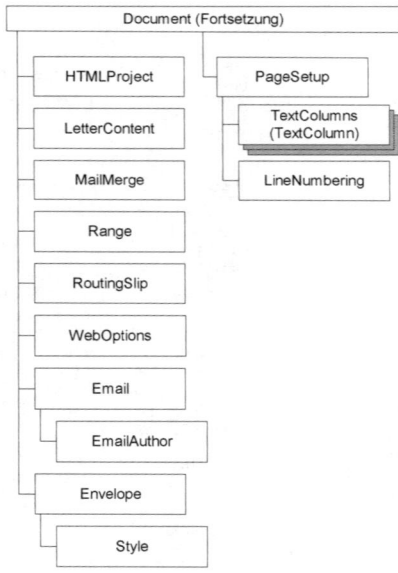

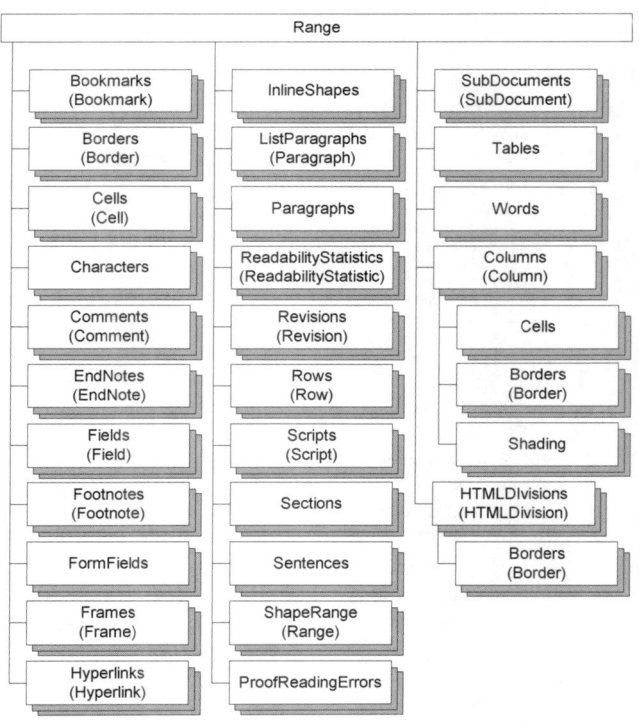

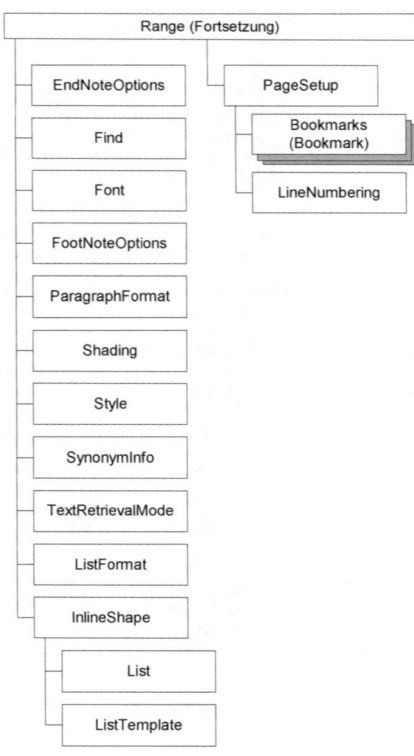

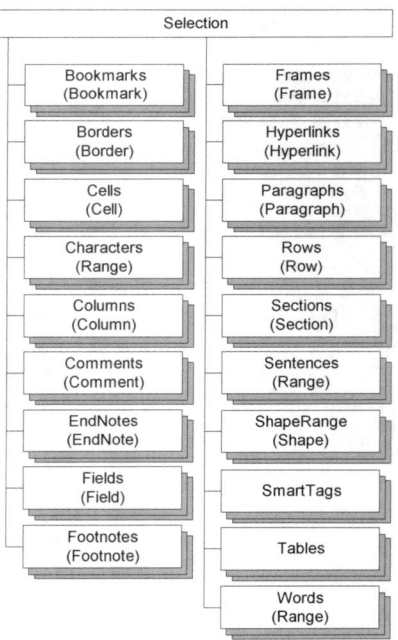

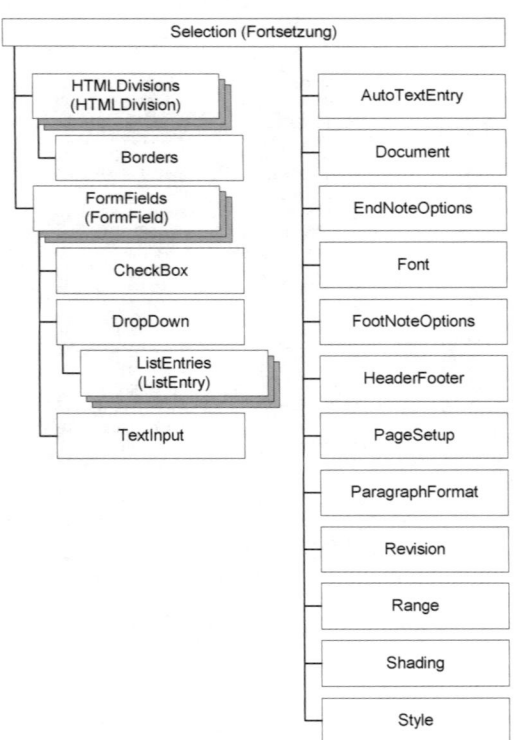

```
                        AutoCorrect
    ┌──────────────────────────────┬──────────────────────────────
    │   AutoCorrectEntries          │   OtherCorrectionsExceptions
    │   (AutoCorrectEntry)          │   (OtherCorrectionsException)
    │
    │   FirstLetterExceptions       │   TwoInitialCapsExceptions
    │   (FirstLetterException)      │   (TwoInitialCapsException)
    │
    │   HangulAndAlphabetExceptions
    │   (HangulAndAlphabetException)
```

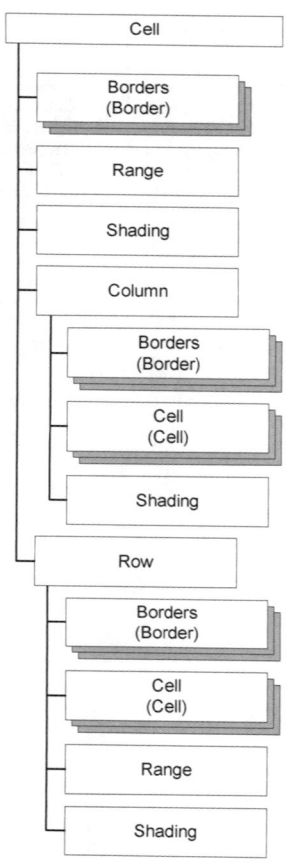

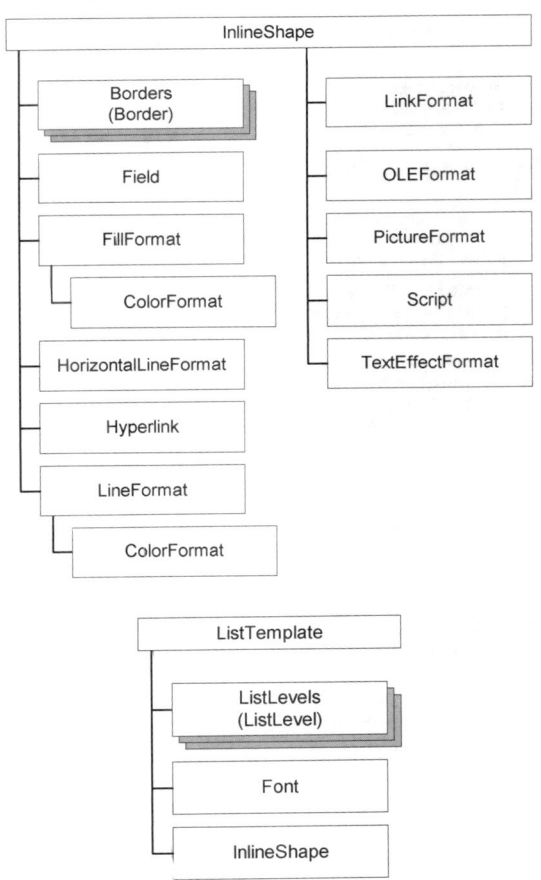

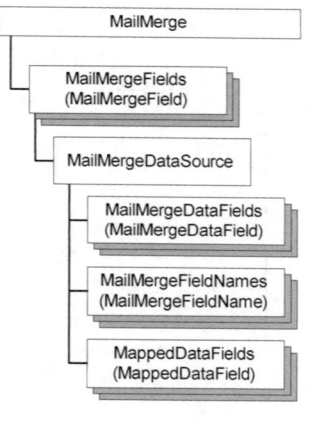

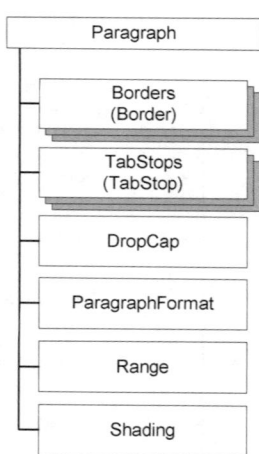

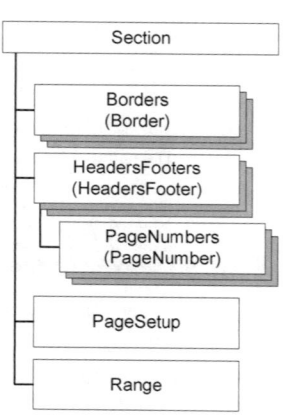

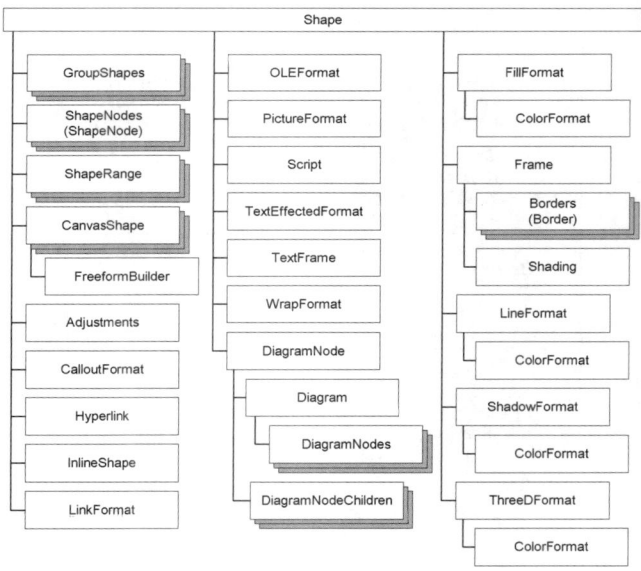

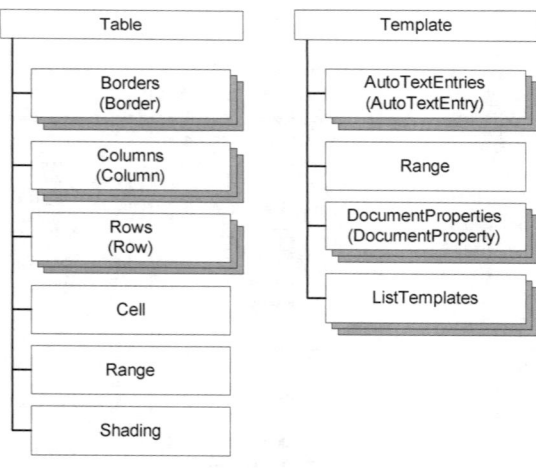

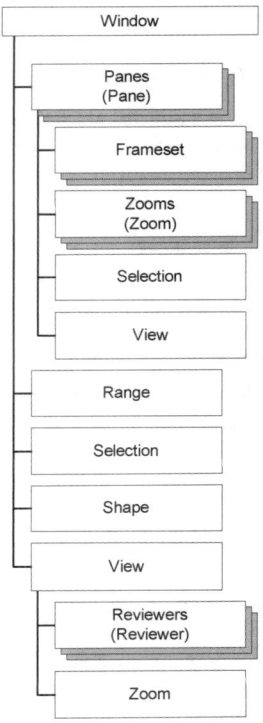

```
Window
├── Panes
│   (Pane)
│   ├── Frameset
│   ├── Zooms
│   │   (Zoom)
│   ├── Selection
│   └── View
├── Range
├── Selection
├── Shape
└── View
    ├── Reviewers
    │   (Reviewer)
    └── Zoom
```

Referenz

ActiveDocument (Eigenschaft)

Enthält die Objektreferenz auf das aktuell aktive Dokument.
Diese Eigenschaft kann verwendet werden, um auf das aktuell ausgewählte Dokument in Word zu referenzieren.

Syntax

```
[Application.] ActiveDocument
```

Parameter
Nicht vorhanden.

Rückgabewert Objekt vom Typ Document.

Direktfensterbeispiel

```
? ActiveDocument.Name
Documents(1).Activate
? ActiveDocument.Name
```

Siehe auch Add

Add (Methode)

Wird verwendet, um ein Objekt zu einer bestimmten Kollektion hinzuzufügen.

Die Methode Add kann verwendet werden, um ein neues Dokument zur aktuellen Word-Umgebung hinzuzufügen, wie auch im Direktfensterbeispiel gezeigt wird. Die Add-Methode kann in vielen Objektkollektionen genutzt werden, wie z.B. in AddIns, Bookmarks, Cells, Columns, Comments, Dictionaries, Documents, Fields, Footnotes, Frames, HeadingStyles, Hyperlinks, Indexes, Panes, Paragraphs, Rows, Sections, StyleSheets, Tables und Windows.

Syntax

```
object.Add
```

Parameter

Nicht vorhanden.

Rückgabewert   Nicht vorhanden.

Direktfensterbeispiel

```
Documents.Add
```

Die Parameter, die von der Add-Methode entgegengenommen werden, können abhängig vom verwendeten Objekt variieren. Wenn Sie z.B. ein neues Dokument hinzufügen, können Sie eine Vorlage angeben, die Grundlage für die neue Datei ist. Sie können die aktuellen Parameter, die verwendet werden können, im Objektbrowser nachschlagen.

Die Parameter, die von der Add-Methode entgegengenommen werden, können abhängig vom verwendeten Objekt variieren. Wenn Sie z.B. ein neues Dokument hinzufügen, können Sie eine Vorlage angeben, die Grundlage für die neue Datei ist. Sie können die aktuellen Parameter, die verwendet werden können, im Objektbrowser nachschlagen.

Siehe auch   ActiveDocument, Open

Alignment (Eigenschaft)

Gibt die Ausrichtung eines Absatzes an.

Die Ausrichtungsart, die in der Eigenschaft Alignment festgelegt ist, ist als Konstante im Word-System enthalten. Im Direktfensterbeispiel wird der aktuell ausgewählte Absatz zentriert.

Syntax

```
object.Alignment = align
```

Parameter

‣ **align** Eine gültige Ausrichtungskonstante, wie z.B. wdAlignPa-
ragraphCenter, wdAlignParagraphLeft, wdAlignParagraphRight
usw.

Rückgabewert Wert vom Typ Long.

Direktfensterbeispiel

```
Selection.ParagraphFormat.Alignment = _
  wdAlignParagraphCenter
```

Siehe auch Selection

ApplyBulletDefault (Methode)

Schaltet die Listenformatierung eines angegebenen Absatzes
oder Bereichs an/aus.

Wird diese Methode mit einem normalen Absatz ausgeführt, verwendet sie die Listenformatierung. Bei einem Absatz, der schon als
Aufzählung spezifiziert ist, schaltet die Methode die Listenformatierung aus. Diese Methode muss mit einem ListFormat-Objekt eines
Range-Objektes verwendet werden.

Syntax

```
listformat.ApplyBulletDefault
```

Parameter

Nicht vorhanden.

Rückgabewert Nicht vorhanden.

Direktfensterbeispiel

```
Selection.Range.ListFormat.ApplyBulletDefault
ActiveDocument.Paragraphs(2).Range.
  ListFormat.ApplyBulletDefault
```

Siehe auch ActiveDocument

Assistant (Eigenschaft)

Greift auf den animierten Assistenten zu, damit eine benutzerdefinierte Hilfe für eine Anwendung erstellt werden kann.

Der animierte Assistent scheint sowohl Liebe als auch Hass bei Office-Benutzern hervorzurufen, aber Programmierer werden die Steuerung des Assistenten als sehr einfach empfinden. Die Animation kann mit Verwendung von Konstanten festgelegt werden, wie z.B. msoAnimationAppear, msoAnimationSearching, msoAnimationGestureDown, msoAnimationIdle, msoAnimationGreeting, msoAnimationBeginSpeaking u.a. Wenn der Benutzer den Assistenten deaktiviert hat, geschieht beim Setzen der Eigenschaft Visible auf True nichts.

Syntax

[Application.] Assistant

Parameter
Nicht vorhanden.

Rückgabewert Objekt vom Typ Assistant.

Direktfensterbeispiel

```
Assistant.Visible = True
Assistant.Animation = msoAnimationSearching
Assistant.Move 100, 100
```

Siehe auch Nicht vorhanden.

Compare (Methode)

Führt einen Dateivergleich durch und zeigt Vergleichsmarken im angegebenen Dokument an.

Diese Methode aktiviert das Microsoft-Word-Feature, das den Vergleich zwischen zwei Dokumenten ermöglicht. Der Dateiname des Dokuments, mit dem verglichen wird, und die Vergleichsmarken werden automatisch angezeigt.

Syntax

```
[Application.] Compare fileName
```

Parameter

‣ **fileName** Name der Datei, die mit dem angegebenen Dokument verglichen wird.

Rückgabewert Nicht vorhanden.

Direktfensterbeispiel

```
ActiveDocument.Compare "C:\draft1.doc"
```

Siehe auch ActiveDocument

ComputeStatistics (Methode)

Rechnet Statistiken für einen bestimmten Bereich oder ein bestimmtes Dokument nach.

Diese Methode berechnet die Statistiken entweder für das gesamte Dokument oder einen bestimmten Bereich. Parameter erlauben die Inklusion/Exklusion von Fußnoten und Endnoten und die Festlegung des genauen Statistiktyps, der zurückgegeben werden soll.

Syntax

```
statValue = [object.] ComputeStatistics (statistic
  [, includefootnotesandendnotes])
```

Parameter

▸ **statistic** Bestimmt die Art der Statistik, die zurückgegeben wird. Verwenden Sie eine der folgenden Konstanten: wdStatisticCharacters, wdStatisticCharactersWithSpaces, wdStatisticLines, wdStatisticPages, wdStatisticParagraphs, wdStatisticFarEastCharacters oder wdStatisticWords.

▸ **includefootnotesandendnotes** Bestimmt, ob Fußnoten und Endnoten miteinbezogen werden. Standardwert ist False.

▸ **statValue** Berechnete Rückgabe des mit dem Parameter statistic angegebenen Typs.

Rückgabewert Wert vom Typ Long.

Direktfensterbeispiel

```
? ActiveDocument.ComputeStatistics _
  (wdStatisticPages)
```

Siehe auch ActiveDocument

FirstLineIndent (Eigenschaft)

Bestimmt die Einrückung der ersten Zeile des Absatzes.
Diese Eigenschaft enthält den Wert für die Einrückung der ersten Zeile, angegeben in Punkt. Die Eigenschaft kann für einzelne Absätze, Style-Objekte oder einen Bereich von Absätzen gesetzt werden.

Syntax

```
paragraph FirstLineIndent = indentVal
```

Parameter

▸ **indentVal** In Punkt. Wert, um den die erste Zeile eingerückt wird.

Rückgabewert Wert vom Typ Single.

Direktfensterbeispiel

```
ActiveDocument.Paragraphs(1).FirstLineIndent = 72
ActiveDocument.Paragraphs(1).FirstLineIndent = _
  InchesToPoints(1)
```

Siehe auch ActiveDocument, Paragraphs

Font (Objekt)

Enthält alle Informationen über die Schriftformatierungen eines Textstückes.

Das Font-Objekt kann auf jede beliebige Schriftart, Größe und Stilart gesetzt werden, die normalerweise in Word verfügbar ist. Das Direktfensterbeispiel ändert die Schriftart des aktuell ausgewählten Textes auf verschiedene Arten.

Syntax

```
range.Font
```

Parameter

Nicht vorhanden.

Rückgabewert Nicht vorhanden.

Direktfensterbeispiel

```
Selection.Font.Name = "Times New Roman"
Selection.Font.Size = 10
Selection.Font.Bold = True
Selection.Font.Italic = True
```

Siehe auch Selection

Height (Eigenschaft)

Enthält die Höhe des angegebenen Objektes.
Mit der Eigenschaft Height kann die Höhe der meisten Objekte verändert oder angepasst werden, wie z.B. Formen, Reihen, Spalten, Taskfenster, Fenster, Rahmen, benutzerdefinierte Labels, eingebettete Formen usw.

Syntax
```
object.Height = height
```

Parameter
- **height** Wert für die Höhe innerhalb der Grenzen des Objektes. Wird als Single-Wert gespeichert.

Rückgabewert Wert vom Typ Single oder Long (je nach Objekt).

Direktfensterbeispiel
```
ActiveWindow.WindowState = wdWindowStateNormal
ActiveWindow.Height = ActiveWindow.Height / 2
```

Wenn Sie die Eigenschaften Width und Height zur Konfigurierung der Fenster verwenden, können Sie ein benutzerdefiniertes Makro erstellen, um die Fenstereinstellungen auf die Größe zu bringen, die Sie am häufigsten verwenden.

Siehe auch Width

InsertBefore (Methode)

Fügt Text vor einem angegebenen Objekt ein.
Die Methode InsertBefore kann entweder mit einem Range- oder Selection-Objekt verwendet werden, um Text in ein Dokument einzufügen. Das Direktfensterbeispiel zeigt, wie das Wort »Hallo« vor dem ersten Wort des ersten Absatzes des Dokuments eingefügt wird.

Syntax

```
object.InsertBefore(string)
```

Parameter

▸ **string**   Beliebiger gültiger Unciode-String.

Rückgabewert   Nicht vorhanden.

Direktfensterbeispiel

```
ActiveDocument.Range.Paragraphs(1).Range.Words(1). _
  InsertBefore "Hallo"
```

Siehe auch   Selection

LeftIndent (Eigenschaft)

Bestimmt die Linkseinzug eines angegebenen Absatzes, Styles oder Bereichs von Absätzen.
Diese Eigenschaft gibt den Linkseinzug eines bestimmten Absatzes, Bereichs oder Style-Objektes an. Der Einzug wird in Punkt angegeben (1 cm = ca. 28 Punkt).

Syntax

```
paragraph.LeftIndent = leftValue
```

Parameter

▸ **leftValue**   Wert in Punkt, der angibt, wie weit eingerückt werden soll.

Rückgabewert   Wert vom Typ Single.

Direktfensterbeispiel

```
ActiveDocument.Paragraphs(1).LeftIndent = 28
```

Siehe auch   FirstLineIndent, RightIndent

LineSpacing (Eigenschaft)

Enthält den Wert für den Zeilenabstand im angegebenen Absatz, Style-Objekt oder Bereich von Absätzen.

Diese Eigenschaft gibt den Zeilenabstand einen bestimmten Absatzes, Bereichs oder Style-Objektes an. Der Abstand wird in Punkt angegeben (1 cm = ca. 28 Punkt).

Syntax

```
paragraph.LineSpacing = lineValue
```

Parameter

▸ **lineValue**   Zeilenabstand in Punkt in dem Absatz.

Rückgabewert   Wert vom Typ Single.

Direktfensterbeispiel

```
Selection.Paragraphs.LineSpacing = 16
Selection.Paragraphs.LineSpacing = LinesToPoints(2)
```

Siehe auch   Paragraphs

ListParagraphs (Eigenschaft)

Enthält eine Objektreferenz auf alle nummerierten Absätze innerhalb eines Bereichs oder Dokuments.

Mit dieser Eigenschaft kann man auf alle Absätze einer Aufzählung in einem Dokument einzeln zugreifen. Die For...Each-Schleife kann verwendet werden, um sequenziell durch jeden Absatz mit Aufzählung zu wandern. Damit das Direktfensterbeispiel richtig funktioniert, wird entweder eine nummerierte oder anders aufgezählte Listenformatierung für den ersten Absatz des Dokuments benötigt.

Syntax

```
document.ListParagraphs
```

Parameter

Nicht vorhanden.

Rückgabewert   Objekt vom Typ ListParagraphs.

Direktfensterbeispiel

```
Documents(1).ListParagraphs(1).Shading. _
  BackgroundPatternColorIndex = wdBlue
```

Siehe auch   ActiveDocument, Paragraphs

MoveDown (Methode)

Bewegt den Markierungscursor um eine Einheit nach unten.

Die Move-Methoden können entweder mit einem Range- oder Selection-Objekt verwendet werden. Zusätzlich können die Einheiten und die Art der Bewegung definiert werden. Die Verschiebung ist in folgenden Einheiten möglich: Zeilen, Absätze, Fenster oder in Screens.

Syntax

```
object.MoveDown([, units, count [, extend]])
```

Parameter

‣ **units**   Bewegt die Markierung in den Einheiten nach unten, die mit einer der Konstanten wdLine, wdParagraph, wdWindow oder wdScreen angegeben werden.

‣ **count**   Anzahl der Einheiten, um die die Markierung bewegt wird.

‣ **extend**   Bestimmt, ob eine Markierung bewegt oder erweitert wird. Verwenden Sie die Konstanten wdMove oder wdExtend.

Rückgabewert   Wert vom Typ Integer.

Direktfensterbeispiel

```
Selection.MoveDown
Selection.MoveDown wdParagraph, 1
Selection.MoveDown wdParagraph, 1, wdExtend
```

Siehe auch   MoveLeft, MoveRight, MoveUp

MoveLeft (Methode)

Bewegt den Markierungscursor um eine Einheit nach links.

Die Move-Methoden können entweder mit einem Range- oder Selection-Objekt verwendet werden. Zusätzlich können die Einheiten und die Art der Bewegung definiert werden und ob die Verschiebung in folgenden Einheiten stattfinden soll: Zellen, Zeichen, Wörter oder Sätze.

Syntax

```
object.MoveLeft([, units, count [, extend]])
```

Parameter

- **units**   Bewegt die Markierung nach links in den Einheiten, die mit den Konstanten wdCell, wdCharacter, wdWord oder wdSentence angegeben werden.
- **count**   Anzahl der Einheiten, um die die Markierung nach links verschoben wird.
- **extend**   Bestimmt, ob eine Markierung bewegt oder erweitert wird. Verwenden Sie die Konstanten wdMove oder wdExtend.

Rückgabewert   Wert vom Typ Integer.

Direktfensterbeispiel

```
Selection.MoveLeft
Selection.MoveLeft wdCharacter, 1
Selection.MoveLeft wdCharacter, 1, wdExtend
```

Siehe auch MoveDown, MoveRight, MoveUp

MoveRight (Methode)

Bewegt den Markierungscursor um eine Einheit nach rechts.
Die Move-Methoden können entweder mit einem Range- oder Selection-Objekt verwendet werden. Zusätzlich können die Einheiten und die Art der Bewegung definiert werden. Die Bewegung kann in folgenden Einheiten durchgeführt werden: Zellen, Zeichen, Wörter oder Sätze.

Syntax

```
object.MoveRight([, unit, count [, extend]])
```

Parameter

- **units** Bewegt die Markierung in den Einheiten nach rechts, die von den Konstanten wdCell, wdCharacter, wdWord oder wdSentence angegeben werden.

- **count** Anzahl der Einheiten, um die die Markierung nach rechts bewegt wird.

- **extend** Bestimmt, ob die Markierung bewegt oder erweitert wird. Verwenden Sie die Konstanten wdMove oder wdExtend.

Rückgabewert Wert vom Typ Integer.

Direktfensterbeispiel

```
Selection.MoveRight
Selection.MoveRight wdCharacter, 1
Selection.MoveRight wdCharacter, 1, wdExtend
```

Siehe auch MoveDown, MoveLeft, MoveUp

MoveUp (Methode)

Bewegt die aktuelle Markierung um eine Einheit nach oben.
Die Move-Methoden können entweder mit einem Range- oder Selection-Objekt verwendet werden. Zusätzlich können die Einheiten und die Art der Bewegung definiert werden. Die Markierung kann in folgenden Einheiten bewegt werden: Zeilen, Absätze, Fenster und Screens.

Syntax
```
object.MoveUp([, units, count [, extend]])
```

Parameter
- **units**   Bewegt die Markierung in den Einheiten nach oben, die durch die Konstanten wdLine, wdParagraph, wdWindow oder wdScreen angegeben werden.
- **count**   Anzahl der Einheiten, um die die Markierung nach oben verschoben wird.
- **extend**   Bestimmt, ob die Markierung bewegt oder erweitert wird. Verwenden Sie die Konstanten wdMove oder wdExtend.

Rückgabewert   Wert vom Typ Integer.

Direktfensterbeispiel
```
Selection.MoveUp
Selection.MoveUp wdParagraph, 1
Selection.MoveUp wdParagraph, 1, wdExtend
```

Siehe auch   MoveDown, MoveLeft, MoveRight

Name (Eigenschaft)

Enthält den Namen des Objektes, der verwendet werden kann, um es automatisch zu referenzieren.

Die Eigenschaft Name enthält den String des Namens, der verwendet wird, um ein Objekt zu referenzieren. Anstatt einen numerischen Index mit einer Kollektion zu benutzen, kann der Name verwendet werden, um das Objekt festzulegen.

Syntax

```
object.Name = string
```

Parameter

‣ **string** Beliebiger String, der den Standardnamenskonventionen entspricht.

Rückgabewert Wert vom Typ String.

Direktfensterbeispiel

```
? ActiveDocument.Name
```

Die Eigenschaft Name eines Dokuments ist schreibgeschützt. Um den Namen zu ändern, müssen Sie die Methode SaveAs verwenden.

Siehe auch ActiveDocument

Open (Methode)

Öffnet das angegebene Objekt.
Diese Methode kann verwendet werden, um Dateien mit einer Kollektion von Objekten zu öffnen (wie z.B. Documents oder RecentFiles).

Syntax

```
object.Open(filename$)
```

Parameter

‣ **filename$** Gibt den Pfad und den Dateinamen einer beliebigen Datei an, die von Word geöffnet werden kann.

Rückgabewert Nicht vorhanden.

Direktfensterbeispiel

```
Documents.Open "C:\mydoc.doc"
```

Siehe auch Add

Paragraphs (Kollektion)

Enthält sämtliche Absätze eines bestimmten Dokuments.
Die einzelnen Objekte, die in der Kollektion Paragraphs gespeichert sind, enthalten den aktuellen Text, die Stilart und andere Informationen über jeden Absatz eines Dokuments. Der Zugriff auf lange Dokumente mit den einzelnen Paragraph-Objekten kann ein sehr langwieriger Prozess sein.

Syntax

```
object.Paragraphs(index)
```

Parameter
‣ index   Nummer des Absatzes, auf den zugegriffen wird.

Rückgabewert Nicht vorhanden.

Direktfensterbeispiel

```
? ActiveDocument.Range.Paragraphs.Count
ActiveDocument.Range.Paragraphs(1).Range.Words(1) _
  = "Hallo"
```

Siehe auch Add

RightIndent (Eigenschaft)

Bestimmt die Rechtseinzug eines angegebenen Absatzes , Style-Objektes oder Bereichs von Absätzen.
Diese Eigenschaft legt den Rechtseinzug eines bestimmten Absatzes, Bereichs oder Style-Objektes fest. Der Einzug wird in Punkt angegeben (1 cm = ca. 28 Punkt).

Syntax

```
paragraph.RightIndent = rightValue
```

Parameter

- **rightValue**   Wert in Punkt, wie weit der Absatz eingerückt wird.

Rückgabewert   Wert vom Typ Single.

Direktfensterbeispiel

```
Selection.Paragraphs.RightIndent = 28
```

Siehe auch   FirstLineIndent, LeftIndent

Selection (Objekt)

Enthält den Bereich der aktuellen Markierung.
Das Selection-Objekt ermöglicht den Zugriff auf die aktuelle Benutzerauswahl. Durch Bearbeitung des Selection-Objektes kann ein Dokument auch schnell und einfach geändert werden.

Syntax

```
[Application] .Selection
```

Parameter
Nicht vorhanden.

Rückgabewert   Nicht vorhanden.

Direktfensterbeispiel

```
Selection.TypeText "Ersetzen"
```

Siehe auch   InsertBefore

Shading (Eigenschaft)

Enthält die Referenz auf ein Shading-Objekt, das von anderen Objekten, wie z.B. Absätzen, verwendet wird.

Durch Setzen der Eigenschaften des Shading-Objektes kann man den Hintergrund, Vordergrund und die Schattierung von Objekten rendern.

Syntax
```
object.Shading
```

Parameter
Nicht vorhanden.

Rückgabewert   Objekt vom Typ Shading.

Direktfensterbeispiel
```
Selection.Paragraphs.Shading.Texture = _
  wdTexture12Pt5Percent
Selection.Paragraphs.Shading.BackgroundPatternColorIndex _
  = wdRed
```

Siehe auch   Selection

SpaceAfter (Eigenschaft)

Bestimmt die Größe des Leerraums nach einem angegebenen Absatz, Style-Objekt oder Bereich von Absätzen.
Diese Eigenschaft legt die Größe des Leerraums nach einem bestimmten Absatz, Bereich oder Style-Objekt fest. Der Leerraum wird in Punkt angegeben (1 cm = 28 Punkt).

Syntax
```
paragraph.SpaceAfter = afterValue
```

Parameter
▸ **afterValue**   Anzahl von Punkten des Leerraums nach dem angegebenen Absatz.

Rückgabewert   Wert vom Typ Single.

Direktfensterbeispiel

```
Selection.Paragraphs.SpaceAfter = 12
```

Siehe auch LineSpacing, SpaceBefore

SpaceBefore (Eigenschaft)

Legt die Größe des Leerraums vor einem angegebenen Absatz, Style oder Bereich von Absätzen fest.
Diese Eigenschaft bestimmt die Anzahl der Leerzeichen vor einem bestimmten Absatz, Bereich oder Style. Der Leerraum wird in Punkt (1 cm = ca. 28 Punkt) angegeben.

Syntax

```
paragraph.SpaceBefore = beforeValue
```

Parameter
- **beforeValue** Anzahl von Punkten des Leerraums vor dem angegebenen Absatz.

Rückgabewert Wert vom Typ Single.

Direktfensterbeispiel

```
Selection.Parargraphs.SpaceBefore = 12
```

Siehe auch LineSpacing, SpaceAfter

TypeBackspace (Methode)

Setzt an der aktuellen Markierung zurück.
Mit dieser Methode kann die gleiche Funktionalität (auch mit mehreren ausgewählten Zeichen) wie mit dem Drücken der (Backspace)-Taste durch den Benutzer erreicht werden.

Syntax

`object.TypeBackspace`

Parameter

Nicht vorhanden.

Rückgabewert   Nicht vorhanden.

Direktfensterbeispiel

`Selection.TypeBackspace`

Siehe auch   Paragraphs, Selection

TypeText (Methode)

Fügt Text an der aktuellen Position ein.

Der Text wird eingefügt, als wenn er von der Tastatur eingegeben worden wäre. Dies bedeutet, dass beliebiger aktuell ausgewählter Text automatisch gelöscht wird.

Syntax

`object.TypeText string`

Parameter

‣ **string**   Beliebige gültige Zeichenfolge.

Rückgabewert   Nicht vorhanden.

Direktfensterbeispiel

`Selection.TypeText "Hallo Welt"`

Siehe auch   Paragraphs, Selection, TypeBackspace

Width (Eigenschaft)

Enthält die Breite des angegebenen Objektes.

Die Breite der meisten Objekte, wie z.B. Formen, Reihen, Spalten, Taskfenster, Fenster, Rahmen, benutzerdefinierte Bezeichnungen oder eingebettete Formen, kann mit der Eigenschaft Width angepasst werden.

Syntax

```
object.Width = width
```

Parameter

‣ width   Wert der Breite innerhalb der Objektgrenzen. Die Breite wird als Wert vom Typ Single gespeichert.

Rückgabewert   Wert vom Typ Long.

Direktfensterbeispiel

```
ActiveWindow.WindowState = wdWindowStateNormal
ActiveWindow.Width = ActiveWindow.Width / 2
```

Siehe auch   Height

11 Outlook-Objekt-modelldiagramme

Da man Microsoft Outlook durch Programmierung nach seinen Wünschen anpassen kann, ist dies ein wichtiger Grund, um Outlook anderen Personal-Information-Manager-Programmen (PIM) vorzuziehen. Die Art, wie jemand seine persönlichen Informationen verwalten möchte, kann von Person zu Person sehr unterschiedlich sein. Was für den einen sehr komfortabel ist, ist für den anderen vielleicht zu umständlich und schwierig.

Durch die Programmierung von Outlook kann eine benutzerdefinierte Umgebung geschaffen werden, um Informationen zu verwalten und in fast jedem Format anzuzeigen, angefangen von Planung und Notizen bis hin zu Kontakten. Auf alle Informationen, die im Kalender, in den Kontakten, in den Entwürfen, dem Posteingang, dem Journal, den Notizen, dem Postausgang, den gesendeten Objekten und dem Aufgabenordner vorhanden sind, kann mit Programmcode zugegriffen werden und es können auch Veränderungen vorgenommen werden. Da Sie benutzerdefinierte Formulare in der Entwicklungsumgebung erstellen können, kann man diese Informationen auf jegliche Art zur Verfügung stellen.

Beachten Sie, dass es viele Sicherheitseinstellungen in Outlook gibt, die mit dem Zugriff von Programmcode auf das Adressbuch zusammenhängen. Wenn Sie z.B. das Direktfensterbeispiel für die Eigenschaft Address ausprobieren, wird ein Fenster mit einer Sicherheitswarnung erscheinen. Um Verwirrung zu vermeiden, vergewissern Sie sich, dass die Benutzer über die Anzeige von Sicherheitsdialogfenstern informiert sind.

Obwohl alle Objekte des Modells in den Objektdiagrammen dieses Kapitels dargestellt sind, werden nur die gebräuchlichsten Eigenschaften und Objekte im hinteren Abschnitt dieses Kapitels erläutert. Um sich die vollständigen Objekt- und Memberdeklarationen anzuschauen, können Sie das Modell selbst im Objektbrowser durchsuchen.

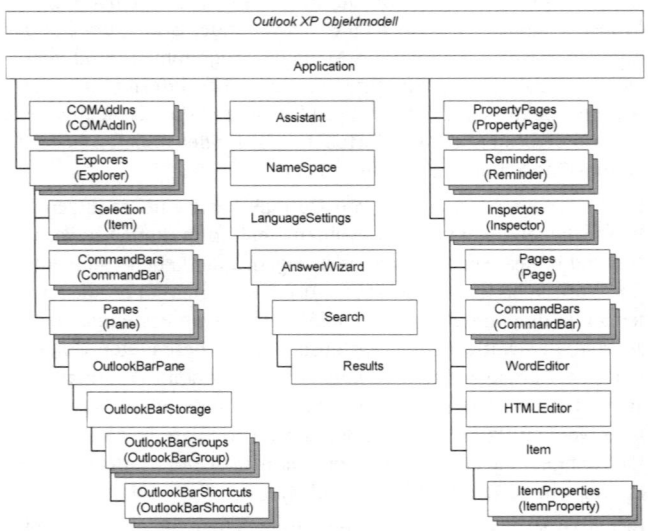

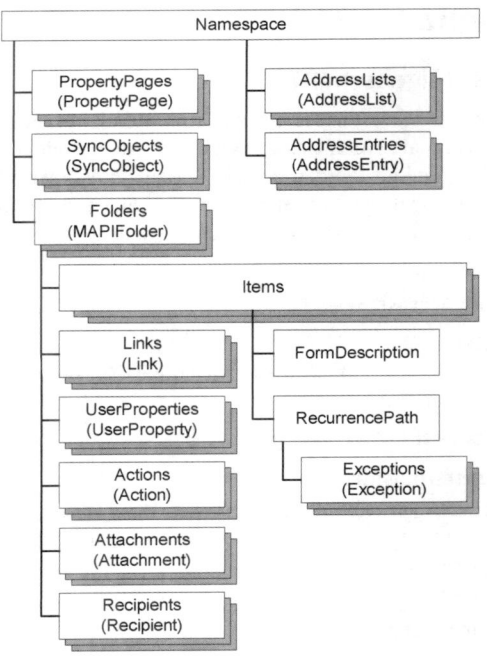

```
                        ┌─────────────────────────────────┐
                        │            Namespace            │
                        └─────────────────────────────────┘
             ┌──────────────┴──────────────┐
    ┌─────────────────┐           ┌─────────────────┐
    │  PropertyPages  │           │   AddressLists  │
    │ (PropertyPage)  │           │  (AddressList)  │
    └─────────────────┘           └─────────────────┘
    ┌─────────────────┐           ┌─────────────────┐
    │   SyncObjects   │           │  AddressEntries │
    │  (SyncObject)   │           │ (AddressEntry)  │
    └─────────────────┘           └─────────────────┘
    ┌─────────────────┐
    │     Folders     │
    │   (MAPIFolder)  │
    └─────────────────┘
             │
        ┌──────────────────────────────────────┐
        │                Items                 │
        └──────────────────────────────────────┘
    ┌─────────────────┐           ┌─────────────────┐
    │      Links      │           │ FormDescription │
    │     (Link)      │           └─────────────────┘
    └─────────────────┘           ┌─────────────────┐
    ┌─────────────────┐           │  RecurrencePath │
    │  UserProperties │           └─────────────────┘
    │ (UserProperty)  │                    │
    └─────────────────┘           ┌─────────────────┐
    ┌─────────────────┐           │    Exceptions   │
    │     Actions     │           │   (Exception)   │
    │    (Action)     │           └─────────────────┘
    └─────────────────┘
    ┌─────────────────┐
    │   Attachments   │
    │  (Attachment)   │
    └─────────────────┘
    ┌─────────────────┐
    │    Recipients   │
    │   (Recipient)   │
    └─────────────────┘
```

Referenz

Address (Eigenschaft)

Enthält die E-Mail-Adresse eines bestimmten Empfängers.
Diese Eigenschaft enthält eine E-Mail-Adresse, nachdem ein Empfänger hinzugefügt worden ist. Die E-Mail-Adresse wird aus dem Adressbuch abgefragt. Verwenden Sie diese Eigenschaft, um die E-Mail-Adresse für eine E-Mail-Nachricht festzulegen oder zu ändern.

Syntax

```
recipient.Address = email
```

Parameter

- email   String. Enthält die festgelegte E-Mail-Adresse für eine E-Mail-Nachricht.

Rückgabewert   Wert vom Typ String.

Direktfensterbeispiel

```
Set myItem = Application.CreateItem(olMailItem)
Set myRecipient = myItem.Recipients.Add("Dan Rahmel")
MsgBox myRecipient.Name
myItem.Save
```

Siehe auch   CreateItem

Body (Eigenschaft)

Enthält den Textkörper eines Elementes.
Diese Eigenschaft enthält den unformatierten Text (oder Klartext) eines Elementes, wie z.B. einer E-Mail-Nachricht oder Notiz. Sie können den Textkörper eines Elementes ändern, indem Sie den Wert dieser Eigenschaft ändern.

Syntax

```
item.Body = text
```

Parameter

▸ **text** String. Textkörper einer Nachricht.

Rückgabewert Wert vom Typ String.

Direktfensterbeispiel

```
Set myItem = Application.CreateItem(olNoteItem)
myItem.Body = "Willkommen zu VBA!"
myItem.Save
```

Siehe auch Address, CreateItem

ClearRecurrencePattern (Methode)

Löscht den Status »Serientyp« für einen Termin oder eine Aufgabe.
Der Aufruf dieser Methode setzt eine angegebene Aufgabe oder einen Termin so zurück, dass dieser nicht mehr in einer Serie auftritt, sondern einmalig ist.

Syntax

```
appointment.ClearRecurrencePattern
```

Parameter

Nicht vorhanden.

Rückgabewert Nicht vorhanden.

Direktfensterbeispiel

```
Set myItem = Application.CreateItem(olAppointmentItem)
myItem.ClearRecurrencePattern
```

Siehe auch Duration

Controls (Auflistung)

Ermöglicht den Zugriff auf Steuerelemente auf einer geänderten Karteikarte.

Jede Karteikarte auf einem Outlook-Formular kann Steuerelemente besitzen, wie z.B. Textboxen, Listboxen, Checkboxen, Optionsfelder etc. Die Eigenschaft Controls ermöglicht den Zugriff auf die Kollektion Controls einer Karteikarte.

Syntax

object.Controls

Parameter

Nicht vorhanden.

Rückgabewert   Nicht vorhanden.

Direktfensterbeispiel

```
Set myCtls = _
  ActiveInspector.ModifiedFormPages("(P.1)").Controls
If myCtls("chkMyBox") Then MsgBox "Aktiviert"
```

Siehe auch   GetInspector

Count (Eigenschaft)

Gibt die Anzahl der Elemente in einer Kollektion zurück.

Um die Anzahl von Objekten in einer Kollektion zu bestimmen, können Sie auf die Eigenschaft Count zugreifen. Obwohl eine For...Next-Schleife mit der Eigenschaft Property verwendet werden kann, empfiehlt Microsoft, dass Sie eine For...Each-Schleife für das Durchlaufen einer Objektkollektion benutzen sollten.

Syntax

collection.Count

Parameter
Nicht vorhanden.

Rückgabewert Wert vom Typ Long.

Direktfensterbeispiel
```
MsgBox GetNamespace("MAPI").Folders.Count
```

Siehe auch GetDefaultFolder

CreateItem (Methode)

Erstellt ein neues Outlook-Element.
Die Methode CreateItem fügt einen neuen Kontakt, eine neue Notiz oder ein anderes Outlook-Element zur aktuellen Datei hinzu.

Syntax
```
Set object = Application.CreateItem(itmType)
```

Parameter
▸ **itmType** Type des neuen Elementes.

Rückgabewert Outlook-Element.

Direktfensterbeispiel
```
Set newContact = _
  Application.CreateItem(olContactItem)
newContact.Save
Set newNote = Application.CreateItem(olNoteItem)
newNote.Save
```

Siehe auch Controls

CreateObject (Methode)

Erstellt eine Objektreferenz basierend auf der angegebenen Klasse oder Klassen-ID.

Diese Methode instanziiert ein OLE-Automationsobjekt von der angegebenen Klasse oder Klassen-ID.

Syntax

`Set object = CreateObject(class)`

Parameter

‣ class   Wert vom Typ String, der entweder den Klassennamen oder die Klassen-ID angibt.

Rückgabewert   Gibt eine Objektreferenz zurück.

Direktfensterbeispiel

```
Set myObject = CreateObject ("Outlook.Application")
Set nms = myObject.GetNamespace ("MAPI")
```

Siehe auch   CreateItem

CurrentFolder (Eigenschaft)

Bestimmt den aktuellen Ordner, der im Explorer angezeigt wird.

Die Eigenschaft CurrentFolder enthält die Kategorie des Ordners, die zur Ansicht für den Benutzer ausgewählt wurde.

Syntax

`explorer.CurrentFolder = folderRef`

Parameter

‣ folderRef   Referenz auf den Ordner, der in der Exploreransicht dargestellt wird.

Rückgabewert   Objekt vom Typ MAPIFolder

Direktfensterbeispiel

```
Set ActiveExplorer.CurrentFolder = _
  GetNamespace("MAPI"). _
  GetDefaultFolder(olFolderCalendar)
```

Siehe auch   GetNamespace

CurrentUser (Eigenschaft)

Enthält die Identifikation des Benutzers, der gerade in Outlook angemeldet ist.

Mit dem Zugriff auf die Eigenschaft CurrentUser kann man den Namen des aktuell angemeldeten Benutzers abfragen. Wenn man diese Eigenschaft verwendet, kann auch festgehalten werden, wer auf ein bestimmtes Element zugreift. Wenn kein Benutzer aktuell am Outlook-System angemeldet ist, enthält diese Eigenschaft den String »Unbekannt«.

Syntax

```
namespace.CurrentUser
```

Parameter

Nicht vorhanden.

Rückgabewert   Objekt vom Typ Recipient.

Direktfensterbeispiel

```
Set nms = Application.GetNamespace("MAPI")
MsgBox nms.CurrentUser
```

Siehe auch   GetNamespace

Display (Methode)

Zeigt das angegebene Element an.

Der Aufruf der Methode Display macht ein Element sichtbar. Wird ein neues Element erstellt, ist das Element standardmäßig ausgeblendet. Ein solches Element kann ein Kontaktblatt, eine Besprechung, ein E-Mail-Eintrag oder ein anderes, auf einem Formular basierendes Objekt sein.

Syntax

object.Display

Parameter

Nicht vorhanden.

Rückgabewert   Nicht vorhanden.

Direktfensterbeispiel

Set newContact = _
  Application.CreateItem(olContactItem)
newContact.Display

Siehe auch   CreateItem, DisplayName

DisplayName (Eigenschaft)

Bestimmt die Bezeichnung unterhalb der Anlage.

Die Eigenschaft DisplayName kann verwendet werden, um den Namen der Anlage einer E-Mail auf einen anderen Wert zu setzen als den aktuellen Dateinamen. Denn dann kann der Name der Anlage beschreibend sein, auch wenn Sie an ein System senden, das die Acht-Zeichen-DOS-Dateinamenskonvention verwendet.

Syntax

attach.DisplayName = name

Parameter
- name   Wert vom Typ String. Enthält den Namen, der unterhalb der Anlage erscheint, wenn diese angezeigt wird.

Rückgabewert   Wert vom Typ String.

Direktfensterbeispiel
```
Set myItem = Application.CreateItem(olMailItem)
Set myAttachments = myItem.Attachments
Set myAttach = myAttachments.Add("C:\test.xls")
myAttach.DisplayName = "Dies ist ein Test!"
myItem.Display
```

Siehe auch   Body, CreateItem

Duration (Eigenschaft)

Bestimmt die Dauer eines Termins in Minuten.
Legt die Dauer eines Termins oder Journaleintrags in Minuten fest. Diese Eigenschaft wird auch in einem Terminelement für den Serientyp verwendet.

Syntax
```
item.Duration = minutes
```

Parameter
- minutes   Wert vom Typ Long. Dauer in Minuten.

Rückgabewert   Wert vom Typ Long.

Direktfensterbeispiel
```
Set myItem = Application.CreateItem(olAppointmentItem)
myItem.Duration = 48 * 60 ' 2Tage = 48 h * 60 min
myItem.Start = Now
myItem.Subject = "meinMeeting"
myItem.Save
```

Siehe auch ClearRecurrencePattern

FileAs (Eigenschaft)

Enthält eine Stichwortzeichenfolge, wenn ein Kontakt gespeichert wird.

Diese Eigenschaft wird automatisch initialisiert, wenn ein Kontakt zum ersten Mal erstellt wird. Verwenden Sie die Eigenschaft, um die Standard-Stichwortzeichenfolge zu setzen oder abzufragen.

Syntax

```
item.FileAs = fileStr
```

Parameter

▸ fileStr Wert vom Typ String. Standard-Stichwortzeichenfolge, die dem Kontakt zugeordnet ist.

Rückgabewert Wert vom Typ String.

Direktfensterbeispiel

```
Set myItem = Application.CreateItem(olContactItem)
myItem.FileAs = "Künstler"
myItem.Save
```

Siehe auch CreateItem, DisplayName

GetDefaultFolder (Methode)

Stellt eine Referenz auf eines der Standardverzeichnisse zur Verfügung.

Der vollständige Zugriff auf die Elemente eines Ordners ist möglich, sobald eine Objektreferenz auf das Verzeichnis selbst vorhanden ist.

Syntax

```
Set myObject = object.GetDefaultFolder(fnum)
```

Parameter

▸ fnum   Enthält die Indexnummer des gewünschten Ordners.

Rückgabewert   Objekt vom Typ MAPIFolder.

Direktfensterbeispiel

```
Set myContacts = _
  GetNamespace("MAPI"). _
  GetDefaultFolder(olFolderContacts)
```

Siehe auch   GetNamespace

GetInspector (Eigenschaft)

Stellt das oberste **Inspector**-Objekt, das mit dem angegebenen Element verknüpft ist, zur Verfügung.

Das Inspector-Objekt wird benötigt, um auf viele Teile des Outlook-Systems zuzugreifen. Programmtext in einem Formular eines Elementes kann eine Referenz auf dieses Wurzelobjekt erhalten, indem sie die Eigenschaft GetInspector verwendet. Sie können diese Eigenschaft auch benutzen, um das verknüpfte Inspector-Objekt mit der Eigenschaft Application.ActiveInspector zu vergleichen. So können Sie feststellen, ob diese gleich sind.

Syntax

Set myObject = object.GetInspector

Parameter

▸ object   Gültiges Elementobjekt.

Rückgabewert   Objekt vom Typ Inspector.

Direktfensterbeispiel

Set a = myItem.GetInspector

Siehe auch   CreateItem

GetNameSpace (Methode)

Liefert die Objektreferenz auf ein **NameSpace**-Objekt des angegebenen Typs zurück.

Diese Methode gibt eine Referenz auf die Wurzeldatenquelle zurück. Das Objekt kann verwendet werden, um Informationen über die Verzeichnisse zu bekommen, Benutzerinformationen zu erhalten oder auf andere Datenquellen zuzugreifen. Es wird nur der Namensbereich »MAPI« unterstützt.

Syntax

`Set` object = GetNameSpace(type)

Parameter

▸ **type** Wert vom Typ String. Typ des Namensbereichs, dessen Objektreferenz zurückgegeben wird.

Rückgabewert Objekt vom Typ NameSpace.

Direktfensterbeispiel

`Set` nms = Application.GetNameSpace("MAPI")

Siehe auch CreateItem, GetDefaultFolder

Importance (Eigenschaft)

Bestimmt die Wichtigkeit eines Outlook-Elementes.

Diese Eigenschaft enthält den Wichtigkeitsgrad (Niedrig, Normal oder Hoch) eines Elementes. Diese Eigenschaft ist für jeden Elementtyp verfügbar.

Syntax

`item.Importance = level`

Parameter

- **level** Wert vom Typ Long. Der Grad kann einen der folgenden Werte annehmen: olImportanceLow (0), olImportanceNormal (1) oder olImportance (2).

Rückgabewert Wert vom Typ Long.

Direktfensterbeispiel

```
Set myItem = _
    Application.CreateItem(olAppointmentItem)
myItem.Importance = olImportanceHigh
myItem.Start = Now
myItem.Subject = "Notfall"
myItem.Save
```

Siehe auch CreateItem, ClearRecurrencePattern, Duration

MeetingStatus (Eigenschaft)

Legt den Besprechungsstatus einer Terminelementes fest.
Die Eigenschaft MeetingStatus gibt den Status einer Besprechung an und macht ein MeetingRequestItem-Objekt für den Termin verfügbar.

Syntax

```
item.MeetingStatus = meetType
```

Parameter

- **meetType** Wert vom Typ Long. Kann einen der folgenden Werte annehmen: olMeeting (1), olMeetingCanceled (5), olMeetingol-MeetingReceived (3) oder olNonMeeting (0).

Rückgabewert Wert vom Typ Long.

Direktfensterbeispiel

```
Set myItem = _
  Application.CreateItem(olAppointmentItem)
myItem.MeetingStatus = olMeeting
myItem.Start = Now
myItem.Save
```

Siehe auch   CreateItem, ClearRecurrencePattern, Duration

ModifiedFormPages (Eigenschaft)

Enthält die Referenz auf die Karteikarten in der benutzerdefinierten Karteikartenkollektion.

In Outlook ist die Formularerstellung in den zusätzlichen, ausgeblendeten Karteikarten eines Item-Objektes vorhanden. Diese Eigenschaft stellt eine Referenz zur Verfügung, um den Zugriff auf die Elemente der veränderten Seiten zu ermöglichen.

Syntax

object.ModifiedFormPages

Parameter

Nicht vorhanden.

Rückgabewert   Auflistung vom Typ Pages.

Direktfensterbeispiel

Set myPages = ActiveInspector.ModifiedFormPages

Siehe auch   CreateItem, GetInspector

ResponseState (Eigenschaft)

Bestimmt den Status einer Aufgabenanfrage.

Diese Eigenschaft kann verwendet werden, um schnell Informationen über den Gesamtstatus einer Aufgabenanfrage zu bekommen oder diese zu setzen. Wird diese Eigenschaft in einem Makro verwendet, kann eine Routine die eintreffenden Aufgaben vorsortieren.

Syntax

`item.ResponseState = state`

Parameter

- **state** Wert vom Typ Long. Enthält den aktuellen Status der Aufgabe. Folgende Werte können angenommen werden: olTaskAccept (2), olTaskAssign (1), olTaskDecline (3) oder olTaskSimple (0):

Rückgabewert Wert vom Typ Long.

Direktfensterbeispiel

`Set myItem = Application.CreateItem(olTaskItem)`
`If myItem.ResponseState = 0 Then ? "Einfach"`

Siehe auch CreateItem, Save

Save (Methode)

Speichert beliebige Änderungen in den Formularfeldern in die Outlook-Datenbank.

Änderungen, die in den Outlookfeldern durch ein Programm oder durch den Benutzer gemacht wurden, werden nicht automatisch gespeichert. Durch den Aufruf der Methode Save werden alle Änderungen aktualisiert. Wenn Sie die Elemente, die Sie ohne Bestätigung durch den Benutzer erstellt haben, nicht speichern möchten, verwenden Sie stattdessen die Methode Display. Wenn ein Element angezeigt wurde, wird der Benutzer zum Speichern aufgefordert, bevor das Fenster geschlossen werden kann.

Syntax

`object.Save`

Parameter

▸ object   Beliebiges gültiges Item-Objekt.

Rückgabewert   Nicht vorhanden.

Direktfensterbeispiel

```
Set myItem = Application.CreateItem(olTaskItem)
myItem.Save
```

Siehe auch   CreateItem, Duration, ResponseState

Sensitivity (Eigenschaft)

Bestimmt die Sensitivität oder Vertraulichkeit eines Elementes.
Die Eigenschaft Sensitivity kann gesetzt werden, um einem Element den Status »Normal«, »Persönlich«, »Privat« oder »Vertraulich«
zu geben.

Syntax

```
item.Sensitivity = value
```

Parameter

▸ value   Wert vom Typ Long. Kann folgende Werte annehmen: ol-
Confidential (3), olNormal (0), olPersonal (1) oder olPrivate
(2).

Rückgabewert   Wert vom Typ Long.

Direktfensterbeispiel

```
Set myItem = _
  Application.CreateItem(olMailItem)
myItem.Sensitivity = olConfidential
myItem.Save
```

Siehe auch   CreateItem, ResponseState

ShowFormPage (Methode)

Zeigt eine angegebene Formularseite an.
Diese Methode legt die anzuzeigende Formularseite mit dem Inspector fest. Das Direktfensterbeispiel benötigt eine benutzerdefinierte Seite namens »MyPage«, damit sie in dem Element vorhanden ist.

Syntax
inspector.ShowFormPage(pageName)

Parameter
‣ pageName   Wert vom Typ String. Name der Seite, die eingeblendet werden soll.

Rückgabewert   Nicht vorhanden.

Direktfensterbeispiel
```
ActiveInspector.ModifiedFormPages.Add("MyPage")
ActiveInspector.ShowFormPage("MyPage")
```

Siehe auch   GetInspector, ModifiedFormPages

UserProperties (Kollektion)

Enthält alle Felder oder Eigenschaften, die von einem Benutzer hinzugefügt wurden.
Alle normalen Felder werden mit dem einfachen Punktbefehl (.) referenziert. Eigenschaften/Felder, die vom Benutzer hinzugefügt wurden, werden jedoch in der Kollektion UserProperties gespeichert und müssen mit dieser referenziert werden. Das Direktfensterbeispiel benötigt eine Benutzereigenschaft namens »Custom1«, damit diese in dem Element vorhanden ist.

Syntax

```
item.UserProperties(propName)
```

Parameter

‣ **propName**   Wert vom Typ `String`. Gültiger Eigenschaftenname.

Rückgabewert   Nicht vorhanden.

Direktfensterbeispiel

```
MsgBox myItem.UserProperties("Custom1").Value
```

Siehe auch   Controls, CreateItem

12 Internet Explorer-Objektmodelldiagramme

In den letzten Jahren ist das World Wide Web beträchtlich gewachsen und die Browser, die man für den Zugriff auf Webseiten verwendet, haben sich mit dem Internet weiterentwickelt. Fast jeder Browser kann nun Scriptcode verschiedener Arten ausführen. Obwohl die einzelnen Scriptsprachen sehr unterschiedlich sind, ist das Objektmodell für die Webseiten in den meisten Fällen vom World-Wide-Web-Consortium-Standard (W3C) übernommen worden. Das Erlernen der Programmierung des Objektmodells (der Internet Explorer beinhaltet den W3C-Standard) ist für die meisten, durchschnittlich fähigen Webentwickler Voraussetzung.

Mit Erlernen des Modells kann man auch außerhalb der Implementierung von Scriptcode in einer HMTL-Seite durchaus viel anfangen. Der Internet Explorer kann in Programme integriert werden, wie alle anderen ActiveX-Plugins oder OLE-Steuerelemente auch. Dies gibt Ihnen die Möglichkeit, eine Browseroberfläche in Ihr Programm einzubinden. Wenn das IE-Objekt zu einer VBA-Umgebung hinzugefügt wird, werden Sie das Objektmodell benutzen müssen, um die Aktionen des Browsers zu steuern.

In den folgenden Beispielen wird VBScript-Code, der in <SCRIPT></SCRIPT>-Tags enthalten ist, verwendet, um die Webseiten-Objekte zu steuern. In diesem Kapitel sind die Beispiele als einfache HTML-Quelldateien dargestellt, um die Fähigkeiten des Browsers zu demonstrieren. Diese Beispiele können in einen beliebigen Texteditor (wie z.B. Notepad) eingegeben und für die Ausführung in den Internet Explorer geladen werden.

Obwohl alle Objekte des Modells in den Objektdiagrammen dieses Kapitels dargestellt sind, werden nur die gebräuchlichsten Eigenschaften und Objekte im hinteren Abschnitt des Kapitels erläutert. Um die vollständigen Objekt- und Memberdeklarationen anzuschauen, können Sie das Modell im Objektbrowser selbst durchsuchen.

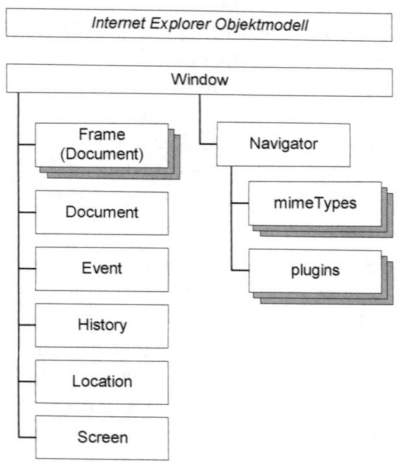

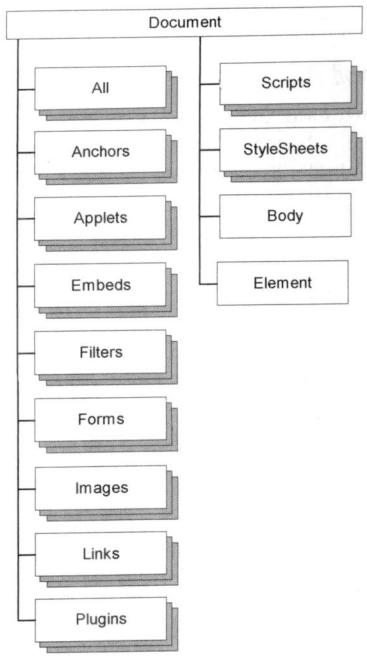

Document

All	Scripts
Anchors	StyleSheets
Applets	Body
Embeds	Element
Filters	
Forms	
Images	
Links	
Plugins	

Referenz

Back (Methode)

Zeigt den zuletzt dargestellten Link des Browsers an.
Verwenden Sie die Methode Back (es gibt auch eine Forward-Methode), um sich in der History-Liste des aktuellen Browsers zu bewegen.

Syntax

History.Back

Parameter
Nicht vorhanden.

Rückgabewert Nicht vorhanden.

HTML-Programmbeispiel

```
<HTML>
<BODY>
<FORM Name = "myForm">
  <INPUT Type = "BUTTON" Value = "Zurück"
  Name = "cmdGo">
<SCRIPT Language = "VBScript">
  Sub cmdGo_OnClick
    History.Back
  End Sub
</SCRIPT>
</BODY>
</HTML>
```

Siehe auch Document

Document (Objekt)

Dieses Objekt ist das zentrale HTML-Dokument.

Das Document-Objekt enthält alle HTML-, Formular-, ActiveX-, Java-Objekte und auch andere Objekte für die aktuelle Seite. Das Programmbeispiel ist eine einfache HTML-Seite, die VBScript und die Write-Methode des Document-Objektes verwendet, um Text in den Seitentext zu schreiben.

Syntax
Nicht vorhanden.

Parameter
Nicht vorhanden.

Rückgabewert   Nicht vorhanden.

HTML-Programmbeispiel

```
<HTML>
<BODY>
<SCRIPT Language = "VBScript">
<!--
  myGreeting = "Hallo Welt!<P>"
  Document.Write myGreeting
-->
</SCRIPT>
</BODY>
</HTML>
```

Siehe auch   Back, HRef

HRef (Eigenschaft)

Die HRef-Eigenschaft enthält die aktuelle URL-Adresse.

Ein Programm kann den aktuellen URL mit dieser Eigenschaft bestimmen. Das Setzen der Eigenschaft ändert die dargestellte Seite zu dem neuen URL.

Syntax

```
Location.HRef = string
```

Parameter

‣ **string**   Erforderlich. Vollständiger URL zu einer Adresse.

Rückgabewert   Nicht vorhanden.

HTML-Programmbeispiel

```
<HTML>
<BODY>
<FORM Name = "myForm">
  String: <INPUT Name = "myString" Value = ""
  Maxlength = "50" Size = "50">
  <INPUT Type = "BUTTON" Value = "GO"
  Name = "cmdGo">
<SCRIPT Language = "VBScript">
  Sub cmdGo_OnClick
    Dim curForm
    Set curForm = Document.Forms.Item(0)
    Location.HREF = curForm.myString.Value
  End Sub
</SCRIPT>
</BODY>
</HMTL>
```

Achten Sie darauf, dass die Eigenschaft HRef auf einen vollständigen URL (d.h.: http//...) gesetzt wird. Ist der URL nicht vollständig, wird kein Fehler generiert. Der Browser wird einfach nicht zur neuen Adresse wechseln.

Siehe auch   Back, Document

Item (Methode)

Liefert eine Referenz auf ein Element zurück, das in der HTML-Seite gespeichert ist.

Die Methode Item wird verwendet, um Referenzen auf Objekte zu erhalten, die auf der aktuellen Seite aktiv sind. Das Programmbeispiel zeigt die Referenzierung eines Form-Objektes auf der Seite und das Abfragen des Wertes aus der Eingabe-Textbox.

Syntax

Set myObject = object.Item(refNum)

Parameter

▸ **refNum** Die Referenznummer des Objektes auf der HTML-Seite.

Rückgabewert Wert vom Typ Object.

HTML-Programmbeispiel

```
<HTML>
<BODY>
<FORM Name = "myForm">
  String: <INPUT Name = "myString" Value = ""
  Maxlength = 50 Size = 50>
  <INPUT Type = "Button" Value = "Anzeigen"
  Name = "cmdGo">
<SCRIPT Language = "VBScript">
  Sub cmdGo_OnClick
    Dim curForm
    Set curForm = Document.Forms.Item(0)
    MsgBox "Sie haben eingegeben: " _
      + curForm.myString.Value
  End Sub
</SCRIPT>
</BODY>
</HTML>
```

Siehe auch Document, Submit

Length (Eigenschaft)

Enthält die Anzahl der Elemente in einem Array.

Diese Eigenschaft enthält die Länge der verschiedenen Objektarrays, die die auf einer HTML-Seite dargestellten Elemente enthalten. Die Eigenschaft Length ist hilfreich, wenn eine For...Next-Schleife erstellt werden muss, um die HTML-Elemente zu durchlaufen.

Syntax

object.Length

Parameter

Nicht vorhanden.

Rückgabewert   Nicht vorhanden.

HTML-Programmbeispiel

```
<HTML>
<BODY>
<A HREF = "teste2.htm">Link #1</A><br>
<A HREF = "teste2.htm">Link #2</A><br>
<A HREF = "teste2.htm">Link #3</A><br>

<FORM Name = "myForm">
  String: <INPUT Name = "myString" Value = ""
  Maxlength = 50 Size = 50<P>
  String2: <INPUT Name = "myString2" Value = ""
  Maxlength = 50 Size = 50<P>
  <INPUT Type = "Button" Value = "Dummy"
  Name = "cmdGo"><P>
<SCRIPT Language = "VBScript">
  Document.Write "<br># der Frames: " & frames.length
  Document.Write "<br># der Links: " & _
    Document.Links.Length
  Document.Write "<br># der Applets: " & _
    Document.Applets.Length
```

```
Document.Write "<br># der Images: " & _
   Document.Images.Length
Document.Write "<br># der Formulare: " & _
   Document.Forms.Length
Document.Write "<br># der Formularelemente: " & _
   Document.Forms.Item.Length
Document.Write "<br>Name des Elementes #1: " & _
   Document.Forms.Item(0).Name
Document.Write "<br># der Historyelemente: " & _
   History.Length
</SCRIPT>
</BODY>
</HTML>
```

OnMouseOver (Ereignis)

Wird ausgelöst, wenn der Benutzer den Mauszeiger über das angegebene Element bewegt.

Wird dieses Ereignis ausgelöst, führt es eine Programmzeile aus, die in der Definition des angehängten Elementes festgelegt ist. Oft ruft diese einzelne Zeile eine Subroutine oder Funktion auf, um zusätzliche Programmzeilen auszuführen. Das HTML-Programmbeispiel zeigt die Verwendung dieses Ereignisses mit dem OnMouseOut-Ereignis, um eine Grafik anzuzeigen, wenn der Benutzer den Mauscursor über das Element bewegt (eine hervorgehobene Schaltfläche) und kehrt zur Ausgangsgrafik zurück, wenn der Benutzer diesen Bereich wieder verlässt.

Syntax

onMouseOver = scriptCode

Parameter

‣ **scriptCode** Eine einzelne Programmzeile, die in der Standardsprache der Seite geschrieben ist.

Rückgabewert Nicht vorhanden.

HTML-Programmbeispiel

```
<HTML>
<BODY>

<A HREF = ""
  onMouseOver = "imageButton.src = 'hiliteOn.jpg'"
  onMouseOut = "imageButton.src = 'hiliteOff.jpg'">
<img Src = "hiliteOff.jpg" Name = "imageButton"></a>

</BODY>
</HTML>
```

Submit (Methode)

Sendet die Daten, die in das Benutzerformular eingegeben wurden.

Die Inhalte der übertragenen Informationen können überprüft werden, indem man die Submit-Methode abfängt, wie auch im Programmbeispiel gezeigt wird. Sind die Daten gültig, aktiviert das manuelle Aufrufen der Methode die Submit-Operation.

Syntax

`object.Submit`

Parameter

Nicht vorhanden.

Rückgabewert Nicht vorhanden.

HTML-Programmbeispiel

```
<HTML>
<BODY>
<FORM Name = "myForm">
  String: <INPUT Name = "myString" Value = ""
```

```
  Maxlength = 50 Size = 50>
  <INPUT Type = "Button" Value = "Submit"
   Name = "cmdGo">
<SCRIPT Language = "VBScript">
  Sub cmdGo_OnClick
    Dim curForm
    Set curForm = Document.Forms.Item(0)
    If RTrim(curForm.myString.Value) = "" Then
      MsgBox "Leer", 16, "Ungültig"
    Else
      MsgBox "Voll", 32, "OK"
      curForm.Submit
    End If
  End Sub
</SCRIPT>
</BODY>
</HTML>
```

Siehe auch Document, Item

13 ASP.NET-Objekt-modelldiagramme

Active Server Pages (ASP) ist die Entwicklungsumgebung, die auf dem Microsoft Webserver, dem Internet Information Server (IIS) ausgeführt wird. ASP.NET, die neuste Version von ASP, enthält Objekte, deren Verständnis notwendig ist, um höchst effektive webbasierte Anwendungen zu erstellen. Mit diesen Objekten kann Programmtext auf Daten eines Benutzereingabeformulars zugreifen, um Variablen einer Sitzung zu lesen und zu verändern, um Browsercookies zu bearbeiten und sogar um den Inhalt von Ausgabestreams von HTTP-Antworten zu bestimmen.

In ASP.NET sind verschiedene Änderungen an der früheren ASP-Implementation vorgenommen worden, die Probleme bei existierendem Programmtext verursachen können. Die hauptsächlichen Änderungen sind:

- **Änderungen in den Dateierweiterungen** Anstelle von .asp- und .asa- Programmdateien haben ASP.NET-Dateierweiterungen ein zusätzliches x (.aspx, .asax), um sie als .NET-Konstruktion zu kennzeichnen. Sie können die Dateierweiterung von existierenden .asp-Dateien in .aspx ändern und der Code wird, abgesehen von Änderungen für die Kompatibilität, auf dem neuen System ausgeführt.

- **<%- und %>-Trennzeichen können für die Funktions- oder Variablendeklaration nicht verwendet werden** Sämtlicher Deklarationstext muss nun zwischen <SCRIPT></SCRIPT>-Tags gesetzt werden. Nur Deklarationscode erfordert diese neue Methode, anderer Programmtext wird immer noch mit den einfacheren Trennzeichen ausgeführt.

- **Kollektionen sind null-basiert** Alle Kollektionen und Arrays haben als untere Grenze den Standardwert 0 anstatt der Grenze 1, die der Standard in ASP war.
- **Alle Methodenaufrufe erfordern Klammern** Vorher konnten diese, wenn kein Wert von einer Methode zurückgegeben wurde, weggelassen werden.
- **Änderungen am Request-Objekt** Fünf der Eigenschaften des Request-Objektes (Form(Item), Headers(Item), Params(Item), QueryString(Item) und ServerVariables(Item)) enthielten eine Referenz auf ein Array mit Strings. Jede Eigenschaft enthält nun eine Referenz auf eine NameValueCollection.
- **Unterstützung neuer Sprachen** Unter ASP waren die zwei Hauptsprachen VB Script und JScript. Mit ASP.NET wurde VB Script abgeschafft und nun werden die wichtigsten Sprachen von .NET unterstützt, nämlich C#, VB.NET und JScript.
- **Nur eine Sprache pro Seite** Obwohl unter ASP viele Sprachen auf einer Seite gemischt werden konnten, fordert ASP.NET, dass nur ein einziger Sprachtyp pro Seite verwendet wird.
- **Der Datentyp Variant wurde abgeschafft** Der Standarddatentyp ist nun Object, wie in den anderen VB.NET-Anwendungen auch.
- **Der Datentyp Date ist nun acht Byte groß** Früher wurde ein Datumswert als ein Wert vom Typ Double mit vier Byte gespeichert. ASP.NET verwendet den 8-Byte-DateTime-Datentyp.
- **Option Explicit ist Standard** Die explizite Deklaration jeder verwendeten Variablen ist nun die Standardvoraussetzung.
- **Die Schlüsselwörter Set und Let wurden abgeschafft** Objektreferenzen können nun zwischen zwei Variablen mit dem Gleichheitszeichen-Operator (=) übergeben werden.

- ▸ **ByVal ist der Standard für Parameter** In ASP.NET übergebene Parameter verwenden `ByVal` als Standard, obwohl das explizite Übergeben mit `ByRef` auch noch verfügbar ist.
- ▸ **Keine Standardeigenschaften mehr** Obwohl früher eine Eigenschaft weggelassen werden konnte, wenn sie der Standardwert des Objektes war (z.B. `myStr = txtBox`), muss nun jede Eigenschaft explizit ausgedrückt werden (z.B. `myStr = txtBox.Text`).
- ▸ **Integerwerte haben nun 32 Bits und Longwerte 64 Bits** Die Größe dieser Datentypen hat sich verdoppelt, weil nun fortschrittlichere Prozessoren zur Verfügung stehen.
- ▸ **Die Fehlerbehandlung mit `Try`, `Catch` und `Finally` wurde hinzugefügt** Obwohl die Fehlerbehandlung der älteren Version noch immer unterstützt wird, wird die fortgeschrittene Try-Architektur, die Teil des .NET ist, in Webseiten unterstützt.
- ▸ **Die Anwendungskonfiguration ist in textbasierten XML-Dateien enthalten** Die Konfigurationsinformation wird nun in individuellen XML-Dateien (nicht mehr in der Registrierung) gespeichert, die sich wie .ini-Dateien in früheren Versionen des Windows-Betriebssystems verhalten.

Wenn Sie ASP.NET programmieren, sollten die am häufigsten verwendeten Routinen und Datenquellen in der Datei global.asax abgelegt werden, um globalen Zugriff von allen Seiten der Anwendung darauf zu haben. Zusätzlich können Objekte, die in der Datei global.asax erstellt wurden, für die Dauer einer Benutzersitzung instanziiert bleiben und werden nicht von der Speicherbereinigung gelöscht, bis die Sitzung beendet ist.

Obwohl alle Objekte des Modells in den Objektdiagrammen dieses Kapitels dargestellt werden, werden nur die nützlichsten Eigenschaften und Objekte im hinteren Abschnitt dieses Kapitels erläutert. Um die vollständigen Objekt- und Memberdeklarationen anzuschauen, können Sie das Modell selbst im Objektbrowser durchsuchen.

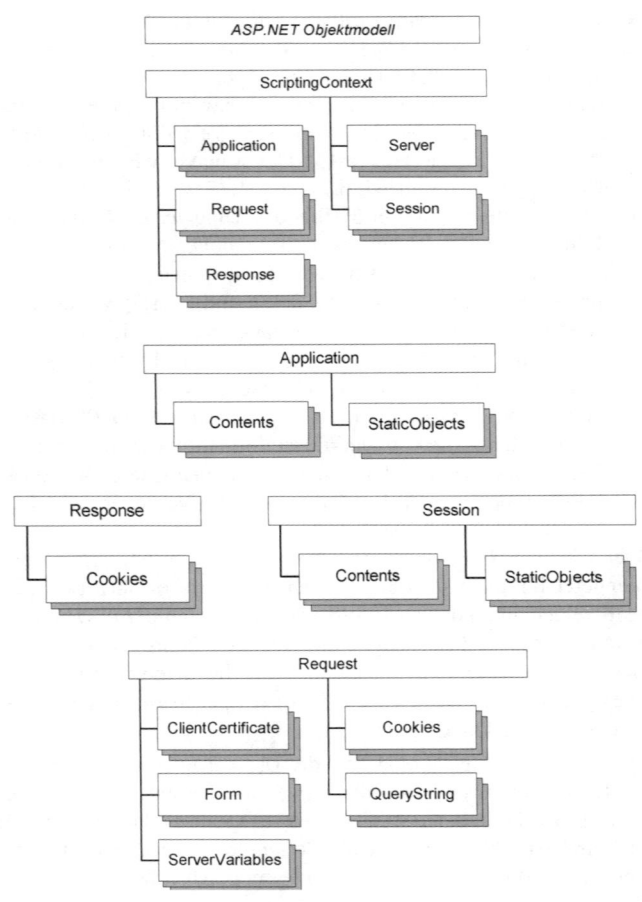

Referenz

ContentType (Eigenschaft)

Bestimmt den MIME-Typ, der zum Browser gesendet wird.
Jedes HTTP-Dokument, das an den Browser gesendet wird, hat einen
Dokumententyp, der dem Browser sagt, wie er die ankommende Datei anzeigen soll. Zum Beispiel würde die Eigenschaft ContentType
für eine JPEG-Datei mit dem String »image/JPEG« belegt. Andere
gebräuchliche Typen sind »text/plain« und »text/HTML«. Das Programmbeispiel lädt eine Bilddatei namens »BALLOON.jpg« herunter.

Syntax

```
responseObject.ContentType = myStr
```

Parameter

- **myStr** Wert vom Typ String, der den MIME-Typ des Dokuments
angibt.

Rückgabewert Nicht vorhanden.

Programmbeispiel

```
Response.Buffer = True
Response.Clear
Response.Expires = 0
Dim strFileName As String
Dim objFileSys As Object
Dim objFile As Object
Dim strMyPath As String
Dim FileSize As Integer
Dim StartPos As Long
ContentType = "image/jpg"
strFileName = "BALLOON.jpg"
strMyPath = Server.MapPath("/images/" &"\" _
```

```
  & strFileName)
objFileSys = _
  Server.CreateObject("Scripting.Filesystemobject")
objFile = objFileSys.GetFile(strMyPath)
FileSize = objFile.Size
objFile = Nothing
objFileSys = Nothing
Response.WriteFile(strMyPath, StartPos, FileSize)
Response.Flush
```

Wenn Sie das Bild im Browser anzeigen möchten, können Sie folgende Zeile z.B. in Ihre default.aspx-Webseite einfügen:

```
<img src=BallonBild.aspx>
```

Siehe auch   URLEncode, Write

Cookies (Eigenschaft)

Enthält den Wert der Cookies des Clientbrowsers im **Request**-oder **Response**-Objekt.

Cookies können Werte im Clientbrowser speichern. In einem Request-Objekt repräsentieren die Eigenschaften die Cookies, die im Browser gespeichert werden und schreibgeschützt sind. In einem Response-Objekt repräsentiert die Cookies-Kollektion die Werte, die in den Browser geschrieben werden, und diese können nicht gelesen werden (write-only).

Syntax

```
object.Cookies[myName] = myStr
```

Parameter

‣ **object**   Entweder ein Response- oder ein Request-Objekt.
‣ **myName**   Name des Cookies vom Typ String.
‣ **myStr**   Zeichenfolge des angegebenen Cookies.

Rückgabewert   Nicht vorhanden.

Programmbeispiel

```
Response.Cookies("myCookie").Expires = "21.08.2002"
Response.Cookies("myCookie").Value = "Hallo"
Response.Write(Request.Cookies("myCookie").Value)

Response.Cookies("myNextCookie").Expires = "25.12.2002"
Response.Cookies("myNextCookie")("newValue") = _
  "Hallo Welt"
Response.Write(Request.Cookies("myNextCookie")_ _
  ("newValue").ToString)
```

Siehe auch   Form, QueryString

Expires (Eigenschaft)

Legt die Zeit fest, nach der die Seite im Clientbrowser abläuft.
Diese Eigenschaft, die in der gesendeten Seite enthalten ist, sagt
dem Browser, wann er die Seite aus dem Clientcache löschen kann.
Die Eigenschaft Expires legt die Zeit (in Minuten) fest, nach der die
Seite abläuft. Wird die Eigenschaft auf 0 gesetzt, läuft die Seite ab,
sobald sie empfangen wird.

Syntax

```
responseObject.Expires = myNum
```

Parameter

‣ **myNum**   Anzahl der Minuten, nach deren Ablauf die Seite im
Benutzercache abläuft.

Rückgabewert   Nicht vorhanden.

Programm7beispiel

```
Response.Expires = 7 * 24 * 60    ' Die Minuten ergeben
  ' zusammen 7 Tage
```

Siehe auch   WriteBlankLines

Form (Eigenschaft)

Eine Eigenschaft des **Request**-Objekts, die die gesendeten Formulardaten zurückgibt.

Die Objekte der Kollektion Form enthalten alle Werte, die an die ASP-Datei von einem gesendeten Formular übergeben wurden. Mit Adressierung der Eigenschaften mit ihrem Namen können die Werte, die vom Benutzer gesendet wurden, abgefragt werden. Im Programmbeispiel können mit dem Parameter formParam auch zwei Textfelder mit demselben Namen gleichzeitig abgefragt werden. Die Werte werden dann durch ein Komma getrennt.

Syntax

```
requestObject.Form[myRef] = myStr
```

Parameter

‣ myRef   Namensstring oder Indexnummer des angegebenen Wertes.

‣ myStr   Zeichenfolge des angegebenen Formularparameters.

Rückgabewert   Nicht vorhanden.

Programmbeispiel

```
Response.Write(Request.Form("formParam") :_
  & "<P>")
```

Siehe auch   Cookies, QueryString

QueryString (Eigenschaft)

Liefert den Wert der Parameter zurück, die in dem URL übergeben wurden.

Wenn ein URL mit dem HTTP-Protokoll übergeben wird, kann dieser verschlüsselte Parameter mit nachfolgendem Fragezeichen (?) enthalten. Zum Beispiel würde der folgende URL drei Parameter in der QueryString-Eigenschaft übergeben:

http://www.cvisual.com/
search.asp?parm1=Meine&parm2=drei&parm3=Parameter

Die Eigenschaft QueryString ermöglicht den Zugriff auf diese Parameter. Die Strings in dieser Eigenschaft sind schreibgeschützt.

Syntax
requestObject.QueryString[myRef] = myStr

Parameter
▸ myRef   Namensstring oder Indexnummer des angegebenen Wertes.
▸ myStr   Stringwert der angegebenen Abfrage.

Rückgabewert   Nicht vorhanden.

Programmbeispiel
```
Dim i As Integer
For i = 0 To Request.QueryString.Count -1
  Response.Write(i & ": " & Request.QueryString(i) _
    & "<P>")
Next
```

Siehe auch   Cookies, Form

ScriptTimeout (Eigenschaft)

Zeit, nach deren Ablauf die Scriptausführung abgebrochen wird.
Diese Eigenschaft, angegeben in Sekunden, kann verwendet werden,
um die Zeit zu begrenzen, die für die Ausführung eines Scripts gebraucht wird, bevor das Script abbricht. Diese Eigenschaft kommt im
Server-Objekt vor und kann verhindern, dass eine lange Abfrage
oder eine Endlosschleife den Benutzer auf unbestimmte Zeit ab-
würgt.

Syntax
```
serverObject.ScriptTimeout = myVal
```

Parameter
> **myVal** Wert vom Typ Long, der die maximale Dauer angibt, be-
> vor abgebrochen wird.

Rückgabewert Nicht vorhanden.

Programmbeispiel
```
Server.ScriptTimeout = 40
```

Siehe auch   ServerVariables

ServerVariables (Eigenschaft)

**Variablen, die den Status des aktuellen Server- und Clientsystems
speichern.**
Die Eigenschaft ServerVariables enthält die Variablen über den aktuellen Client und den Status des Servers, die vom Server gespeichert werden. Manche dieser Variablen werden in der Server-Logda-
tei bei jedem HTTP-Ereignis aufgezeichnet.

Die folgenden Namen sind die gebräuchlichsten Servervariablen:
AUTH_TYPE, CONTENT_LENGTH, CONTENT_TYPE, GATEWAY_INTERFACE,
HTTP_<HeaderName>, LOGON_USER, PATH_INFO, PATH_TRANSLATED,
QUERY_STRING, REMOTE_ADDR, REMOTE_HOST, REQUEST_METHOD,
SCRIPT_MAP, SCRIPT_NAME, SERVER_NAME, SERVER_PORT,
SERVER_PORT_SECURE, SERVER_PROTOCOL, SERVER_SOFTWARE und URL.

Syntax
```
requestObject.ServerVariables[myRef] = myVar
```

Parameter
- **myRef**   Namensstring oder Indexnummer des angegebenen Wertes.
- **myVar**   Wert vom Typ String, der die angegebene Servervariable repräsentiert.

Rückgabewert   Nicht vorhanden.

Programmbeispiel
```
Response.Write(Request.ServerVariables("QUERY_STRING") _
  & "<P>")
```

Siehe auch   Cookies, Form, QueryString, SessionID

SessionID (Eigenschaft)

Enthält die Nummer der SessionID des aktuellen Benutzers.
Wenn ein Benutzer zum ersten Mal auf eine Webseite zugreift, wird eine Sitzung erstellt und einer SessionID zugewiesen. Der Wert dieser SessionID wird als Cookie an den Browser des Clients gesendet und in der Eigenschaft SessionID gespeichert. Programme können diese SessionID nutzen, um den Benutzer zu verfolgen und Surfgewohnheiten zu speichern. Obwohl dieser Wert ungültig wird, nachdem die Sitzung beendet ist, kann er verwendet werden, um Benut-

zerselektionen zu verfolgen, ohne dass eine Anmeldung des Benutzers benötigt wird. Diese Eigenschaft enthält einen schreibgeschützten `String`.

Syntax

```
sessionObject.SessionID = myStr
```

Parameter

▸ **myStr**   Der Stringwert der SessionID.

Rückgabewert   Wert vom Typ String.

Programmbeispiel

```
Response.Write("SessionID: " & Session.SessionID)
```

Siehe auch   ServerVariables

URLEncode (Methode)

Verwendet die URL-Verschlüsselung für den übergebenen String. Diese Methode stellt eine URL-Verschlüsselung für Zeichen, wie z.B. Leerzeichen, Steuerzeichen oder Umschaltzeichen zur Verfügung. Sind diese erst einmal konvertiert, kann der Ergebnisstring als Parameter in einem URL übergeben werden.

Syntax

```
serverObject.URLEncode(myStr)
```

Parameter

▸ **myStr**   Der Stringwert, der in das URL-Format kodiert wird.

Rückgabewert   Wert vom Typ String.

Programmbeispiel
```
Dim myURLStr As String
myURLStr = Server.URLEncode( _
  "Dies ist ein Test!! Testen Sie auch mal das" & _
  " & Zeichen.")
Response.Write(myURLStr)
```

Siehe auch Write

Write (Methode)

Sendet Zeichen an den Browser.
Diese Methode des Response-Objektes sendet Text an den Browser.
Der gesendete Text ist eigentlich HTML-Text, so dass beliebige Absätze, Tabellen oder andere Tags in dem String der Methode enthalten sein können.

Syntax
```
responseObject.Write(myStr)
```

Parameter
‣ myStr   String, der an den Browser gesendet wird.

Rückgabewert   Nicht vorhanden.

Programmbeispiel
```
Response.Write("Hallo VB.NET Referenz" & "<P>")
```

Siehe auch   URLEncode

Dan Rahmel
.NET Framework GE-PACKT
ISBN 3-8266-0897-6
www.mitp.de

Charles C. Caison
ASP.NET GE-PACKT
ISBN 3-8266-0776-7
www.mitp.de

Andreas Börcsök
C# GE-PACKT
ISBN 3-8266-0796-1
www.mitp.de

Christoph Aigner, Thomas Strohmaier
PHP GE-PACKT
ISBN 3-8266-0685-x
www.mitp.de

S Stichwortverzeichnis

Stichwortverzeichnis